TBM 构造与应用

李建斌　编著
谭顺辉　审

人民交通出版社股份有限公司
China Communications Press Co.,Ltd.

内 容 提 要

本书系统地介绍了TBM的主要构造以及施工应用。主要内容包括：TBM起源与发展、TBM概述与分类、隧道项目TBM设备的选型、TBM的组成系统、部件及其功能、隧道项目的配套设备、设施及施工接口、TBM掘进操作及检查和维护、TBM贯通与拆机、TBM应用的相关安全规程以及TBM信息化与智能掘进。

本书可供TBM研发人员、隧道规划设计人员、隧道施工工程技术人员使用，也可以作为高等院校相关专业师生的参考用书。

图书在版编目(CIP)数据

TBM构造与应用/李建斌编著.—北京：人民交通出版社股份有限公司，2019.8
 ISBN 978-7-114-15747-9

Ⅰ.①T… Ⅱ.①李… Ⅲ.①隧道施工-盾构法 Ⅳ.①U455.43

中国版本图书馆CIP数据核字(2019)第154873号

书　　名：	**TBM构造与应用**
著 作 者：	李建斌
责任编辑：	张维青　朱明周
责任校对：	张　贺　宋佳时
责任印制：	张　凯
出版发行：	人民交通出版社股份有限公司
地　　址：	(100011)北京市朝阳区安定门外外馆斜街3号
网　　址：	http://www.ccpress.com.cn
销售电话：	(010)59757973
总 经 销：	人民交通出版社股份有限公司发行部
经　　销：	各地新华书店
印　　刷：	大厂回族自治县正兴印务有限公司
开　　本：	787×1092　1/16
印　　张：	16
字　　数：	374千
版　　次：	2019年8月　第1版
印　　次：	2019年8月　第1次印刷
书　　号：	ISBN 978-7-114-15747-9
定　　价：	70.00元

(有印刷、装订质量问题的图书由本公司负责调换)

前　　言

在远古时代，人类出于对活动环境的好奇开始挖掘洞穴，而生存的本能使得人类在遇到恶劣天气、猛兽侵袭时逐渐依赖上这些庇护所。公元前2180~公元前2160年，巴比伦人修建了世界上最早的行人隧道，一千年后，波斯人建造了最早的用于灌溉的输水隧道。征服自然从来都不容易，尤其是修建地下工程。但在历史发展的每一阶段，困难都没有阻止人们开发利用地下空间的脚步。

1843年，Brunel父子用近20年的努力，使泰晤士河隧道得以开通。修建过程发生了涌水、坍塌以及工人伤亡事故，经过数年停工，最终得以竣工。Brunel父子在此工程中发明了利用护盾开挖隧道的方法。直到20世纪60年代，TBM(岩石隧道掘进机)历经漫长的研发和实践，走向了成熟。

随着我国经济的持续健康发展，交通、电力、采掘、国防工程等相关隧道和地下空间建设逐渐增多。TBM以其经济型、安全性、环境友好的特点，成为机械化隧道施工的重要设备，越来越多地应用于长距离隧道开挖。

本书力求内容翔实，脉络清晰，从TBM生产商角度介绍了设备的分类、部件与系统，从承包商的角度介绍了TBM的应用。本书系统地介绍TBM的起源和国内外的发展情况，TBM概述和分类，隧道项目TBM设备的选型，TBM的组成系统、部件及其功能，隧道项目的配套设备、设施及施工接口，TBM掘进操作及检查和维护，TBM贯通与拆机，TBM应用的相关安全规程以及TBM信息化与智能掘进等方面的内容。

本书由李建斌总体策划、编著，谭顺辉任顾问。参编人员有宁相可、孙恒、赵华、廖小春、王杜娟、贺飞、张啸、徐军哲、刘永安、陶磊、贾连辉、孙晋勇、李龙飞、刘建峰、孙志洪、郑昌盛、齐志冲、于庆增、田彦朝、张文艳、张喜东、陈宝宗、潘守辰、王鹏星、周小磊、张凯、郑博、张永生、崔利卫、秦庆华、郭付军、高可可、魏晓龙、刘恒杰、李莉、孟祥波、程绍磊、王宁、陈贵强、施云龙、荆留杰、于太彰、杨晨、董岳、王勇等中铁工程装备集团的专家和工作人员。在此对他们的支持和付出表示真诚的谢意。

希望本书的出版,能够使读者对 TBM 设备及其应用、维护等有更深的了解,同时使 TBM 的利用率在工程应用中得以提升,为国内 TBM 设计与施工提供借鉴。

由于作者水平有限,书中难免存在错漏和不足之处,肯请读者批评指正。

作者

2019 年 8 月

目 录

第1章 TBM起源与发展 ··· 1
  1.1 TBM起源 ··· 1
  1.2 国外TBM发展历史及现状 ·· 3
  1.3 国内TBM发展历史及现状 ·· 4

第2章 TBM概述与分类 ··· 8
  2.1 TBM概述 ··· 8
  2.2 TBM分类 ··· 8

第3章 TBM选型与地质适应性 ··· 17
  3.1 概述 ·· 17
  3.2 TBM选型综述 ·· 19
  3.3 选型的依据和原则 ··· 20
  3.4 TBM选型流程及步骤 ··· 22
  3.5 影响TBM选型的因素 ··· 30
  3.6 TBM适用的地质范围 ··· 32
  3.7 TBM适应性分析 ··· 33
  3.8 川藏铁路隧道TBM适应性分析 ··· 36

第4章 TBM系统与部件 ··· 43
  4.1 TBM系统概述 ·· 43
  4.2 刀盘及刀具 ·· 43
  4.3 主驱动 ·· 53
  4.4 其他主机结构 ··· 56
  4.5 超前地质预报及地质处理系统 ·· 66
  4.6 支护系统 ··· 71
  4.7 桥架及后配套台车 ··· 86
  4.8 出渣及物料运输系统 ·· 88
  4.9 TBM整机液压系统 ·· 96
  4.10 润滑系统 ··· 112
  4.11 供配电及控制系统 ·· 117
  4.12 数据采集监视系统 ·· 136
  4.13 压缩空气系统 ·· 143
  4.14 冷却与排水系统 ··· 147
  4.15 通风与除尘系统 ··· 149

4.16 导向系统 ··· 152
4.17 通信与照明系统 ·· 156

第5章 TBM 工程项目配套设施与施工接口 159
5.1 TBM 工程项目配套设备与设施 ·· 159
5.2 TBM 工程项目各阶段施工接口 ·· 163

第6章 TBM 组装与始发 166
6.1 TBM 组装 ··· 166
6.2 TBM 始发 ··· 173

第7章 TBM 的一般操作与掘进参数选择 179
7.1 TBM 的主控室操作 ·· 179
7.2 TBM 附属设备操作 ·· 184
7.3 非掘进工序情况下主司机的操作 ······································ 188
7.4 TBM 的掘进参数 ·· 190

第8章 TBM 检查与维修 192
8.1 TBM 检修人员的一般要求 ··· 192
8.2 刀盘的检查与维修 ··· 192
8.3 刀具的检查 ·· 198
8.4 刀具的更换 ·· 201
8.5 滚刀的维修 ·· 203
8.6 液压系统检查与常见故障处理 ·· 208
8.7 电气系统检查与常见故障处理 ·· 212

第9章 到达与拆机 220
9.1 到达 ··· 220
9.2 拆机 ··· 220
9.3 部件运输及存放 ·· 229

第10章 TBM 安全系统与操作规程 232
10.1 TBM 安全系统 ·· 232
10.2 安全要求及操作规程 ·· 235

第11章 TBM 施工信息化 239
11.1 TBM 施工信息化发展现状 ·· 239
11.2 TBM 施工信息化建设目标 ·· 239
11.3 TBM 施工数据采集与存储 ·· 240
11.4 TBM 施工信息化云平台功能简介 ··································· 244

第1章　TBM 起源与发展

1.1　TBM 起源

隧道掘进机(Tunnel Boring Machine,简称 TBM)是通过开挖并推进式前进实现隧道成型，且带有周边壳体的专用机械设备。TBM 主要包括盾构机、岩石隧道掘进机、顶管机等类型。国际上将隧道掘进机统称为 TBM；而在中国，习惯将用于软土地质开挖的隧道掘进机称为盾构机，而将用于硬岩地质开挖的岩石隧道掘进机称为 TBM。本书重点围绕岩石隧道掘进机展开介绍。

1825 年 Marc Isambard Brunel 爵士发明了盾构法并用于泰晤士河隧道的开挖。所谓盾构法，就是利用遮蔽掩护结构来保障人员、设备及周围环境不受损失的隧道开挖方法。如今无论是盾构机还是 TBM，它们的盾体都仍然在履行着这样的使命。

比利时工程师 Henri-Joseph Maus 发明的刨山机(图 1-1)被认为是世界上第一台 TBM。1845 年 Maus 接到萨丁尼亚国王的委任，在法国和意大利之间修建穿越阿尔卑斯山的 Fréjus 铁路隧道。Maus 于 1846 年在意大利都灵附近的兵工厂中制造出了这台 TBM。该机器前部如火车头般大小，安装有超过 100 个冲击钻头。由于项目融资受到 1848 年的大革命影响，导致这条隧道直到 10 年后才得以修建完成。然而该项目并未将 TBM 投入生产，实际上使用的是创新较少、费用较低的风钻开挖隧道的方法。

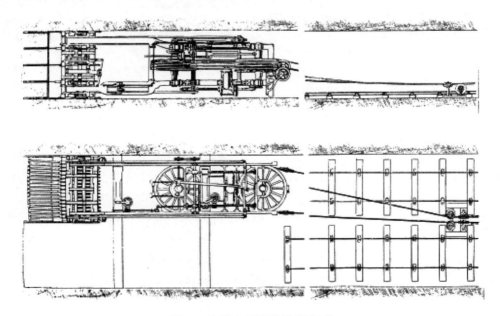

图 1-1　比利时工程师发明的刨山机

TBM 构造与应用

在美国,使用铸铁制造的首台 TBM 在 1853 年被用于开挖马萨诸塞州西北的胡沙克隧道。该机器由 Charles Wilson 发明并申请了专利。其动力由蒸汽提供,在掘进 10 英尺①后出现故障,最终胡沙克隧道在二十多年后使用传统方法完成开挖。威尔逊发明的机器是现代 TBM 先驱,它布置了滚刀,像圆盘耙一样附在机器旋转头上。与传统的凿岩或钻爆相比,这种借助金属轮施加瞬态高压的创新方式能够更好地破碎岩体。

世界上第一台在实际意义上投入隧道开挖的 TBM 发明于 1863 年,由英国军官 Frederick Edward Blackett Beaumont 在 1875 年改进,而后由英国军官 Thomas English 于 1880 年对该机器再次改进(图 1-2)。1875 年法国国民议会批准在英吉利海峡海底修建隧道,同时英国议会允许进行实验性隧道开挖。Thomas English 的机器被选用到该项目上。1882~1883 年,这台机器穿过白垩地层,开挖了 1.84km。法国工程师 Alexandre Lavalley 使用一台相似的机器从法国侧开挖了 1.669km。虽然机器开挖顺利,但在 1883 年英法海峡项目终止,因为英国军方担心这条隧道可能成为法军入侵的通道。同年,这台机器被用于开挖一条直径 2.1m、长 2km、穿越墨西河的伯肯黑德和利物浦之间铁路的通风隧道(地质为砂岩)。

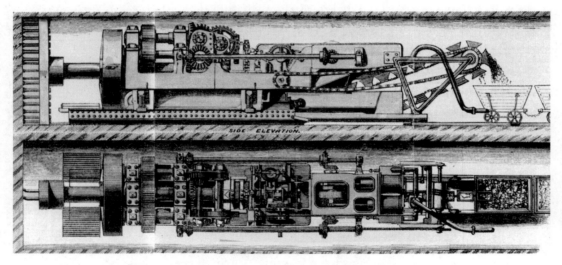

图 1-2 Beaumont 和 English 改进的 TBM

在 19 世纪末和 20 世纪初,发明者不断地设计、制造和试验 TBM,来应对铁路隧道、地铁、污水隧道、输水隧道等设施修建的需求。布置有钻或锤的旋转机构的 TBM 被申请了专利,仿巨型孔锯的 TBM 也被设计了出来。此外,外表面带有金属齿的旋转鼓 TBM、覆盖截齿的旋转圆形板 TBM 以及覆有金属齿的旋转带式 TBM 等类型的 TBM 也被设计出来。然而,这些 TBM 有造价高、笨重以及不能开挖硬岩等缺点,使得业主和工程师们开发 TBM 的兴趣有所下降。不过应用于钾肥矿和煤矿领域隧道开挖的 TBM 开发得到了持续,因为钾肥矿和煤矿地层更软一些。

20 世纪 50 年代,很多 TBM 成功地应用在采煤行业。1952 年 James Robbins 接到任务,要求使用 TBM 在南达科他州奥阿希坝建造一条隧道。James Robbins 的 TBM 刀盘上配备了刮刀和滚刀来开挖页岩,项目取得了成功。之后 James Robbins 说服了数个项目业主和承包商

---

① 1 英尺(in)= 0.3048m。

来支持他的实验。James Robbins 用于奥阿希坝的 TBM 更像是一台带有旋转刀盘的软土盾构。与现代 TBM 相比，James Robbins 的机器引入了两个重要的基础概念：①能够切削掌子面的旋转刀盘；②能够保护人员和设备的盾体，且隧道支护材料可以在其里面安装。现代 TBM 都是基于以上概念不断改善而来的。

针对切削岩石，人们早期的想法是使用开挖钻井时用到的圆柱齿，或者是使用采矿时用到的截齿。然而随着技术创新和基础研究的进步，人们开始关注开挖岩石最好的方法——使用盘形滚刀。今天，这种破岩方式被认为是理所当然的选择，但这是经过多年实验和现场经验积累而来的。

在 20 世纪 50 年代，多伦多一个项目对 TBM 设计产生了重要影响。刚开始该项目 TBM 既配置有固定刀具又有盘形滚刀，但是根据项目进展，当拆卸固定刀具后，机器的掘进速度并没有降低。由此得出盘形滚刀可以同时切槽和在槽内破岩的结论。

1961 年 TBM 研发应用的另外一个重大突破是 Tasmania 水电站项目，该项目中使用的 TBM 配置了盘形滚刀和浮动撑靴。这台 TBM 掘进性能良好，结构设计几近成熟。

1.2　国外 TBM 发展历史及现状

1970 年，为了应对欧洲破碎围岩山岭隧道，单护盾 TBM 被开发出来。1972 年，双护盾 TBM 成功问世。此后，单护盾和双护盾 TBM 成功用于世界上多个项目。

北美地区的 TBM 生产商主要是美国罗宾斯公司。罗宾斯公司在推动 TBM 技术成熟过程中起到了重要作用。许多厂家借鉴了罗宾斯主梁式 TBM（也被称为撑靴式 TBM）的结构设计。罗宾斯公司的主梁式、单护盾式、双护盾式等 TBM 机型在世界上应用广泛。2015 年罗宾斯公司推广其 Crossover TBM（双模式 TBM），表明在传统强项 TBM 外，其产品、技术多元化发展的能力。加拿大罗瓦特公司也曾生产过少量 TBM，2008 年该公司被卡特彼勒公司收购，由于财务困难等原因，2014 年 5 月卡特彼勒宣布不再接受隧道掘进机订单。2014 年 9 月中国辽宁三三工业公司收购了卡特彼勒加拿大隧道设备有限公司资产。

在欧洲地区，1967 年德国维尔特公司为奥地利 Ginzling 隧道生产了第一台 TBM，该 TBM 直径为 2.14m。维尔特公司典型的 TBM 产品与常规的撑靴式不同，采用双 X 支撑，能够降低在软弱或破碎岩层段的应用风险。与常规楔块式安装的滚刀不同，维尔特滚刀多为端盖式结构，具有较高的承载力。2013 年维尔特公司将隧道掘进机、竖井钻机及刀具知识产权出售给中铁工程装备集团有限公司（以下简称"中铁装备"）。

德国海瑞克公司成立于 1977 年，其在 1990 年为瑞士 Bözberg 隧道生产的一台单护盾 TBM 是该公司的第一台 TBM。2001 年，海瑞克公司获得圣哥达基线隧道 4 台撑靴式 TBM 合同，该项目的成功为其后续全系列 TBM 产品发展奠定了基础。

意大利的塞利公司和法国的 NFM 公司也生产过 TBM。塞利公司也使用 TBM 施工，在 TBM 卡困救援方面具有丰富的经验。NFM 公司岩石 TBM 机型相对没有其软土盾构更为行业所熟知。

澳大利亚 TBM 生产商 TERRATEC 成立于 1990 年，具备设计和制造 TBM 的能力。TERRATEC 在印度和泰国等新兴市场已成为重要的 TBM 供应商，且在欧洲等成熟市场也实现了持续销售。2018年10月,TERRATEC公司完成向日本盾构机生产商JIMT公司转让51%股份的手续,JIMT成为TERRATEC的控股股东。

日本盾构厂商、施工企业对软土盾构的技术发展做出了重大贡献。日本几个主要生产厂家合计生产过上万台盾构,但设计生产的TBM较少。TBM于1964年被引入日本,到2019年,应用案例超过160项,但是日本山岭隧道的地质条件不像其他国家那样匀质岩层持续区间长,而是存在很多断层破碎带。在这种出现较多不良岩层的隧道中,采用TBM施工是比较困难的,于是造成TBM在日本的应用普及较为缓慢。不过,一直以来,为了应对日本特有的复杂地层,适应各种施工条件,日本TBM制造商在不断地对TBM及其支护方法进行开发、改进。根据TBM隧道用途分类,日本约八成的TBM施工案例为下水道、水力发电站引水隧道等水工隧道,公路、铁路隧道的案例基本上是开挖超前导洞。日本大部分TBM施工项目为小断面隧道工程,直径超过7m的TBM施工项目仅有4项,且用于公路隧道施工的只有东海北陆高速公路飞弹隧道1项。飞弹隧道是日本东海北陆机动车道飞弹清见IC-白川乡IC区间全长10.7km的一条高速公路隧道,为日本第3、世界第22长的公路隧道(排名截至2019年1月),单洞双线通车。隧道贯穿最高峰海拔1744m的山脉,最大覆土厚度达到1000m,水压5.4MPa,最大涌水量70t/min。主隧道采用由川崎重工、小松制作所、三菱重工、日立造船联合制造的直径12.84m的TBM开挖。该工程在主隧道TBM正式施工前,预先采用直径4.5m的TBM开挖了一条导洞。导洞TBM于1998年2月掘进,攻克了不良地质和大量高压涌水的难题,于2006年3月贯通。隧道正式运营后导坑用作避难通道。根据导坑TBM的施工数据,主隧道避开了岩石强度低、变形变位大以及大量涌水的不良地质区间。2004年1月,从开挖面自立性较好的、距白川侧洞门2945m处开始掘进,2007年1月顺利贯通,共掘进4290m。

当前TBM技术发展已经非常成熟,围岩切削、出渣及隧道支护等基本功能已经十分完善可靠,超前地质预报、超前注浆、机器运行状态监测等辅助功能已得到普遍应用。TBM广泛应用于交通工程、水利工程、人防工程等隧道的施工。尤其是对于长距离隧道开挖,其经济型、安全性、环境友好等优势更显突出。

1.3 国内TBM发展历史及现状

TBM在中国的发展历程可分为三个时期:自主探索制造,引进消化吸收,自主研发创新。

1.3.1 自主探索制造

1964~1984年是我国TBM自主探索制造时期。20世纪60年代国外开始使用TBM修建隧道。当时我国外部环境不好,主要发达国家对我国实施高科技产品禁售禁运。中国当时不可能从国外进口隧道建设急需的TBM设备,只能够自我探索研发制造。1964年上半年,水利电力部水利水电建设总局要求上海勘测设计院(现三峡上海院、电建华东院前身)机械设计室、北京水利水电学院(现华北水利水电大学前身)机电系分别进行TBM方案设计。1964年底水利电力部水利水电建设总局认为上海勘测设计院和北京水利水电学院的方案各有优点,综合为一个设计方案。1965年成立以上海勘测设计院机械设计室为主,新安江水电工程局、北京水电规划院以及北京水利水电学院师生人员组成的约30人设计小组,半年后初步完成全部设计图纸。同年10月第一机械工业部、水利电力部共同组织TBM协作制造攻关分配会,100多家工厂参与,制造厂挂在上海水工机械厂。1966年制造出SJ34型直径3.4m TBM,先后在杭州人防工程、云南下关的西洱河水电站引水隧道进行工业性试验,开挖地质为花岗片麻岩及石灰岩,抗压强度为100~240MPa,最高月进尺为48.5m。除了上海水工机械厂,国内其他部门和单位也先后研制50多台TBM。经过实践,大多不能使用、掘进效率低或不具备耐久性,主要问题是刀圈材质、主轴承、密封等质量可靠性不高。我国第一代TBM的诞生,尽管实现了从无到有的突破,但与同时期国外TBM相比还有很大差距。

20世纪70年代中期,国家科学技术委员会组建了全国掘进机办公室,组织力量针对掘进机研制和应用中存在的问题进行攻关,同时加强与国外技术专家交流、加大技术资料搜集消化工作。在总结第一代TBM经验基础上,展开SJ58A、SJ58B、EJ30/32等第二代TBM的研制工作。SJ58A、SJ58B由上海水工机械厂研制,刀盘直径5.8m,1982~1984年应用于引滦入唐隧洞开挖,总掘进2723m,最高月进尺213.4m,平均月进尺92.5m。EJ30由煤炭科学研究院上海分院设计,上海第一石油机械厂制造,刀盘直径3.0m,1977~1982年在江西萍乡、河北迁西、山西怀仁投入施工,总掘进2633m,最高月进尺218.3m。

国内在TBM自主探索阶段对机器进行了研制和改进,虽然机器性能还不能和同期国外机器相比,但为TBM设计制造积累了经验并培养了人才。

1.3.2 引进消化吸收

1985~2012年是我国TBM技术引进消化吸收阶段。随着改革开放的深入,我国允许国外承包商携带先进TBM设备和施工技术进入中国,如引大入秦由意大利CMC公司使用罗宾斯TBM取得了成功;引黄入晋由Impregilo公司使用罗宾斯和NFM机器取得了成功。引黄南干线水利工程(1997~2002年)平均月进尺784m,最高月进尺达1821.49m。

国内承包商使用国外制造的TBM进行施工始于秦岭隧道。1996年铁道部引进2台直径8.8m的维尔特敞开式TBM,由中铁隧道局和中铁十八局完成秦岭隧道(南口5.6km,北口5.2km)、磨沟岭隧道(4.65km)和桃花铺隧道(6.2km)施工。国内承包商开始学习消化和应用研究国外的TBM并逐渐建立了自主施工人员队伍。2005~2009年辽宁大伙房供水一期工程由辽宁水利工程局、北京振冲公司和中铁隧道局引进3台TBM开展施工(一标和三标用罗宾斯TBM开挖,二标由维尔特的再制造TBM开挖)。国内承包商使用TBM施工过程中,由于地质或设备原因也遇到过一些困难。山西水利工程局采用海瑞克TBM在开挖新疆大坂引水工程时遇到了滚刀失效、卡机、管片破裂等问题,造成了长时间的停机。青海引大入湟引水工程TBM发生严重卡机、姿态偏离等问题。中天山铁路隧道工程使用的是经过改造过的TBM,由于一些部件超期服役,在使用过程中出现了主轴承损坏,并在洞内完成大齿圈修复。

光明的市场前景和低廉的劳动力使得国外的TBM生产商选择与国内工业企业联合制造TBM。罗宾斯公司先后和上海隧道工程股份有限公司、中国第二重型机械集团公司等开展TBM联合制造;赛利公司和天业通联合制造的TBM用于埃塞俄比亚GD-3水电站引水隧洞的开挖;维尔特、NFM及海瑞克也和我国企业联合制造了数台TBM。

我国承包商和制造企业在使用和联合制造TBM过程中,通过成功应用总结、掘进困难处理以及联合制造配合积累了大量宝贵经验,同培养了一批TBM领域专业人才。

1.3.3 自主研发创新

随着国内工业制造水平的持续提高以及对 TBM 设计、制造和应用的不断研究，2013 年起我国 TBM 研制进入自主研发创新阶段。

2013 年 8 月 3 日铁建重工单护盾-EPB 双模 TBM（图 1-3）下线，该 TBM 应用于神华集团煤矿斜井的开挖。2014 年 12 月铁建重工研发的用于吉林引松供水工程的撑靴式 TBM 下线（图 1-4）。

图 1-3 单护盾-EPB 双模 TBM

图 1-4 撑靴式 TBM

2013 年 11 月中铁装备成功收购德国维尔特公司 TBM、竖井钻机及刀具知识产权。2015 年 1 月中铁装备 TBM 在郑州下线。2016 年 2 月中铁装备研制的世界最小直径岩石掘进机下线，这台直径为 3.53m 的凯式 TBM 在黎巴嫩大贝鲁特供水项目隧道开挖中表现出了卓越的性能，得到了国外承包商的称赞（图 1-5）。2017 年 8 月由我国自主研制的中铁装备"彩云"号 TBM 下线（图 1-6），"彩云号"开挖直径为 9.03m，整机长度约为 230m，整机重量约 1900t，填补了国内 9m 以上大直径硬岩掘进机的空白。彩云号是首台应用于铁路隧道施工的国产岩石隧道掘进机，应用于大瑞铁路重点控制性工程、全长 34.538km 的云南高黎贡山隧道（中国最长的铁路隧道、亚洲最长的铁路山岭隧道），其地质情况之复杂全国罕见。此外中交天和及其他国内企业也陆续自主研发和制造出岩石隧道掘进机。

图 1-5 凯式 TBM 贯通

图 1-6 彩云号 TBM

自2017年起,隧道掘进机国家标准相继由国家标准化组织发布,其中《全断面隧道掘进机 术语和商业规格》(GB/T 34354—2017)、《全断面隧道掘进机 敞开式岩石隧道掘进机》(GB/T 34652—2017)和《全断面隧道掘进机 单护盾岩石隧道掘进机》(GB/T 34653—2017)三项涉及全断面岩石隧道掘进机,这三项标准的发布说明了我国TBM研发制造已经成熟,进入自主研发创新阶段。我国TBM技术、质量、性能、规范化等方面都已追赶上进口TBM。

在自主研发创新阶段,我国TBM发展状况呈现以下特点:

(1) TBM适应性显著提高

近年来TBM施工发生机器卡死、被埋的情形越来越少。一方面是由于地质勘测技术的进步,地质信息反馈更加详细和全面;另一方面是由于TBM设备选型更具针对性,TBM设计制造水平有了大幅提高。TBM在预期的围岩中掘进时,能够正常掘进成洞,在困难地质中掘进时,能够依靠自身能力配置、地层处理辅助工法等顺利通过。

超前钻探及超前注浆能够有效处理TBM前方破碎围岩和潜在涌水风险。撑靴式TBM可利用锚杆钻机、网片及钢拱架等对隧道进行快速支护。刀盘刀具监测系统已经发展完备,刀具磨损状况、温度、转动状况、荷载状况等都可以得到实时反馈,机器操作和维护团队可以及时对刀盘刀具进行维护。

(2) 智能化水平逐渐提升

随着信息技术的发展,特别是物联网、云存储、云计算、人工智能、机器学习等技术的发展,信息技术已经充分融入TBM智能化装备中,大力推动TBM向智能化方向发展。全行业正致力于开发TBM智能掘进系统,针对导向、掘进、预警等功能,研究TBM掘进过程多工序智能决策策略,构建TBM掘进过程信息化智能化整体技术架构,开发并集成相应智能终端模块,为TBM掘进智能化提供方法和技术支撑。

(3) 工期优势持续凸显

TBM作为机械化施工设备具有施工快捷安全等优势,尤其对于长度6km以上的隧道开挖,TBM具有无可比拟的快速掘进优势。在隧道开挖过程中,TBM非正常停机的情况越来越少,TBM利用率越来越高。近年来我国TBM隧道开挖项目机器利用率大多在40%左右,施工管理良好的项目TBM利用率高达55%。使用TBM修建隧道,工期能够得到保障。

(4) 人和设备更加安全

与传统隧道施工方法相比,TBM法施工的一个重大优势是安全,很少发生施工人员伤亡事故。TBM护盾能够较好地保护设备和工作人员的安全,同时TBM边开挖边支护或安装管片,更大限度地保证了施工环境安全。TBM正在向高度智能化发展,将来在设备上工作的人员更少,设备的可靠性、安全性更高。

(5) 环境友好

相比传统钻爆法施工,TBM施工产生的噪声和振动几乎不会对周边环境造成任何影响。钻爆法施工需要凿岩台车、装渣车、运渣车等一系列多台次车辆往返使用,尾气、油污排放相对TBM要多得多。TBM能够满足能源和环境标准,且正朝向零排放、低噪声的环保目标发展。

第2章 TBM概述与分类

2.1 TBM概述

TBM是一种大型隧道专用机械设备，其单纯依靠硬岩滚刀刀具实现对掌子面的滚压破岩，能同时完成开挖、出渣、支护等作业，实现工厂化施工，配合长距离连续皮带机技术可以完成连续掘进，大大提高了隧道的开挖效率。TBM掘进姿态的控制主要依靠导向系统完成测量和定位信息的实时表达，然后利用掘进机本身的调向功能完成TBM的姿态纠正，确保TBM始终沿隧道设计轴线的允许偏差向前掘进。TBM隧道的支护方式与机型相关，不同机型有不同的支护方式，对应不同的支护设备。在超前地质探测方面，主要包括设备本身安装的超前钻机系统和近年来发展逐渐成熟的电磁波法、地震波法等相关技术。

TBM与盾构机的最大区别在于工作模式和支护方式的不同，尤其以工作模式最为显著，如果分别用两个字来描述，那么盾构机的重点在于"平衡"，TBM的重点在于"破岩"。但无论怎么说，掘进机始终是和看不到的地质情况做斗争。如何适应地质，如何降低施工的风险，是TBM和盾构机研发所面对的共同课题。

随着TBM技术的不断发展，采用TBM施工，无论是在隧道的施工工期、施工安全、生态环境、工程质量方面，还是在人力资源的配置方面，都比钻爆法等传统的施工方法有了质的飞跃，这是TBM的优势。但是地质环境是复杂且难以准确预判的，对一些突发的不良地质，TBM在机动灵活方面还有很多不足之处；另外，对于特定且明确的地质环境，例如存在大型岩溶暗河发育的隧道、高地应力岩爆/软岩大变形隧道、可能发生较大规模突水涌泥的隧道等，若采用TBM施工，必须进行有针对性的特殊设计，做到应对风险有准备、有预案、有措施。

从应用方面讲，TBM虽然从设计上可以考虑各种先进的机械设备配置，但是其操作还需要人来完成，重要的是，TBM施工不仅要求操作人员有较高的设备认识水平，而且还要对地质情况有一定的预判能力，即需要既懂设备、又懂地质的复合型人才。

2.2 TBM分类

从广义来讲，TBM主要分为敞开式、单护盾和双护盾三种机型，分别适用于不同的地质条件。但随着技术的进步，衍生出其他多种针对复杂地质条件的机型，例如双模式TBM（土压/敞开、泥水/敞开）、DSUC通用紧凑型TBM、Crossover TBM等。

2.2.1 敞开式TBM

敞开式TBM在稳定性较好的坚硬地层中掘进，具有较快的掘进速度。当遇有局部不稳定的围岩时，由TBM附带的辅助设备，可通过安装锚杆、立钢拱、加钢筋网、钢筋排、喷混凝土

第 2 章　TBM 概述与分类

等方法加固,以保持围岩稳定;当遇到局部软弱围岩及破碎带时,则可用超前钻机及灌浆设备预先固结前方围岩,待围岩强度达到能自稳后,再快速掘进通过;必要时,也可灵活方便地采取其他辅助工法提前处理,然后 TBM 步进通过。

敞开式 TBM 的优点是:应对完整性较好的硬岩时,敞开式 TBM 通过水平撑靴提供掘进反力,掘进与支护同步进行,掘进效率高;应对断层破碎或软岩收敛地质时,敞开式 TBM 护盾较短且可收缩,卡盾风险较低。

其缺点是:在岩爆地层中掘进时,由于人员及设备裸露在围岩下,人员及设备安全性较差;在断层破碎带、软弱地层中掘进时,由于支护、清渣工作量大,掘进效率较低,在大直径隧道中尤为严重。

根据结构形式的不同,敞开式 TBM 分为主梁式(图 2-1、图 2-2)和凯式(图 2-3、图 2-4)两种。

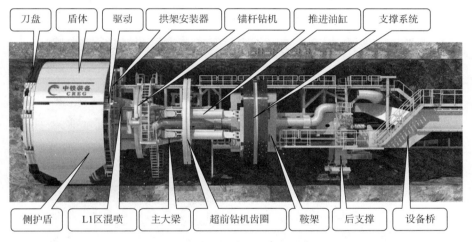

图 2-1　主梁式 TBM 基本结构

图 2-2　主梁式 TBM

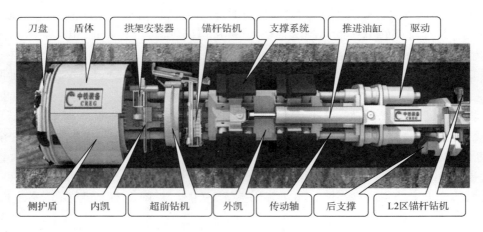

图 2-3 凯式 TBM 基本结构

图 2-4 凯式 TBM

2.2.2 双护盾 TBM

双护盾 TBM(图 2-5、图 2-6)以管片衬砌作为初期或永久性支护,既适用于软岩地层也适用于硬岩地层。双护盾 TBM 具有两种工作模式,即双护盾模式和单护盾模式。当围岩条件较好时,采用双护盾模式,利用撑靴提供反推力,掘进与管片安装同步进行,掘进速度快;围岩条件较差时,可采用单护盾模式,依靠管片提供反推力,仍然可以保持较高的掘进速度(图 2-7)。

双护盾 TBM 的优点是:双护盾 TBM 应对完整性较好的硬岩时,通过水平撑靴提供掘进反力,掘进与管片安装同步进行,掘进效率高;在断层破碎、软弱地层时,采用单护盾模式,利用管片提供推进反力,通过不良地质洞段;在岩爆地层中掘进时,由于人员及设备在衬砌管片的保护下,较安全。

其缺点是：双护盾盾体较长且不可伸缩，在通过断层破碎带、软岩大变形地层时，卡机风险较高，且不易处理。

双护盾 TBM 与敞开式 TBM 不同点是：双护盾 TBM 采用管片支护，没有喷锚设备；双护盾 TBM 没有主梁和后支撑，采用封闭式盾体结构，TBM 掘进和人员作业全部在盾体和管片保护下进行；双护盾 TBM 盾体较长，敞开式 TBM 盾体较短。

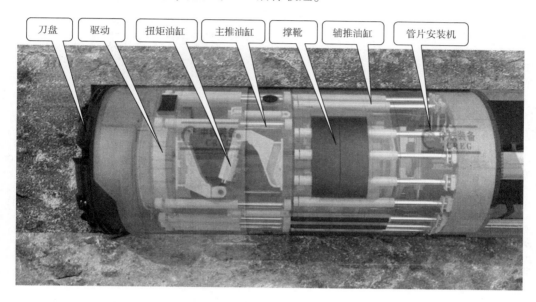

图 2-5　双护盾 TBM 基本结构

图 2-6　双护盾 TBM

TBM 构造与应用

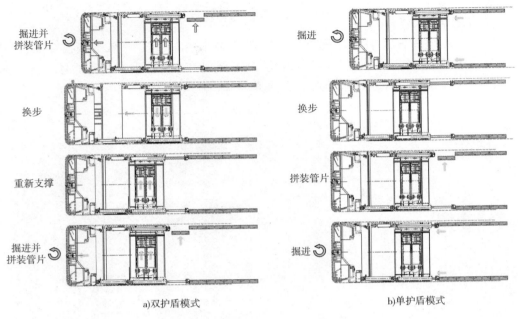

a)双护盾模式　　　　　　　b)单护盾模式

图 2-7　双护盾 TBM 工作流程图

2.2.3 单护盾 TBM

单护盾 TBM(图 2-8、图 2-9)以管片衬砌作为初期或永久性支护,主要用于软弱围岩占比较高的地层,由于没有撑靴支撑,掘进推力靠盾体尾部的推进油缸支撑在管片上获得,即掘进机的前进靠管片作为后座以获得前进的推力,TBM 的掘进和管片拼装在盾体保护下进行。由于单护盾 TBM 掘进依靠衬砌管片来提供推力,因此在安装管片的时候必须停止掘进。TBM 掘进和管片拼装不能同步进行,因而掘进速度受到限制,掘进效率相对较慢。

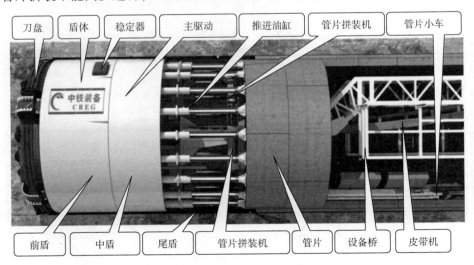

图 2-8　单护盾 TBM 基本结构

第 2 章 TBM 概述与分类

图 2-9 单护盾 TBM

单护盾 TBM 与土压平衡盾构有几分相似,其共同点是:都有前盾、中盾和尾盾;都有刀盘,刀盘上安装有滚刀和刮刀;推进力都靠尾盾内部的推进油缸顶推混凝土管片来获得。不同之处在于:土压平衡盾构能保持一定的水压力或土压力,而单护盾 TBM 无法建立压力;单护盾 TBM 刀盘均安装硬岩滚刀,土压平衡盾构只有在较硬地层才安装滚刀,其他情况下使用软土刀具;土压平衡盾构出渣是由螺旋输送机在压力平衡的条件下进行,而单护盾 TBM 出渣是由带式输送机在常压下进行。

2.2.4 其他类型

2.2.4.1 土压-敞开双模 TBM

土压-敞开双模 TBM(图 2-10、图 2-11)是一种具备两种出渣方式(中心皮带机出渣和螺旋输送机出渣),可同时适应软弱地层、围岩较差地层和硬岩地层的多功能隧道掘进机。设备同时具备土压平衡掘进模式和敞开掘进模式。双模 TBM 在地层地质和水文变化时可提前转换掘进模式及出渣方式,以减小对配套施工的干扰,降低工程风险,缩短施工工期。

双模 TBM 同时配备土压平衡盾构和单护盾 TBM 的相关设备和系统,如单护盾 TBM 具有的中心皮带机出渣系统、溜渣系统、除尘系统、豆砾石系统等,土压平衡盾构具有的螺旋输送机出渣系统、泡沫系统、双液同步注浆系统、膨润土系统等。

2.2.4.2 泥水-敞开双模 TBM

泥水-敞开双模 TBM 是一种具备两种出渣方式(中心皮带机出渣和泥水排浆管出渣)、可同时适应高水压地层和围岩性质较好地层的多功能隧道掘进机。

泥水-敞开双模 TBM 同时具备泥水平衡掘进模式和敞开掘进模式,其主机结构如图 2-12

TBM 构造与应用

所示。其优点是：可采用泥水模式应用于地质稳定性较差的软土、软泥、高水压等地层，设备带压掘进，具有平衡掌子面压力的功能；可采用敞开模式应用于地质稳定性较好的硬岩地层，设备可常压掘进，降低了隧道施工的成本。

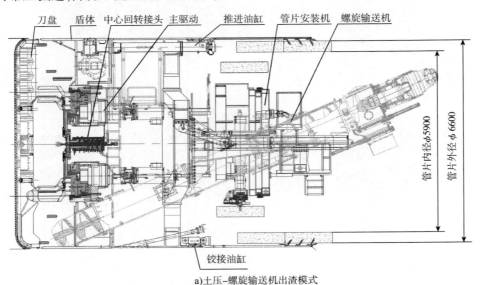

a)土压–螺旋输送机出渣模式

b)敞开–带式输送机出渣模式

图 2-10　土压–敞开双模 TBM 基本结构

2.2.4.3　DSUC 通用紧凑型 TBM

DSUC 通用紧凑型 TBM（图 2-13、图 2-14）英文全称为 DS Universal Compact TBM，集敞开式 TBM 和双护盾 TBM 的优点，利用双护盾 TBM 平台，既能采用锚喷支护，又能采用管片支护,解决了强支护地层下敞开式 TBM 的不足和稳定围岩下双护盾 TBM 不拼管片的支护问题。

图 2-11　土压–敞开双模 TBM

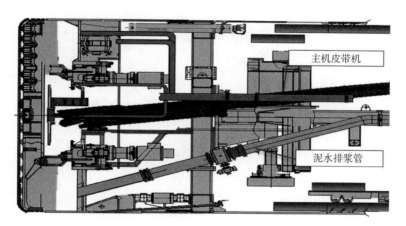

图 2-12　泥水–敞开双模 TBM 基本结构

在隧道地质勘测不完全的情况下,或者存在不可预见的不良地质条件下,如在撑靴位置有局部小规模塌方,普通敞开式 TBM 的撑靴无法有效地撑紧洞壁,DSUC 通用紧凑型 TBM 则可以通过辅助推进方式快速通过,大大提高在局部塌方的情况下 TBM 的通过能力。DSUC 通用紧凑型 TBM 可以实现敞开式 TBM 具有的支护功能,同时也可以快速实施敞开式 TBM 不具备的支护手段,如在破碎条件下进行钢瓦片支护,DSU Compact TBM 的钢拱架/钢瓦片均在盾体内部完成,提升了作业安全性,便于质量控制。敞开式 TBM 撑靴在初期支护后部,因此需要避开支护结构,避免破坏支护,但是 DSUC 通用紧凑型 TBM 的撑靴在支护前部,可以有效避免破坏支护的问题。

2.2.4.4　Crossover TBM

Crossover TBM(图 2-15)是罗宾斯公司于 2015 年提出的概念,实际上是多模式 TBM 的罗宾斯版本,可以实现设备在敞开式与平衡式操作模式间迅速转换,以适应不同的地层类型。

TBM 构造与应用

Crossover TBM 主要包括 XRE(硬岩-土压双模 TBM)、XSE(泥水-土压双模式 TBM)以及 XRS(硬岩-泥水双模 TBM)三种类型,可根据地层条件的需要,选择最适合的机型,灵活地从一种模式切换到另一种模式,以应对不同地层环境。

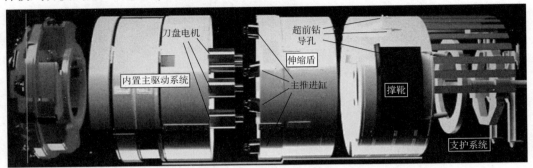

图 2-13　DSUC 通用紧凑型 TBM 基本结构

图 2-14　DSUC 通用紧凑型 TBM

图 2-15　罗宾斯 Crossover TBM

第 3 章　TBM 选型与地质适应性

3.1　概　　述

在国外，掘进机法施工已得到广泛应用，在长大隧道、重要隧道工程中采用掘进机的比例相当高，随着设备技术的完善、施工成本的降低，已经有越来越多的中等长度的隧道采用掘进机施工，很多业主还基于环保的要求，明确规定承包商必须采用掘进机施工。掘进机法施工在中国已渡过初期尝试阶段，随着各行业承包商施工经验的积累和中国制造业自主研发水平、设计制造能力的不断提高，现已打破完全依靠进口设备的桎梏，掘进机法凭借修筑长大隧道的速度、质量上的优势以及在高原高寒地带施工的不可替代性，正沐浴着"一带一路"的春风，中国的掘进机事业已快速步入蓬勃发展的中级阶段，并逐渐成为引领世界隧道掘进法修筑及掘进机制造的排头兵。

对于长大隧道，地下工程的复杂性决定了隧道地质的复杂性，同时也对设备的适应性提出了更高要求。施工前尽可能详细地调查地质情况，是设备选型的充要条件，即：具体的地质条件→合理的设备选型。定型后的设备也在一定程度上限制了设备的地质适应范围。目前因受外部环境、调查手段等多方面限制，还不能对隧道所穿越地层做到全面、准确的调查和量化判定；在设备选型时，由于行业需求等不同，目前还存在一定分歧，尚不能达成普遍共识。但国内 TBM 施工先驱者们，经过近二十年的充分实践，总结出 TBM 施工的精髓——"地质是前提，设备是关键，组织是核心，技术是保障"，得到了业界的普遍认同。本章也将以此为引子，结合川藏铁路即将建设的大好契机，就设备选型与地质适应性进行探讨。

（1）地质是前提

掘进机机型的选择主要由地质条件、使用要求来决定。大量的工程实践证明，掘进机法施工对地质调查工作的质量依赖性大。掘进机工程受阻通常受地质、水文、支护的及时有效性、设备的快速通过能力等因素的影响，然而这些因素占比较小或缺乏客观定量预判的未知风险时，往往被低估或被忽略。因此事前的投入和准备可以起到事半功倍的作用，翔实、准确的地质调查以及客观、充分的风险评估是掘进机法工程成功的关键和前提。长大隧道沿线地形地貌、水文地质、围岩特性、地质构造、断层特性、隧道埋深、浅埋地段稳定性等决定着合理选线和施工方案、措施的科学选择、制定。对长大和地质条件十分复杂的隧道，应进行大面积的区域地质调查、测绘，并加强地质勘探和试验工作，查清区域地质构造及水文地质条件；当地下水丰富时，应进行地下水动态勘察。必要时要通过相应地段的隧道进行调查、观测和试验，判断和确认围岩状态及其性质。工程地质特征（如地层、岩性及地质构造特征，地质构造变动的性质、类型、规模，断层、节理、软弱结构面特征及其与隧道的组合关系，地下水状况、单位时间内流量、来源，围岩的基本物理性质等参数）均与掘进机的选型配套和掘进施工息息相关。

同时,从地质与掘进施工对应关系角度,可从宏观、微观两方面进行简要阐述:宏观上,地质条件是设备选型的根本依据和基本遵从,而隧道功能要求、设计理念和衬砌的结构形式需与 TBM 选型相匹配;从微观角度,围岩类别、岩石的各项物理性能指标、不良地质段或不利结构面的具体性状及分布特点等决定了设备应具备的基本功能和相关针对性设计,在施工过程中也决定着掘进参数和应对措施的合理选择。

(2) 设备是关键

第一,根据工程地质条件和使用要求进行合理的设备选型是工程成败的关键。掘进机机型的选择主要由地质条件、使用要求来决定,根据业主的要求及衬砌结构形式可以确定使用护盾型或敞开式。在确定机型后,要针对具体工程地质条件、掘进机掘进长度,确定传动型式、主要技术参数,选择对地层的适应性强、整机功能可靠、可操作性较强的主机,敞开式掘进还要注意进行岩石支护设备的选型和配套。后配套设备以及洞外辅助设备的技术参数、功能、形式也在很大程度影响着主机能力的发挥,因此也要认真进行比选,它们在满足基本工况要求外,也要考虑有适当余地。

第二,掘进机法隧道施工除了主机外,还要有后配套设备协同作业(主机的驱动、润滑、水、电气系统等;出渣、进料运输系统;主机的辅助设备,如除尘系统、支护系统等)。只有后配套与主机协调匹配工作,才能圆满完成掘进机各项工艺,其中某一环节的脱节,则将影响全局的施工,这是一项很严密的系统工程。原则上设备的匹配组合以掘进机主机能力、进度为标准进行核算,特定工序所用设备应选用专用设备,为发挥群机效应应选用质优的匹配设备。

第三,对于大型机械化施工,有针对性地进行设备的保养维护和预测可能的故障,保证设备的正常工作,减少因突发故障的意外停机,提高设备的完好率和掘进利用率,是掘进机法施工组织管理工作的核心。

第四,在长大隧道施工中,因 TBM 后退的距离有限或不能后退,当遭遇不良或灾害性地质时,需要对设备进行针对性设计,并充分发挥设备性能优势。如软岩大变形地段,需要充分利用围岩发生大变形的时空效应规律快速通过,若错失,极易造成卡机事故,特别是在护盾式 TBM 施工中。同时,由于设备充斥于开挖断面内或受工法本身的限制,其他辅助作业的作业空间受到限制,有些特殊措施无法有效或高效实施,进而造成施工效率低下。因此,施工队伍的选择和科学的施工组织管理也是掘进机法顺利实施的关键。

(3) 组织是核心

第一,充分发挥掘进机在施工中的速度优势是使用掘进机的主要选择依据。设备利用率的高低反映了掘进机在工程中施工中的综合水平,除了地质因素外,也反映了设备使用者的综合组织管理水平。因此,在 TBM 掘进生产中,应紧紧抓住主要矛盾,即如何保证和提高基于大部分适合 TBM 掘进的地质段的设备利用率,加强现场工序管理,不断总结各类围岩段的应对措施经验及各工序间的组织规律,合理组织,科学管理,快速形成高效生产能力,最大限度发挥设备的群机效能,这是 TBM 施工现场组织的最为核心的关键所在。

第二,隧道施工中不定因素众多,地质变化频繁。由于地下工程本身具有一定的未知性,施工单位掘进施工管理水平的高低,取决于已知地质资料和实际地质条件一致的情况下的正常施工能力,也取决于面对变化多样的地质条件,施工管理和施工组织的应变能力。采用掘进机在不良地质段施工的能力往往成为制约工期的关键环节。因此,在地质适应性评估、针对性设计和丰富施工经验基础上,前期的精心筹划和施工过程中科学合理的组织管理是 TBM 施工的重点所在。根据不良地质段的不同,特别是对掘进影响较大的长大不良地质地段或工程重难点,应结合现场条件提前充分考虑,能提前平行处理的尽可能提前处理;不能处理的,要提前做好快速通过方案、应急措施。国际上普遍认为,有经验的、善于管理的施工单位,可以降低困难地质条件、变化多样的地质条件以及未知的地质条件带来的风险。如果没有掘进机的施工经验和管理能力,面对这些风险,可能会造成投资费用的增加、工期的延长甚至整个工程方案的变更,损失巨大,这种实例在国内外都曾发生。

第三,充分、合理的临时设施,可靠的施工风、水、电供应及科学、合理的现场场地布置等也是现场高效组织的重要组成部分。

(4)技术是保障

为充分发挥掘进机的掘进效率,除必须保证相关材料等物资供应外,还应建立施工技术、设备维护保养、故障检测诊断等技术保障系统。技术保障贯穿于掘进施工的全过程。技术保障的内容包括技术管理、维护技术、系统培训以及岗位培训等。在具体工作中包括地质变化的反馈,支护措施,设备使用和其状态记录,以及故障分析处理等数据信息的统计与管理。

庞大的掘进机设备是完成工程的主体,日常生产都是围绕或依赖设备正常工作而展开的,因而设备的维护保养成为保障施工生产运作的重要组成部分。保证设备的正常运转靠维修保障人员的努力。为充分发挥掘进机设备效能,掘进机法施工支护要求"准确预判,宁强勿弱,一次到位"。根据地质资料、施工过程中掘进参数的变化、岩渣分析等,及时掌握或预判地质变化情况,结合类似或以往工程施工经验,综合判断洞室稳定性,合理选择或调整掘进参数,合理设定支护参数,采取配套措施及时有效地应对,都需要施工人员的丰富经验和合理判断。在施工过程中,在地质条件无法精确量化等不确定因素下,及时、有效的 TBM 施工及支护更需要在施工技术和现场快速组织方面具有丰富经验的管理人员的强力支撑。

综上所述,采用掘进机施工的隧道工程成功的关键在于:通过项目设计单位、合格的掘进机供应商、有经验的施工承包商的共同研究和决策,正确选择适合掘进机施工的地质条件、质量可靠、功能齐配的产品以及一支能力强、经验丰富的施工队伍,在施工的全过程中进行合作、解决争议、识别风险并设法降低风险是相关各方共同的责任和目标。

3.2 TBM 选型综述

掘进机法与钻爆法相比,掘进施工作业是连续的,具有隧道施工"工厂化"、机械化程度高、快速、安全、劳动强度小、对地层扰动小、通风条件好、支护质量好、减少隧道开挖中辅助工程等优点。但它也存在对地质条件的依赖性大、设备的型号一经确定后开挖断面尺寸较难更改、一次性投资较大等劣势。掘进机施工单位成本随掘进速度的提高而降低,因此充分发挥掘进机在施工中的速度优势是使用掘进机的主要选型因素。

设备选型分为宏观和微观两部分。宏观角度的设备选型也是关于施工前的工法选择问题,即设备类型的选择问题:是选择敞开式 TBM 还是护盾式 TBM,更进一步地讲,是选择双护盾还是单护盾 TBM。在一般情况下,设备选型是工程筹划阶段一项重要工作。微观角度的设备选型,则是 TBM 设备本身的系统配套问题。此工作是在设备类型基本明确后,在设计联络阶段为满足客户个性化需求和在设备设计过程中针对具体工程特点开展针对性设计所进行的工作。本章主要探讨设备的宏观选型问题。

从设备角度，首要工作是根据各行业基本界面特点和不同的条件进行原则性选型。由于行业和工程类别不同，导致隧道结构、功能和设计理念等方面存在差异，相应地对设备产生不同的倾向性需求，也是不同于常规意义上设备选型时须考虑的一个重要因素。各行业工程项目基本特点及倾向性需求见表3-1。

各行业工程项目基本特点及倾向性需求 表3-1

项目类别	设计理念	结构类型特点及要求			最优断面形式	断面利用率	敞开式TBM同步衬砌条件	备注
		衬砌结构	防水等级	防排水设计				
铁路隧道	新奥法	复合式衬砌	二级（特殊地段、高铁：一级）	设防水层；以排为主，排堵结合	马蹄形（三心圆）	较高	底部有仰拱块，有同步衬砌条件	多倾向于采用敞开式TBM
水工隧道	矿山法（或新奥法）	管片或复合式衬砌	—	无防水层；全包防水时设有排水孔	圆形/城门洞形	高	底部无仰拱块，同步衬砌实施难度大	多倾向于采用护盾式TBM
公路隧道	新奥法	复合式衬砌	二级（特殊地段：一级）	设防水层；以排为主，排堵结合	马蹄形（五心圆）	低	—	先行小TBM导洞再钻爆扩挖

3.3 选型的依据和原则

3.3.1 TBM选型依据

如前所述，掘进机机型的选择主要由地质条件、使用要求来决定，再结合业主的要求及是否采用管片衬砌，可以确认使用护盾型或敞开式。在隧道设计过程中和施工前，首先应对TBM进行选型，做到配套合理、充分发挥掘进机综合效能。

TBM选型依据如下：

①隧道工程地质、水文地质条件。包括地层岩性、岩石强度、完整性、节理发育程度、石英石含量、地下水发育程度、地下水位、隧道涌水量及不良地质等地质情况。

②隧道断面的形状、几何尺寸、隧道长度、坡度、转弯半径、埋深等设计参数。

③线路周边环境条件、沿线场地条件、周边管线、建筑物及地下洞室的结构特性、基础形式、现场条件及可能承受的变形。

④隧道进出口组装和施工场地、运输和吊装条件，施工场地区域气候条件、水电供应、交通情况等因素。

⑤TBM一次连续掘进隧道的长度以及单个独头掘进区间的最大长度。

⑥隧道施工总工期、各阶段节点工期等隧道施工进度要求。

⑦类似工程的变形监控量测资料。

⑧处理不良地质的灵活性、经济性。
⑨TBM制造商的业绩与技术服务水平。
⑩施工队伍的专业技术水平和管理水平等。

3.3.2 TBM选型原则

TBM的性能及其对地质条件和工程施工特点的适应性是采用TBM法施工隧道成败的关键,选用技术先进、质量可靠的TBM和经验丰富、服务专业的TBM制造商是保证TBM性能的关键。

TBM选型主要遵循下列原则:

(1)安全性、可靠性、先进性、经济性相统一

TBM选型应首先遵循安全性、可靠性原则,并兼顾技术先进和经济性。所选TBM技术水平应先进可靠并适当超前,符合工程特性,满足隧道结构要求,做到安全性、先进性、经济性相统一。

(2)满足环境条件

TBM设备选型应满足隧道外径、长度、埋深和地质条件及洞口条件等环境条件。TBM设备选型应根据隧道施工环境综合分析。TBM的地质针对性非常强,TBM性能的发挥在很大程度上依赖于工程地质条件和水文地质条件。工程地质及水文地质条件是影响TBM隧道施工质量的重要因素,也是TBM设备选型的重要依据。地质勘察资料要求全面、真实、准确,并应包括隧道周边地形地貌条件、过沟地段、傍山浅埋段和进出口边坡的稳定性条件等。

(3)满足安全、质量、工期及造价要求

TBM设备后配套应尽量做到合理化、标准化,应依据工程项目的规模、难易程度、安全、质量、工期、造价以及文明施工等要求,在充分调研的基础上进行选型。工程施工对TBM的工期要求包括TBM前期准备、掘进、衬砌、拆卸转场等全过程,TBM的前期准备工作主要包含招标采购、设计制造、进场运输、组装调试、步进、试掘进等,TBM成洞总工期应满足工程总体规划的工期要求。

(4)后配套设备与主机配套

后配套设备与主机配套,满足生产能力与主机掘进速度相匹配、工作状态相适应,并且能耗小、效率高的原则;同时应施工安全、结构简单、布置合理和易于维护保养。进入隧道的机械,其动力宜优先选择电力机械。配套应合理,其生产能力首先应满足施工组织设计所要求的工期,确保进度目标的有效实现。后配套设备的选型应满足劳动保护和环境保护等职业健康安全的要求以及文明施工的要求。后配套设备选型时,应降低操作者劳动强度,改善劳动条件;应配备污染少、能耗小、效率高的施工机械,减少作业场所环境污染,有利于环境保护。同时,施工管理者要有强烈的劳动保护和环境保护意识,应自始至终把环境保护工作列入现场管理的重要内容,强化环境管理,制定环境保护措施。

3.3.3 TBM选型重点考虑因素

①岩石的可钻性。
②岩石强度、磨蚀性。
③围岩应力状态。

④无预处理条件的断层破碎带。
⑤围岩收敛和挤压变形程度。
⑥高地温环境。
⑦特殊岩土。
⑧突泥涌水预测情况。

3.4　TBM选型流程及步骤

3.4.1　TBM选型流程

TBM选型流程详见图3-1。

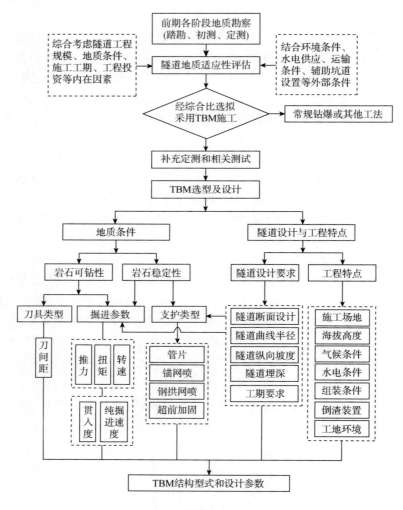

图3-1　TBM选型流程图

3.4.2 选型控制因素

3.4.2.1 功能

所选 TBM 必须适合地质状况,满足所穿越地层的施工需要,符合隧道特性,满足隧道用途。

3.4.2.2 线形条件

所选 TBM 必须能够满足区间隧道平面曲线转弯半径和纵向坡度的要求,要求 TBM 掘进方向能够根据线形条件及时调整并有效控制,所配置的导向系统应能保证隧道最后贯通误差要求。

3.4.2.3 安全、质量、工期、造价及环保要求

所选 TBM 必须能够满足安全、质量、工期、造价及环保要求。安全要求包括 TBM 施工隧道自身安全及周边建(构)筑物的安全。隧道自身的安全是指按照新奥法设计采用复合式衬砌隧道的衬砌支护在施工期必须满足结构安全的需要,二次衬砌必须满足长期运营条件下的结构安全及防水要求;采用管片衬砌需要同时满足施工期及运营期的结构安全要求。工期要求包括 TBM 前期准备、掘进衬砌、拆卸转场全过程的工期要求。其中,前期准备工作,如设计、制造、运输、场地、安装、调试等,应满足预定的隧道掘进开工的要求;TBM 开挖总工期应满足预定的隧道开挖所需工期的要求,对边掘进、边衬砌的 TBM,成洞总工期应满足预定成洞工期要求;TBM 拆卸、转场应满足预定的后续工序要求。

3.4.2.4 长距离掘进

TBM 连续掘进距离长,要求 TBM 具有良好的性能、较长的使用寿命、充足的备件和配件。由于不具备开支洞的条件,TBM 长距离掘进对长距离通风、供电、运输及长距离给排水都提出了较高的要求,要求具有可靠性高、能力强的通风系统、供电系统、给排水系统以及能高效运转的运输系统。

3.4.2.5 处理不良地质灵活性

TBM 需配置超前地质预报、超前钻探、超前钻孔注浆加固等设备,防止地层坍塌损坏或卡住 TBM,且处理特殊地质的方法要灵活。

3.4.3 TBM 选型步骤

3.4.3.1 地质勘察

掘进机法施工的隧道工程地质勘察应按踏勘、初测、定测及补充定测(施工过程中的补充勘察)开展,满足各阶段设计要求。同时,隧道工程地质勘察应做到施工前和施工中的地质调查相结合,通过施工中的地质调查为验证或调整施工组织设计提供依据。表 3-2 为不同阶段的施工调查内容和目的。

不同阶段的施工调查内容和目的　　　　　　　表 3-2

阶段	时间	目的	内容	范围
踏勘、初测	从研究比较洞线到决定隧道线路	获取可行性研究选线所需的地形、地质及其他环境条件的相关资料,并为下一阶段调查提供基础资料	地形、地质调查,环境调查等,一般根据既有资料及现场踏勘	包括比较线路在内的范围
定测及补充定测	从决定隧道线路到施工前	获取初步设计、施工计划、概预算所需资料	地形、地质、环境的详细调查,包括各项措施、施工设备、弃渣场等	与隧址有关的地点及其周围地区
施工中补充勘察	施工期内	预测和确认施工中产生的问题、变更设计、施工管理等	地形、地质、环境等调查,洞内量测、掌子面或岩壁观察、岩渣分析、预计对施工影响并制定措施等	隧道内及施工影响的范围

地质勘察应重点为以下工作提供地质资料:
①掘进机法适用性分析评价。
②隧道位置及掘进机施工段落的选定。
③掘进机设备选型、掘进机法隧道结构设计、辅助措施选择、掘进机施工参数确定。
④辅助工程、弃渣场及运输便道的设计。
⑤工程风险管理及应急预案的制定。

针对掘进机施工的特点和设备选型需要,掘进机法施工的隧道应按表3-3开展勘察、测试及试验等工作,并重点勘察以下内容:
①岩石坚硬程度、岩石磨蚀性、岩石质量指标、岩体完整性等岩石(体)基本性质。
②主要断层及岩体软弱破碎带的性质、产状、规模、分布范围、主要破碎物质、破碎程度、富水程度。
③岩溶及岩溶水、人为坑洞等成因、空间分布、规模等特征及其与隧道的关系。
④存在高地应力、高地温、有害气体或放射性时,应调查其成因、分布、特征及危害程度。
⑤地下水类型、发育状况及补给、径流、排泄特征等水文地质条件,预测可能出现严重突、涌水点(段)。

勘察、测试、试验项目表　　　　　　　表 3-3

调查项目 地质条件	综合勘测					岩石室内试验项目								
	地质调绘	弹性波测试	电阻率测试	钻探	孔内试验		密度	吸水率	颗粒密度	抗压强度	抗拉强度	硬度试验	膨胀率	弹性波速度	磨片鉴定
					抽提压水试验	综合物探测井									
硬质岩隧道	√	√	√	√		√	√	√	√	√	√	√		√	√
软质岩~未固结岩隧道	√	√	√	√		√	√	√	√	○	○	○		√	√
破碎带、岩溶、地下水发育	√	√	√	√	√	√	√	√	√	√			○		√
膨胀性地层	√		○	√			√	√	√	√		√	√	○	√
有害气体、岩温、放射性	√			√											

注:√为必须调查项目,○为选择调查项目。

对长大深埋隧道或可能存在高地应力、高地温、有毒有害气体及放射性等地质灾害的隧道，应开展专项地质调查和测试工作，分析预测岩爆、大变形、热害、有毒有害气体及放射性等地质灾害风险，评价其对掘进机法施工的影响。

地质参数测试项目应包括并不限于以下内容：

①岩石强度，包括岩石单轴抗压及抗拉强度、弹性模量、泊松比等。

②岩石磨蚀性，包括岩石的构成及石英含量等。

③岩体完整性，包括岩体的结构面发育程度、优势结构面对隧道稳定性和掘进机施工的影响程度等。

④岩体主要结构面产状及其与隧道轴向的关系。

⑤水文地质参数。

⑥其他地质参数，主要包括隧道围岩地应力大小、方向等。

地质参数测试应符合以下规定：

①根据隧道掘进机法对地质参数的要求，选择地质参数测试项目及测试量。

②隧道围岩的完整性应采用地面物探、岩石露头体积节理数量测和钻孔取芯等多种方法综合评价。

③岩体结构面应采用分期配套、节理玫瑰花图、等密图等手段统计分析优势方位。

④隧道通过区可能存在有毒有害气体时，应进行有毒有害气体成分、压力、含量测试；放射性的地层或地质环境应测试放射性指标；地温异常或高地温段应进行地温测试；深埋及高地应力地段应进行地应力测试。

主要地质参数评价标准应符合以下要求：

①岩石坚硬程度，应按岩石单轴饱和抗压强度进行评价，其对应关系按表3-4确定。

岩石单轴饱和抗压强度（R_c）与岩石坚硬程度的对应关系　　　　表3-4

R_c(MPa)	>60	60~30	30~15	15~5	≤5
岩石坚硬程度	极硬岩	硬岩	较软岩	软岩	极软岩

②岩石磨蚀性，可通过测试岩石磨蚀指数进行评价。岩石磨蚀性等级与岩石磨蚀指数对应关系按表3-5确定。

岩石磨蚀等级评价表　　　　表3-5

磨蚀性等级	磨蚀指数(CAI)	磨蚀性等级	磨蚀指数(CAI)
极低	<0.5	高	3.0~4.0
非常低	0.5~1.0	非常高	4.0~5.0
低	1.0~2.0	极高	≥5
中等	2.0~3.0		

③岩体完整程度，应按岩体完整性指标、岩体体积节理数或岩石质量指标进行评价，其对应关系按表3-6、表3-7确定。

岩体完整程度与岩体完整性指标(K_v)、岩体体积节理数(J_v)的对应关系 表3-6

岩体完整程度	完整	较完整	较破碎	破碎	极破碎
K_v	>0.75	0.75~0.55	0.55~0.35	0.35~0.15	≤0.15
J_v(条/m³)	<3	3~10	10~20	20~35	≥35

岩体完整程度与岩石质量指标(RQD)的对应关系 表3-7

岩体完整程度	完整	较完整	较破碎	破碎	极破碎
RQD(%)	>80	80~60	60~40	40~25	≤25

3.4.3.2 隧道地质适应性评估

根据《铁路隧道全断面岩石掘进机法技术指南》要求，拟采用掘进机法的隧道应进行地质适应性评估，综合考虑隧道工程规模、地质条件、环境条件、水电供应、运输条件、辅助坑道设置、施工工期、工程投资等因素，经技术经济比较确定。掘进机类型选择和设备基本功能配置要求应根据隧道工程特点、地质条件、施工环境等因素确定。掘进机性能的发挥在很大程度上依赖于工程地质条件和水文地质条件，如岩体的裂隙发育程度、岩石的单轴抗压强度和韧性将决定掘进机掘进速率和工程成本；隧道埋深、围岩等级、涌水大小等涉及掘进后的支护方法、形式及种类。适应地质的需要和可能的变化，是对设备的基本要求，也是对工程技术管理部门的考验。

隧道线位宜选择地质条件适宜的地段，避免穿越高风险地段。不能绕避时应以最短距离穿过，并进行针对性设计。下列地质地段不适宜采用全断面掘进机法施工：

①高地应力软弱围岩具有中等或严重大变形地段。《铁路隧道设计规范》(TB 10003—2016)将软岩大变形分为3级，见表3-8。

软岩或膨胀岩大变形分级表 表3-8

大变形等级	岩石强度应力比(R_b/δ_{max})	围岩变形特征
Ⅰ级	0.25~0.5	开挖后围岩位移较大，持续时间较长；一般支护开裂或破损较严重，相对变形量3%~5%，围岩自稳时间短，以塑流型、弯曲型、滑移型变形为主，兼有剪切型变形
Ⅱ级	0.15~0.25	开挖后围岩位移大，持续时间长；一般支护开裂或破损严重，相对变形量5%~8%，洞底有隆起现象，围岩自稳时间很短，以塑流型、弯曲型变形为主
Ⅲ级	<0.15	开挖后围岩位移很大，持续时间很长；一般支护开裂或破损很严重，相对变形量大于8%，洞底有明显隆起现象，流变特征很明显，围岩自稳时间很短，以塑流型为主

②具有中等及以上大变形的膨胀性围岩。分级标准同软岩大变形，见表3-8。
③强烈或极强岩爆地段。《铁路隧道设计规范》(TB 10003—2016)将岩爆划分为轻微、中等、强烈和极强4个等级，见表3-9。

岩爆分级表   表3-9

岩爆分级	岩石强度应力比(R_b/δ_{max})	分级描述
轻微	4~7	围岩表层有爆裂、剥离现象,内部有噼啪、撕裂声,人耳偶然可听到,无弹射现象;主要表现为洞顶的劈裂~松脱破坏和侧壁的劈裂~松脱、隆起等;岩爆零星间隔发生,影响深度小于0.5m;对施工影响小
中等	2~4	围岩表层有爆裂、剥离现象较严重,有少量弹射,破坏范围明显;有似雷管爆破的清脆爆裂声,人耳常可听到围岩内的岩石撕裂声;有一定持续时间,影响深度0.5~1m;对施工有一定影响
强烈	1~2	围岩大片爆裂脱落,出现强烈弹射,发生岩块的抛射及岩粉喷射现象;有似爆破的脆爆裂声,声响强烈;持续时间长,影响深度1~3m;对施工影响大
极强	<1	围岩大片严重爆裂,大块岩片出现剧烈弹射,振动强烈,有似炮弹、闷雷声,声响剧烈;迅速向围岩深部发展,破坏范围和块度大,影响深度大于3m;严重影响工程施工

④宽大断层破碎带及软弱破碎带地段。根据以往工程经验,特指断层破碎带长度大于10倍洞径以上、掌子面具有一定稳定性的贫水断层或断带内为富水松散体、掌子面极不稳定、极易发生常规手段无法有效控制的较大规模涌泥、涌沙、突水现象、断层长度大于1倍洞径以上的断层破碎带。

⑤突泥涌水严重地段。

⑥岩溶发育地段。

⑦高瓦斯及瓦斯突出地段。《铁路瓦斯隧道技术规范》(TB 10120—2002)将瓦斯隧道分为低瓦斯隧道、高瓦斯隧道及瓦斯突出隧道三种。瓦斯隧道工区分为非瓦斯工区、低瓦斯工区、高瓦斯工区及瓦斯突出工区四类。低瓦斯工区和高瓦斯工区可按绝对瓦斯涌出量进行判定。当全工区的瓦斯涌出量小于 $0.5m^3/min$ 时,为低瓦斯工区;大于或等于 $0.5m^3/min$ 时,为高瓦斯工区。瓦斯隧道只要有一处有突出危险,该处所在的工区即为瓦斯突出工区。判定瓦斯突出指标及相关要求参照《铁路瓦斯隧道技术规范》(TB 10120—2002)。

⑧岩石磨蚀性高的地段(参照表3-5)。

掘进机工作条件应根据岩石的单轴饱和抗压强度、岩体的完整程度(裂隙化程度)、岩石的磨蚀性等指标确定。隧道掘进机工作条件可由好到差分成A、B、C三级,围岩掘进机工作条件分级按表3-10确定。

隧道围岩掘进机工作条件分级表   表3-10

围岩分级	分级评判主要因素			围岩掘进机工作条件等级
	岩石单轴抗压强度 R_c(MPa)	岩体完整性系数 K_v	岩石磨蚀性 CAI(1/10mm)	
I	80~150	0.65~0.75	<5	I_B
		>0.75	≥5	I_C
	≥150	>0.65	—	

续上表

围岩分级	分级评判主要因素			围岩掘进机工作条件等级
	岩石单轴抗压强度 R_c(MPa)	岩体完整性系数 K_v	岩石磨蚀性 CAI(1/10mm)	
Ⅱ	80~150	0.65~0.55	<3	Ⅱ$_A$
Ⅱ	80~150	0.65~0.55	3~5	Ⅱ$_B$
Ⅱ	80~150	0.65~0.55	≥5	Ⅱ$_C$
Ⅱ	≥150		—	Ⅱ$_C$
Ⅲ	60~120	0.35~0.55	<3	Ⅲ$_A$
Ⅲ	60~120	0.35~0.55	3~5	Ⅲ$_B$
Ⅲ	60~120	0.35~0.55	≥5	Ⅲ$_C$
Ⅲ	≥80	≤0.35	—	Ⅲ$_C$
Ⅳ	30~60	0.35~0.20	<5	Ⅳ$_B$
Ⅳ	15~60	0.20~0.15	—	Ⅳ$_C$
Ⅴ和Ⅵ	<15	<0.15	—	不宜使用

注：隧道围岩掘进机工作条件等级均应满足上述三项评判因素；K_v值也可用对应的 J_v 值代替。

围岩掘进机工作条件等级 Ⅰ$_B$、Ⅱ$_A$、Ⅱ$_B$、Ⅲ$_A$、Ⅲ$_B$、Ⅳ$_B$ 应满足表 3-10 中对应的三项(含)分级评判因素；Ⅰ$_C$、Ⅱ$_C$、Ⅲ$_C$、Ⅳ$_C$ 应满足表 3-10 中对应的两项(含)分级评判因素。

3.4.3.3　TBM 选型及设计

TBM 选型一般按照下列步骤进行：

根据施工地质条件、施工环境、工期要求、经济性等因素确定 TBM 的类型→进行敞开式 TBM 与护盾式 TBM 之间的选择→根据隧道设计参数及地质条件进行同类 TBM 之间结构、参数的比较选型，确定主机的主要技术参数→根据生产能力与主机掘进速度相匹配原则，确定后配套设备的技术参数与功能配置。

在确定了 TBM 类型后，要针对具体工程的隧道设计参数、地质条件、隧道的掘进长度，确定主机的主要技术参数，选择对地层的适应性强、整机功能可靠、可操作性及安全性较强的主机。敞开式 TBM 还要特别重视钢拱架安装器、喷锚等辅助支护设备的选型和配套，以适应隧道不同地质情况的快速支护需要。

TBM 设备由主机和配套设备组成，形成一条移动的隧道机械化施工作业线，主机主要实现破岩和装渣，后配套设备的技术参数、功能、形式应与主机相匹配，应以主机能力、进度为标准进行核算。为了充分发挥 TBM 的速度优势，应适当加大匹配设备的能力，按满足正常施工进度和发挥主机最大能力条件的标准适当扩大，留有适当余地。后配套系统大致分为有轨矿车型、连续带式输送机型、无轨轮胎型三种类型，连续带式输送机型由于结构单一、便于施工运输组织管理、运渣快捷等优势逐渐得到推广，也使掘进机的连续、高性能掘进施工效能得到更充分发挥。

TBM 主要分为敞开式、双护盾和单护盾三种类型，分别适用于不同地质条件。在选型时，主要应从工程地质与水文地质条件、施工环境、工期要求、经济性等方面按表 3-11 综合分析确定。

敞开式 TBM 与护盾式 TBM 对比表 表 3-11

对比项目		敞开式 TBM	双护盾 TBM	单护盾 TBM
适应范围		适应地层一般要求围岩较好,有一定自稳性,岩石单轴抗压强度在 50～200MPa 的中硬岩、坚硬岩,一般开挖以Ⅱ、Ⅲ、Ⅳ级围岩为主的隧道	适应地层较广,适用于自稳性较好的软岩、中硬岩、坚硬岩,适合岩石抗压强度适中(岩石单轴抗压强度在 20～200MPa)、地下水不太丰富的地层施工。可适应较完整至破碎的岩体,用于Ⅱ、Ⅲ、Ⅳ、Ⅴ级围岩	适用于围岩强度较低的隧道,主要用于围岩地基承载力无法满足 TBM 正常掘进时撑靴接地比压要求的地层为主的隧道,其他同双护盾。在极硬岩时,对管片强度要求较高;在围岩自稳性较好时,相对于敞开式和双护盾进度较慢
功能特点及选型过程中的重点控制要素		Ⅱ级(非极硬岩,可适应短距离极硬岩,受开挖效率控制);Ⅲ级(一般是发挥其效能的最佳条件);Ⅳ级(非破碎带,能自稳、变形小,支护工作量适当)	Ⅱ级(非极硬岩,受开挖效率控制);Ⅲ级(一般受管片安装效率控制);Ⅳ级[非破碎带,能自稳、变形小情况下效率要优于敞开式(受支护工作效率控制)];Ⅴ级(掌子面能自稳,掘进后洞壁无坍塌,洞壁自稳时间不小于 5h,因撑靴需要,设有伸缩盾,护盾一般较长,变形小)	Ⅱ级(非极硬岩,受开挖效率控制);Ⅲ级(一般受管片安装效率控制);Ⅳ级(非破碎带,能自稳、变形小情况下效率要优于敞开式,受支护工作效率控制);Ⅴ级(掌子面能自稳,掘进后洞壁自稳时间不小于 4h,变形小)
施工速度		地质较好时只需进行锚网喷,支护工作量小,速度快;地质差时需要超前加固,支护工作量大,速度慢	在地质条件较好时,通过支撑靴支撑洞壁来提供掘进反力,掘进和安装管片同时进行,有较快的速度;在软弱地层,采用单护盾模式掘进,掘进和安装管片不能同时进行	掘进与管片安装不能同时进行,施工速率受限制
曲线半径		一般地段曲线半径 800m;困难地段曲线半径 300m;主要受连续皮带机转弯半径控制	一般地段曲线半径 800m;困难地段曲线半径 350m;主要受连续皮带机转弯半径控制	一般地段曲线半径 800m;困难地段曲线半径 500m;主要受连续皮带机转弯半径控制
使用风险		遇中等及以上岩爆时,安全风险大。围岩自稳性较差时,清渣支护时间长,进度慢	遇到膨胀岩、大变形严重,超出设备处理能力时,有卡机风险	遇到膨胀岩、大变形严重,超出设备处理能力时,有卡机风险,且处理卡机困难(需要拆除管片、设置导洞等)
安全性		采用初期支护,必要时采用超前支护措施。设备与人员暴露在围岩下(尤其岩爆段),须加强防护	处于护盾保护下,人员安全性较好。在地应力较大的破碎地层时,有被卡的风险	
掘进速度		受地质条件影响大	受地质条件影响小	
衬砌方式	水利	初支+全圆二衬	管片	管片
	铁路	初支+预制仰拱块+二衬	初支+二衬(底部必须施作仰拱块);管片+二衬	管片+二衬

续上表

对比项目	敞开式TBM	双护盾TBM	单护盾TBM
衬砌费用	总体上，Ⅱ、Ⅲ级围岩段，费用较"管片+二衬"式低；Ⅳ级围岩段，费用相当；Ⅴ级围岩段，费用较"管片+二衬"式高	与围岩有关，相对较低	与围岩有关，相对较高
超前支护	较灵活	受限	受限
施工地质描绘	掘进过程中可直接观测洞壁岩性变化，便于地质图描绘。地质勘察资料不详时，选用敞开式TBM施工风险较小	不能系统地进行施工地质描绘，也难以进行收敛变形量测。地质勘察资料不详时，施工风险较大	

注：1. 如前所述，当出现以下情况，可进行敞开式和护盾式TBM经济比选：
　①当隧道埋深不大，水头高度满足结构防排水要求、符合隧道功能要求和结构设计理念时；
　②在因断面无法实施同步衬砌，而单工序作业又无法满足总体工期要求时。
2. 从以人为本的角度，为保证工程项目安全顺利完成，在围岩强度应力比小于等于4时，当人、机安全为工程顺利实施的控制因素时；或在特定地域地质条件下，设备选型仅受单一或有限几项因素控制，如高地温、热害或极端灾害地质情况下，且有类似工程成功案例时，可考虑薄管片+二次模筑衬砌的新型结构设计；或经采取刀盘抬升等措施增强设备扩挖能力，可有效防止设备被卡时，经综合比选择优选择。

简单地从围岩条件出发，在TBM初步选型时可参考表3-12。

不同围岩条件下TBM初步选择　　　　　　　　　表3-12

岩石强度(MPa)	<10	40	100	160	>250
围岩类别	Ⅴ	Ⅳ	Ⅲ	Ⅱ	Ⅰ
岩质类型	极软岩	软岩	较软岩	硬岩	较硬岩　极硬岩
掘进机	单护盾 ▬▬▬▬▬▬▬▬▬▬				
	敞开式　　　　　▬▬▬▬▬▬▬▬▬▬▬▬▬▬▬▬▬				
	双护盾 ▬▬▬▬▬▬▬				

因受隧道断面大小、设备布设空间限制和人性化等的考虑，特殊断面TBM选型一般遵从以下原则：

①当采用敞开式TBM施工的隧道开挖直径较小时（小于6.0m），因考虑到物料通道、作业空间等，一般可优先选用双X支撑的TBM机型。

②当隧道开挖直径小于3.8m时，因受布设空间的限制，无法采用连续皮带机出渣。

③小转弯半径TBM，如某一水电项目出于隧道群串打考虑，提出需要转弯半径为30m以内的敞开式TBM，则需进行特殊的针对性设计。

3.5 影响TBM选型的因素

3.5.1 工程特点方面

TBM选型一般综合考虑以下因素：

①隧道几何长度和平、纵断面尺寸等隧道设计参数。

②隧道的地质条件：隧道的围岩级别、岩性、围岩岩石的坚硬程度（单轴饱和抗压强度R_c），隧道的断层数量、断层宽度、充填物种类和物理特性；岩体完整程度和岩体完整性系数；岩石的耐磨性及石英含量；岩体主要结构面的产状与隧道轴线间的组合关系；围岩的初始地应力状态；隧道的含水、出水状态等水文地质情况；隧道内的有害、可燃性气体及放射性物质的分布情况。

③隧道施工环境：周边环境、进出口、施工场地交通情况，气候条件，水电供应情况。

④隧道施工总工期及节点工期要求。

⑤经济技术性比较。

⑥选型时应重点考虑制约 TBM 施工性能的因素，如岩石的可掘性、开挖面稳定性、开挖时洞壁稳定性、断层带宽度、挤压地层的存在。

TBM 选型按隧道的地质条件综合分析确定。一般的软岩、硬岩、断层破碎带，可采用不同类型的 TBM 辅以必要的预加固和支护措施进行掘进，但对于大型岩溶暗河发育的隧道、高地应力隧道、软岩大变形隧道、可能发生较大规模突水涌泥等特殊不良地质隧道，则不适合采用 TBM 施工。在这些情况下，采用钻爆法更能发挥其机动灵活的优越性。

3.5.2　地质参数方面

岩石的单轴饱和抗压强度（R_c）是影响 TBM 选型的主要因素之一。一般 R_c 越低，TBM 的破岩效率越高，掘进越快；R_c 越高，破岩效率越低，掘进越慢。如果围岩的自稳时间短甚至不能自稳，R_c 高低就不再是影响掘进速度的第一因素。当 R_c 值在一定理想范围内时，TBM 的掘进既能保持一定的速度，又能使隧道围岩在一定时间内保持自稳。

岩石节理、裂隙的发育程度是决定围岩级别和 TBM 效率的又一主要因素。一般情况下节理较发育和发育时，TBM 掘进效率较高。节理不发育，岩体完整时，TBM 破岩困难。岩体结构面越发育，密度越大，节理间距越小，完整性系数越小，TBM 掘进速度有越高的趋势。但当岩体节理、裂隙特别发育，节理间距极小，岩体完整性系数很小时，岩体已呈碎裂状或松散状，岩体强度极低，自稳能力差，在此类围岩中进行 TBM 法施工，支护工作量增大，加之破碎岩体给撑靴提供的反力低造成掘进推力不足，其掘进速度不但不会提高，反会因需对不稳定围岩进行大量加固处理而大大降低。

岩石的耐磨性也是影响 TBM 效率的主要因素之一，它对刀具的磨损起着决定作用。岩石坚硬度和耐磨性越高，刀具、刀盘的磨损就越大。TBM 换刀量和换刀次数的增大，势必影响到 TBM 利用率。刀具、刀盘及轴承的失效，对 TBM 的使用成本有很大影响。岩石的硬度、岩石中矿物颗粒特别是高硬度矿物颗粒如石英等大小及其含量的高低，决定了岩石的耐磨性指标。一般来说，岩石的硬度越高、岩石的耐磨性越好，对刀具等磨损越大、掘进效率也越低。

岩体主要结构面的产状与隧道轴线间的组合关系对 TBM 工作效率的影响，主要表现为组合关系对围岩稳定性的影响，进而影响 TBM 的工作效率。当岩体主要结构面的走向与隧道轴线间夹角小于 45°，且结构面倾角较缓（≤30°），隧道边墙拱脚以上部分及拱部围岩因结构面与隧道开挖临空面的不利组合而出现不稳楔块，常发生掉块和坍塌，影响 TBM 的工作，降低 TBM 的工作效率，甚至危及 TBM 及施工人员的安全。

当围岩处于高地应力状态下,若围岩为坚硬、脆性、较完整或完整的岩体,极有可能发生岩爆,严重时将危及 TBM 及施工人员的安全;若围岩为软岩,则围岩将产生较大变形。二者均会给 TBM 的掘进施工带来困难。

隧道的含水、出水状态对 TBM 工作效率的影响,视岩体含水量和出水量的大小,含水、出水围岩的范围及围岩是硬质岩还是软质岩而异。一般地说,富含水和涌漏水的地段,围岩的强度会有不同程度的降低,特别是对软质岩的劣化,致使围岩的稳定性降低,影响 TBM 的工作效率。此外,大量的隧道涌漏水,将恶化 TBM 的工作环境,降低 TBM 的工作效率。

制约影响 TBM 施工性能的不良地质情况可能是导致隧道不稳定的质量很差的岩体,也可能是贯入度低的岩体(如强度很高的整块岩体)。然而,岩体质量对 TBM 性能的影响并没有一个绝对值。TBM 通常适用于在稳定性好、中~厚埋深、中等强度的围岩中掘进的长隧道。施工前掌握隧道的地质条件对隧道工程是极为重要的,设计阶段的前期地质勘察非常重要,用在前期勘察上的资金会因施工费用降低与工期缩短得到很大补偿。TBM 法施工在导洞或主洞实施的超前勘察并不能代替充分的前期地质勘察。制约 TBM 性能的相对较为重要或较为常见的不良地质情况包括可掘性极限、开挖面和开挖洞壁的不稳定性、断层和挤压/膨胀地层。除此之外,影响 TBM 施工的不良地质情况还有黏性土地层、地下水、瓦斯、岩爆、高温岩层、高温水和溶洞等。

TBM 开挖岩体能力的主要指标是 TBM 在最大推力作用下的掘进速度。它与岩石类别、岩石单轴抗压强度、围岩裂隙发育、岩石耐磨度、孔隙率等有关。如果 TBM 不能以较快的速度掘进或刀具的磨损超过可接受的极限,则这种岩层可掘性差。

如果开挖岩体破碎,会导致开挖面发生重大不稳定现象,由于塌落、积聚的石块作用于刀盘或卡住了刀盘,造成刀盘不能旋转;或因开挖面不稳定造成超挖严重,在 TBM 前方形成空洞;或因支护工作量过大,使 TBM 利用率过低。

洞壁不稳定将影响敞开式 TBM 正常掘进。断层带较宽时,给正常掘进、支护和处理带来困难。护盾式 TBM 对隧道围岩快速收敛十分敏感。

3.6　TBM 适用的地质范围

在发挥掘进速度的前提下,TBM 适用的主要地质范围如下:

①敞开式 TBM 主要适用于岩体较完整~完整,有较好的自稳性的硬岩地层(岩石单轴抗压强度 50~150MPa)。当采取有效支护手段并经论证,也可以适用于软岩隧道,但掘进速度应予以限制。

以 Ⅱ、Ⅲ 级围岩为主的硬岩隧道较适合采用敞开式 TBM 施工。敞开式 TBM 采取有效支护手段后,也可用于软岩隧道。在敞开式 TBM 上,可配置钢拱架安装器和喷锚等辅助设备,以适应地质的变化。敞开式 TBM 有顶护盾及底护盾,可以进行安全施工,如遇局部不稳定的围岩,使用 TBM 所附带的辅助设备通过打锚杆、挂钢筋网片、喷混凝土、架设拱架等手段进行初期支护,以保持洞壁稳定;当遇到局部软弱围岩或破碎带时,可用 TBM 附带的超前钻探及灌浆设备,预先固结前方上部周边的围岩,待围岩达到自稳后,再进行掘进。采用敞开式 TBM 施工时,永久性衬砌一般待全线贯通后集中进行。采用敞开式 TBM 施工,掘进过程中可直接观测到洞壁岩性变化,便于地质图描绘。当所掌握的水文地质资料不充分时,采用敞开式TBM可充分发挥出它能运用新奥法理论及时进行支护的优势。此外,小直径敞开式TBM可配合钻爆法进行双线(大断面)隧道的先行掘进。

②双护盾式TBM主要适用于较完整,有一定自稳性的软岩~硬岩地层(岩石单轴抗压强度30~90MPa)。

以Ⅲ级围岩为主的隧道较适合采用护盾式TBM施工。双护盾式TBM一般适用于在中~厚围岩、中~高强度、稳定性基本良好的围岩中掘进的隧道,对岩石强度变化有较好的适应性。

双护盾式TBM具有两种掘进模式,既适用于软岩隧道掘进,也适用于硬岩隧道掘进。当岩石的单轴饱和抗压强度在30~90MPa时最理想。在围岩稳定性较好的硬岩隧道中掘进时,撑靴紧撑洞壁为主推进油缸提供反力,使TBM向前推进,刀盘的反扭矩由两个位于支撑盾的反扭矩油缸提供,掘进与管片安装同步进行。此时TBM作业循环为:掘进与安装管片→撑靴收回换步→再支撑→再掘进与安装管片。在软岩隧道中掘进时,洞壁岩石不能为水平支撑提供足够的支撑力,支撑系统与主推进系统不再使用,伸缩护盾处于收缩位置。刀盘掘进时的扭矩反力由盾壳与围岩的摩擦力矩提供,刀盘的推力由辅助推进油缸支撑在管片上提供,TBM掘进与管片安装不能同步。此时TBM作业循环为:掘进→辅助推进油缸收回→安装管片→再掘进。

③单护盾式TBM主要适用于有一定自稳性的软岩地层(岩石单轴抗压强度5~60MPa)。

单护盾式TBM较适应Ⅲ~Ⅳ级围岩的隧道,常用于有一定自稳性的软岩及中等长度隧道施工,在围岩级别稍差时,它可发挥较快的掘进速度,相比于双护盾式TBM可减少投资。

3.7 TBM适应性分析

3.7.1 地质适应性分析

3.7.1.1 影响TBM掘进效能的工程地质及水文地质条件

详细、可靠的工程地质及水文地质资料是TBM工程项目成功的基本条件,直接决定了工程的成败。工程地质及水文地质资料决定了项目采用TBM是否可行、TBM的选型、TBM的主要技术参数、辅助施工设备的选择和应急预案的制订。

工程地质及水文地质资料必须详细、准确、可靠。隧道施工遇到的困难通常是由隧道掘进通过地层的岩土性质的不均匀性决定的。由于全断面、机械化开挖方式灵活性差,所以以适当的方式事先掌握工程的工程地质及水文地质条件对TBM施工是极为重要的。国内外大量的施工实例已经证明,用在前期勘察上的资金会因施工费用降低与工期缩短得到很大的补偿。只有掌握详细、准确、可靠的工程地质及水文地质资料,才能正确进行TBM选型,才能制订有针对性的施工专项措施。

以下几种地质条件下一般不适合采用TBM施工;如果在这些地质条件下使用TBM施工,在掘进时将造成很大的困难,必须采用其他的技术措施辅助施工:

①塑性地压大的软弱围岩。这种围岩因其岩石强度低而围压高,容易产生大的塑性变化,TBM极易被卡住。

②高压涌水地段。严重的漏水、涌水、断层带、软弱围岩,将使围岩的工程地质条件大大恶化,给TBM施工带来困难。

③岩溶发育带。当TBM通过强烈岩溶发育带时,很有可能遇到暗河通道、充水溶洞或者巨大的岩溶洞穴,TBM掘进或者通过都将十分困难,严重时TBM会陷入其中或被埋,后果将是灾难性的。

④极强岩爆。地应力高且埋深大的隧道,例如埋深超过1500m时,极有可能遇到极强岩爆的发生,严重危及施工人员及设备安全,甚至会造成TBM的致命损坏而使工程遭遇失败。

⑤极硬岩。依照目前的TBM技术水平,如果岩石的单轴抗压强度超过300MPa,且高磨蚀性、节理不发育时,TBM很难向前推进,且极不经济。

3.7.1.2 影响TBM掘进效能的主要岩体力学性质

影响TBM掘进效能的主要地质因素岩体力学性质有:

①单轴抗压强度。单轴抗压强度是在单向受压条件下,岩石试件破坏时的极限压应力值,它是TBM破岩的一个重要指标,也是影响TBM掘进效率的关键因素之一。TBM适合掘进的岩石抗压强度为5~150MPa,且应具有一定的自稳能力,TBM最适合掘进抗压强度为30~150MPa的岩石。若岩石的单轴抗压强度小于30MPa,滚刀贯入度大,不易产生挤压带,达不到预定破岩效果;若岩石单轴抗压强度大于150MPa,且节理不发育时,TBM掘进速度将明显下降,同时滚刀消耗变大,刀盘磨损、振动、焊缝开裂等现象也会明显加剧,刀盘维修、刀具检查、换刀时间将大大增加,计算工期时必须考虑该因素的影响。

②岩石的硬度和耐磨性。岩石中长石、石英等耐磨性较强成分的含量和颗粒大小是影响岩石硬度和耐磨性的主要因素,其含量越高,岩石的硬度越大,耐磨性越强,则掘进过程中滚刀的磨损就越快,滚刀消耗与施工成本就越高;与此同时,停机检查刀具、换刀时间增加,将严重降低TBM的掘进速度。

③岩体结构面发育程度及方位。岩体的结构面包括片理、小断层、节理、层理等,其发育程度,即岩体的裂隙化程度或完整程度,亦是影响TBM掘进效率的关键因素之一。通常,用岩体体积节理系数J_v、岩体完整性系数K_v或岩石质量指数RQD来表征结构面发育程度。TBM掘进速度的高低主要取决于岩体的完整程度,并以较完整和较破碎状态($K_v = 0.45 \sim 0.75$)为最佳适用范围。

3.7.2 各类TBM施工风险、不利影响因素分析及处理措施

3.7.2.1 敞开式TBM主要施工风险及不利影响因素

①敞开式TBM开挖后只能进行围岩的初期支护,为不影响掘进速度,避免施工干扰,后续二次衬砌需待TBM转场或全部掘进完成后才能施作,这样使得开挖区间长时间处于只有初期支护的状态。

②TBM在通过围岩破碎带时,需要提前采取围岩加固措施,这会增加较多的超前加固措施及辅助处理措施,将会较大影响掘进速度。

③遇洞周软弱破碎带接地比压不足时,TBM撑靴打滑或下陷失效,无法正常掘进。

3.7.2.2 护盾式 TBM 主要施工风险及不利影响因素

①护盾式 TBM 为开胸模式,在通过土层等不稳定地层时施工风险很大,且出渣较困难。

②护盾式 TBM 适应小曲线半径的能力较差。

③管片预制需要设置管片场,投资大、占地大、模具较多、管片费用较高。

④单护盾 TBM 的前进动力通过油缸顶推后续管片来实现,要求管片必须紧跟,掘进与管片拼装不能同步进行,对掘进速度造成一定的影响。

⑤双护盾 TBM 由于机体长,且存在前、后护盾和中间伸缩盾,如遇岩层较破碎段、坍塌段、变形段,TBM 容易被卡,施工掉块可能损坏推进油缸,严重时甚至无法掘进,施工灵活性不强。

⑥若开挖洞室洞周收敛变形较大,双护盾 TBM 开挖通过后机器会因洞周收敛而卡住。

3.7.2.3 对风险及不利影响因素采取的工程措施

根据以上对各种类型TBM可能存在的风险及不利影响因素的分析,提出规避风险及减少不利影响所采取的工程措施,具体见表3-13。

TBM 风险及不利因素处理措施　　　　表 3-13

TBM 类型	风险及不利因素	处理措施
敞开式TBM	二次衬砌滞后时间较长,初期支护长时间暴露	加强现场施工技术的及时跟班指导,强调 TBM 支护原则——宁强勿弱,一次到位;加强施工监控量测,发现异常及时补强;具备条件时及时施工二次衬砌
	局部通过围岩破碎带地段	利用 TBM 自身的超前钻机作管棚超前注浆支护,并在随后加强初期支护以保证围岩的稳定
	软弱破碎带接地比压不足造成 TBM 撑靴打滑或下陷失效,无法正常掘进	在撑靴位置打锚杆并注浆加固围岩,或加垫枕木及钢模板等辅助措施,增大撑靴受力面积,避免出现反力不足、撑靴深陷的情况
护盾式TBM	难以适应半径小于 500m 的曲线段	缩短换步距离、减小管片宽度、增设扩挖刀,以"短掘进、大超挖"的方式并以折线代曲线逐渐通过。但会导致 TBM 设备费用增加,隧道施工难度增大,速度变缓,管片类型增多,工程投资增加较大
	掘进与管片拼装不能同步进行,影响掘进速度	在地质等条件具备时,尽量采用六边形管片,可实现同步作业
	机体较长,容易被卡住,处理复杂地质地段的措施相对较少,灵活性不大,影响掘进速度	通过超前地质预报,前方如遇断层破碎带等不良地质地段,提前从盾体内进行超前加固
	须设置管片预制场,占地大,模具多,投资大,费用高	管片场应因地制宜,结合周边具体情况设置;尽量采用通用楔形环管片设计,加大循环长度,模具国产化,降低管片生产成本

3.8　川藏铁路隧道 TBM 适应性分析

3.8.1　川藏铁路概况

近年来,随着盾构和掘进机在国内市政、水利、铁路工程中大规模使用,特别是西康铁路秦岭隧道(2 台 ϕ8.8m 敞开式 TBM)、宁西铁路磨沟岭(1 台 ϕ8.8m 敞开式 TBM)、桃花铺隧道(1 台 ϕ8.8m 敞开式 TBM)、南疆铁路中天山隧道(2 台 ϕ8.8m 敞开式 TBM)、兰渝铁路西秦岭隧道(2 台 ϕ10.24m 敞开式 TBM)和大瑞铁路高黎贡山隧道(1 台 ϕ9.03m、1 台 ϕ6.39 敞开式 TBM)等铁路隧道项目,大伙房水库输水隧洞(3 台 ϕ8.05m 敞开式 TBM)、辽西北供水工程(原计划 8 台,实际投入 7 台 ϕ8.5m/8.05m 敞开式 TBM)、新疆额河引水工程(18 台 ϕ7.83m/7.03m 敞开式 TBM)等大型机械化设备集群化管理工程项目的成功实施,使得川藏铁路施工建设成为可能。

川藏铁路是国家"十三五"规划重点项目,东起成都,向西经雅安—康定—昌都—林芝到拉萨,全线 1742.39km。线路依次经过四川盆地、川西高山峡谷区、川西高山原区、藏东南横断山区、藏南谷地区等 5 个地貌单元,途中依次穿越二郎山、折多山、高尔寺山、沙鲁里山、芒康山、他念他翁山、伯舒拉岭、色季拉山等 8 座高山,跨越大渡河、雅砻江、金沙江、澜沧江、怒江、易贡藏布江、雅鲁藏布江等 7 条大江。川藏铁路建成后,将成为一条等级最高、最快速、最便捷的西向大通道,也将成为西藏连接长三角、珠三角两大经济圈的"快车道"。川藏铁路新建正线长约 1549km,为国铁 I 级电气化铁路。成都至雅安段已于 2014 年底开工建设,2019 年通车;雅安至林芝段处于勘察设计阶段;拉萨至林芝段已于 2015 年 6 月开工建设,预计 2021 年通车。目前正在进行的重点工作是针对川藏铁路雅安至林芝段大型机械化配套施工方面的研究和实施方案。

线路经过区域山高谷深,地形条件极其复杂,特别是雅安至林芝段总体地形特征为"八起八伏",岭谷之间的高差达两三千米。

除了高差,川藏铁路的特长隧道群也是一大难题。川藏铁路全线隧道总长达 1400km,占线路总长的 80%,其中雅安至新都桥段 200 多公里线路,隧道总长加一起就有 200km。采用大型机械化配套势在必行。采用大型机械化配套一方面可加快施工进度,保证川藏铁路按期顺利建成;另一方面,以机器代人,可有效减少施工人员。因此,提前充分做好 TBM 的合理选型意义重大。隧道工程地质条件具有极大不确定性,川藏铁路雅安至林芝段 10km 以上的隧道共 33 座/694km,占隧道总长的 87%;20km 以上的隧道共 15 座/436km,占隧道总长的 54%;全线 30km 以上的隧道共 6 座/212km,占隧道总长的 27%。海拔在 3000m 以上隧道共 44 座/577km,占隧道总长的 72%;海拔在 3500m 以上隧道共 31 座/392km,占隧道总长的 49%;海拔在 4100m 以上隧道共 9 座/126km,占隧道总长的 16%。在一条铁路一次性出现数量如此众多的高海拔特长隧道,实属世界罕见。

除此之外,沿线大山大河、高寒缺氧、地震带、破碎带、地热、暗河等,给川藏铁路的施工建设带来很多不可预测因素。施工将面临高地应力(岩爆、大变形)、深大活动断裂、高频高烈度地震、高地温及有害气体等地质难题。

深大活动断裂密集发育地带,主要为龙门山、鲜水河、玉龙希、理塘、甘孜-理塘、巴塘、金沙江、澜沧江、班公湖至怒江、八宿、嘉黎-易贡、雅鲁藏布江、沃卡等十多条深大活动断裂带,构造运动活跃,可能引起断裂地震错动及大位移蠕滑等隧道工程问题,尤以全新世活动断裂对隧道的影响最大。

3.8.2 川藏铁路隧道主要不良地质

川藏铁路地处印度板块与亚欧板块挤压造山带,隧道范围地质条件极为复杂,高地应力(岩爆、大变形)、深大活动断裂、高频高烈度地震、高地温及有害气体等问题突出。

沿线岩爆包含轻微、中等、强烈和极强共4个等级,图3-2为川藏铁路拉林段巴玉隧道岩爆。

沿线大变形包含Ⅰ级、Ⅱ级和Ⅲ级共3个等级。

在建川藏铁路拉林段施工中,揭示高地温可达65~89.9℃。桑珠岭隧道某处掌子面3m炮孔内温度达81.9℃(图3-3)。根据目前最新钻孔资料,川藏铁路某一隧道有一钻孔喷出高达210℃的蒸汽。

图3-2 巴玉隧道岩爆　　　　　　　　图3-3 桑竹岭隧道某炮孔温度

3.8.3 川藏铁路隧道TBM选型

3.8.3.1 川藏铁路隧道工程对TBM选型的要求

在隧道掘进机选型时,应满足以下要求:

①功能要求。所选掘进机必须适合川藏铁路地质现状、符合铁路隧道特性、满足隧道用途。

②线型条件要求。选用的TBM(特别是用于横洞、斜井等辅助隧道的TBM)要能够满足铁路隧道平面曲线转弯半径和纵向坡度的要求,即要求TBM掘进方向能够根据线型条件及时调整并有效控制,所配置的导向系统应能保证隧道最后贯通误差要求。

③工期要求。工程施工对掘进机的工期要求是包含掘进机生产制造、施工的前期准备、掘进衬砌、拆卸转场全过程的工期要求。

④施工安全要求。喷锚初期支护在施工期间必须满足结构安全的需要,管片衬砌需同时满足施工期间及运营期间的结构安全要求,特别是在川藏铁路存在岩爆、大变形等不良地质条件下。

⑤长距离掘进的要求。TBM 连续掘进距离长,要求 TBM 具有良好的性能、较长的使用寿命、充足的备件和配件。当不具备开支洞的条件时,TBM 长距离掘进对长距离通风、供电、运输及长距离给排水都提出了较高的要求,要求有可靠性高、能力强的通风系统、供电系统、给排水系统以及能高效率运转的运输系统。

⑥处理不良地质灵活性的要求。由于川藏铁路隧道地质条件复杂,存在岩爆、大变形、断层破碎带、高温水热、有害气体、岩溶等,TBM 需配置超前地质预报、超前钻探、超前钻孔注浆加固等设备,以提前预报并采取措施,避免不良地质对 TBM 隧道施工带来的影响,且处理不同不良地质的方法要灵活。

3.8.3.2　各类型 TBM 在川藏铁路隧道面临的风险及不利影响因素分析

(1) 敞开式 TBM 风险及不利影响因素

①敞开式 TBM 开挖后只能进行围岩的初期支护,后续二次衬砌浇筑时间的滞后,会使得隧道长时间处于只有初期支护的状态;且实际掘进过程中,需在 TBM 的 L2 区进行喷射混凝土作业,通常要滞后开挖掌子面一段距离,围岩变形、拱顶岩爆和掉块等的控制存在较大的风险。

②敞开式 TBM 在通过围岩破碎带时,会增加较多的超前加固措施及辅助处理措施,对掘进速度影响较大,遇严重不良地质处理时,可能对工程总工期造成不可控的影响。

③川藏铁路隧道大多地质条件复杂,存在多种不良地质,敞开式 TBM 掘进通过后,隧道洞身可能产生不同程度的岩爆和围岩大变形,故初期支护措施应比常规隧道加强。

④遇断层破碎带或局部洞壁软弱围岩时,敞开式 TBM 可能因接地比压不足或撑靴部位塌空,造成撑靴支撑反力不足或无法有效支撑,造成掘进困难或无法正常掘进。

(2) 单护盾 TBM 风险及不利影响因素

①单护盾 TBM 适应曲线半径的能力最差,不适用于横洞或斜井等小半径条件隧道。

②掘进机的前进通过油缸顶推后续管片来实现,这就要求管片必须紧跟,掘进与管片拼装不能同步进行,对掘进速度造成一定的影响。

③单护盾 TBM 的主机长度较长,如遇地质破碎带容易造成卡机,处理复杂地质地段的措施相对较少,且处理起来较麻烦,影响掘进速度。

④管片预制需要设置管片场,投资大、占地大、模具较多、管片费用比现浇更高。

(3) 双护盾 TBM 风险及不利影响因素

①开挖中遇到不稳定或稳定性差的围岩时,会发生局部围岩松动塌落,需采用超前钻探提前了解前方地层情况并采取预防措施。

②在深埋软岩隧洞施工时,高地应力可能引起软岩塑性变形,易卡住护盾,施工前须准确勘探地质,并先行释放地应力,施工成本较高。

③对深埋隧洞,地应力较大,由于 TBM 掘进的表面比较光滑,因此地应力不容易释放,与钻爆法相比,更容易诱发岩爆。且双盾构 TBM 施工采用刚性管片支护,这与高应力条件下的

支护原则是不相符的,相对于柔性支护来说,更容易受损。

④在通过膨胀岩时,由于膨胀岩的膨胀、收缩、崩解、软化等一系列不良的工程特性,在进行管片的结构设计时,应充分考虑围岩膨胀力对管片可能施加的荷载,确保衬砌结构安全。应注意管片的止水防渗,防止膨胀岩因含水量损失而发生崩解或软化,造成TBM下沉事故。

⑤在断层破碎带,松散岩层对TBM护盾的压力较大,易发生卡机事故;在岩溶地段,易发生TBM机头下沉事故。施工中应采取相应对策。

3.8.3.3 对川藏铁路隧道风险及不利影响因素采取的工程措施

根据以上对各种类型TBM可能存在的风险和不利因素的分析,提出规避风险及减小不利影响所采取的工程措施。

(1)敞开式TBM应采取的工程措施

①敞开式TBM开挖后,加强初期支护的措施和强度,支护措施紧跟,尽量减少开挖围岩临空暴露时间。建议厂家尽可能将喷射混凝土机靠近刀盘,必要时在操作室的平台上另增加人工喷射混凝土设备,当遇明显围岩破碎、岩爆或大变形段,及早进行喷射混凝土封闭施工。对围岩较好段可采用系统锚杆、钢筋网及喷射混凝土的工程措施;对围岩较差地段,及时架设型钢钢架进行加强支护。

②敞开式TBM通过围岩破碎带,破碎严重段落可利用掘进机自身的超前钻机施作超前管棚,实践证明超前管棚是TBM通过软弱破碎带的有效措施。一般段落可进行超前注浆支护,并随后加强初期支护以保证围岩的稳定。

③当洞周为软岩段而不能为撑靴提供足够的支撑反力时,可采取在撑靴位置打设锚杆注浆加固围岩,或加垫枕木及钢模板等辅助措施,增大撑靴受力面积,避免出现反力不足、撑靴深陷的情况。

④敞开式TBM处理复杂地质条件的能力强,可随时跟进开挖地段地质情况调整支护措施,确保洞室稳定。当超前地质预报探测到前方有不良地质情况时,可采取超前加固措施通过,施工较灵活。敞开式TBM在铁路隧道上的硬岩隧道(秦岭隧道)和存在软弱断层破碎带的隧道(磨沟岭、桃花铺隧道)都有成功应用的案例。

(2)单护盾TBM风险及不利影响因素

①通过超前地质预报,前方如遇断层破碎带等不良地质地段,提前从盾体内进行超前加固。

②管片场因地制宜,结合川藏铁路整体情况,选取合适的厂址,管片生产规模化,降低生产造价。

(3)双护盾TBM应采取的工程措施

①双护盾TBM在通过小曲线半径段,可缩短循环进尺,减小管片环宽,增设扩挖刀,以"短进尺、大超挖"的方式以折线代曲线,逐渐通过。

②双护盾TBM如遇围岩破碎带时,在盾体内做好超前加固措施,尽量快速通过,避免伸缩油缸长时间暴露,以免被围岩掉块砸坏,也防止围岩收敛变形卡在伸缩盾的位置。

③可对双护盾的盾体进行特殊锥形设计,减小卡机的可能。

3.8.3.4 川藏铁路隧道 TBM 选型原则及比选对照表

(1) TBM 选型建议原则

①基于永久支护原则:如果是深埋复杂地质铁路隧道,考虑永久的工程质量和寿命,需要设置现浇二衬时,则不推荐采用单护盾 TBM。

②基于重大地质风险原则:极端不良地质对不同类型 TBM 带来的安全风险、被困风险的程度不同。强岩爆为突出风险时,倾向于选择双护盾 TBM;软弱大变形和大断层破碎带为主要风险时,倾向于选择敞开式 TBM。

③基于工期成本原则:对支护无专门要求,无重大工程地质风险时,从工期成本角度考虑选型。一般,软弱破碎洞段比例较长隧道,优先选择护盾式 TBM;稳定可支撑洞段比例较长、支护量小的隧道,优先选择敞开式 TBM。

(2) TBM 比选对照表

根据以上对敞开式 TBM、单护盾 TBM、双护盾 TBM 的分析,各项技术指标对比如表 3-14 所示(TBM 开挖直径为 10.2~10.8m 级)。

敞开式 TBM 与护盾式 TBM 对比表(TBM 开挖直径为 10.2~10.8m 级)   表 3-14

对比项目	敞开式 TBM	双护盾 TBM	单护盾 TBM
前面各项同表 3-11			
综合进度	Ⅱ级围岩约 250~300m/月; Ⅲ级围岩约 250~350m/月; Ⅳ级围岩约 250~300m/月; Ⅴ级围岩约 100~150m/月	Ⅱ级围岩约 250~300m/月; Ⅲ级围岩约 250~350m/月; Ⅳ级围岩约 250~350m/月; Ⅴ级围岩约 150~200m/月	Ⅱ级围岩约 200~300m/月; Ⅲ级围岩约 250~350m/月; Ⅳ级围岩约 200~250m/月; Ⅴ级围岩约 150~200m/月
衬砌方式	初支+预制仰拱块+二衬	初支+二衬(底部必须施作仰拱块); 管片+二衬	管片+二衬
衬砌费用	总体上,Ⅱ、Ⅲ级围岩段,费用较"管片+二衬"式低;Ⅳ级围岩段,费用相当;Ⅴ级围岩段,费用较"管片+二衬"式高	与围岩有关,相对较低	与围岩有关,相对较高
后面各项同表 3-11			

注:1. 如前所述,当出现以下情况,可进行敞开式和护盾式 TBM 经济比选:
①当隧道埋深不大、水头高度满足结构防排水要求、符合隧道功能要求和结构设计理念时;
②在因断面无法实施同步衬砌,而单工序作业又无法满足总体工期要求时。

2. 从以人为本的角度,为保证工程项目安全顺利完成,在围岩强度应力比小于等于 4 时,当人、机安全为工程顺利实施的控制因素时;或在特定地域地质条件下,设备选型仅受单一或有限几项因素控制,如高地温、热害等极端灾害地质情况下,且有类似工程成功案例时,可考虑薄管片+二次模筑衬砌的新型结构设计;或经采取刀盘抬升等措施以增强设备扩挖能力,可有效防止设备被卡时,经综合比选优先选择。

3.8.4 川藏铁路隧道不良地质应对措施

3.8.4.1 岩爆

从设备和新材料统筹考虑,在主机护盾后及时快速喷射低回弹速强砂浆,对及时控制岩爆有利。可以考虑实施缓冲吸能支护,配置相应的安装设备。加强 TBM 超前处理能力,配置人员和设备岩爆防护设施,增设洒水系统等。

3.8.4.2 大变形

高地应力大变形地段,根据围岩条件、地应力情况,采取增设 TBM 超前支护功能、加大预留变形量、适当加大 TBM 开挖直径、加强隧道衬砌支护结构、设计可伸缩盾体、特殊管片、组合式锚杆支护体系等有效控制大变形的工程措施,并针对不同变形条件开展有针对性的预设计。

3.8.4.3 断层

针对断层,可采取增设精准的现代化超前地质预报设备、加强设备超前处理能力的设备配置和选型、加强断层破碎带范围的结构衬砌、通过活动断裂地段的衬砌预留 30cm 左右的补强空间等措施。

3.8.4.4 高地温

采取红外探水和超前钻孔,超前探明前方地热情况。初支采用无粉尘、低回弹的湿喷混凝土,喷混凝土采用高炉矿渣水泥,添加高效引气剂,使内部形成均匀的不连续封闭气泡,起到一定的隔热作用。初期支护内表面安设聚氨酯泡沫塑料隔热层。

当水量较大时,可增设集水廊道和引水孔。开挖后周边集中出水点采用局部径向注浆封堵,或埋设导水管引入保温盖板水沟排出。加强温度监测,采取通风降温措施:水温低于50℃时,采用加强通风、洒水等措施;水温在 50~70℃时,采用双管路加强通风,夏季个别工作日洞外温度较高时,抽取雅江水降温通风,掌子面附近局部增加对流风扇;水温大于 70℃时,利用雅江水或冰块降温通风,掌子面附近堆放冰块,冰块用量根据掘进速度确定。同时应避开夏季午时高温天气施工。

增加个体防护措施,缩短工作时间。工期允许的条件下,地热段施工建议选择在冬季。

3.8.5 TBM 设备应用于川藏铁路隧道的局限性及改进建议

传统的 TBM,无论是敞开式 TBM、单护盾 TBM 还是双护盾 TBM,直接应用于川藏铁路隧道均存在不同程度的不足。近年来,我国一批正在规划或施工的 TBM 工程面临新的技术难题和挑战,还需提升 TBM 技术可靠性、质量稳定性,创新施工技术、工艺,提高 TBM 创新设计能力和现场技术服务能力,进一步提升 TBM 关键零部件和配套设备系统的国产化水平。建议对当前的 TBM 衬砌方式和机械性能做如下改进:

①考虑高原空气稀薄、含氧量低特点,增强各类型 TBM 的机械性能配置,如主机功率、电器元件性能指标等。

②当选用敞开式 TBM 时,应增强防护功能。

- 增设多种超前地质预报设备,集成 TBM 超前地质预报系统,增设 TBM 掘进围岩在线识别预警系统,以尽量准确地判断地质条件,提前做好针对性的辅助工程措施。
- 增加防岩爆设备。

- 提高初期支护快速施作能力,增强在软弱围岩段适用性。
- 考虑在尽量靠近刀盘位置设置人工操作平台,以应对特殊不良地质条件下的应急抢险需要。

③当选用护盾式 TBM 时,应增强防卡机能力和脱困能力。

- 增设多种超前地质预报设备,集成 TBM 超前地质预报系统,增设 TBM 掘进围岩在线识别预警系统,以尽量准确地判断地质条件,提前做好针对性的辅助工程措施。
- 调整护盾的设计,可设计成锥形盾体,即"头大尾小",刀盘开挖适当加大,减小卡机概率。
- 适当提高设备的功率,特别是对脱困扭矩的设置应比传统 TBM 稍强,以应对一般的卡机,提高脱困能力。

第 4 章　TBM 系统与部件

4.1　TBM 系统概述

TBM 是由多个系统组成的大型高效隧道施工机械,主要由刀盘、主驱动、盾体、支护、桥架、台车、物料运输、液压、润滑、供配电、控制、数据采集及监控、压缩空气、冷却、排水、通风、除尘、导向、通信、照明等系统组成。

4.2　刀盘及刀具

4.2.1　TBM 破岩机理

TBM 盘形滚刀直接与掌子面岩石相互作用,是 TBM 破碎岩石的直接工具。在 TBM 向前掘进过程中,盘形滚刀在刀盘推力作用下贯入掌子面岩石,一方面随着刀盘旋转作公转运动,一方面绕自身刀轴作自转运动。掌子面岩石在滚刀刀刃的滚压作用下不断破碎、剥落,实现破岩开挖。滚刀在岩石掌子面会形成一系列同心圆轨迹,如图 4-1 所示。

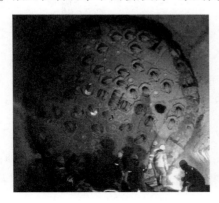
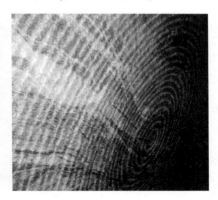

图 4-1　破岩掌子面

滚刀作用下岩石的破碎机理是 TBM 破岩领域的基本问题,是 TBM 掘进效率研究、刀盘设计、滚刀载荷特性研究、滚刀设计和布置等一系列科学问题的基础。由于岩石材料是脆性材料,地质环境对岩石的特性影响极大,因此盘形滚刀作用下岩石的破碎问题非常复杂。

岩石裂纹发育和破碎是在滚刀不断滚压岩石过程中,在岩石内部逐步发生的。在盘形滚刀侵入岩石的初始阶段,岩石内部开始产生大量微裂纹,局部产生变形,并逐渐向外释放能量。随着滚刀刀刃不断侵入岩石,刀刃下方岩石由于受压和空间的限制形成密实破碎区。紧邻该区域的岩石在内部应力作用下产生大量裂纹,其中几条主要的长裂纹分别称为中间裂纹、径向裂纹和侧向裂纹,如图 4-2、图 4-3 所示。伴随着滚刀不断侵入岩石,侧向裂纹进一步生长并与相邻滚刀的侧向裂纹相互贯通,从而使刀间岩石以片状岩渣的形式破碎、剥落。因此,TBM 滚刀破碎岩石依靠的是多把滚刀相互协同作用,尤其是相邻滚刀的协同作用。

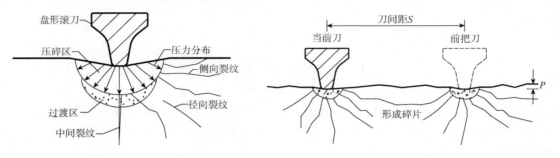

图 4-2　单滚刀作用下岩石破碎体系　　　　图 4-3　相邻滚刀之间碎片形成

对于滚刀周围岩石裂纹的产生,目前主要有剪切破岩机理、张拉破岩机理两种代表性的盘形滚刀破岩机理。

以 Paul 和 Sikasskie 为代表的学者认为岩石在楔形刀具作用下主要发生剪切作用引起的破碎形式,如图 4-4 阴影区域所示,在断裂面上各点均满足 Coulomb-Mohr 准则;而刀刃正下方区域由于挤压破碎形成压碎区,如图 4-5 中区域 1 所示。

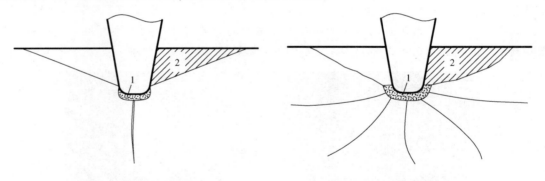

图 4-4　剪切破碎示意图　　　　　　　　图 4-5　张拉破碎示意图

以 Reichmuth 和 Bieniawski 为代表的学者,基于 Griffith 断裂强度准则建立了张拉破岩机理,认为岩石在刀具的作用下主要经历了裂纹闭合、线弹性变形、张拉裂纹开始扩展、临界能量释放、岩石强度失效及断裂体形成等过程,产生了拉应力引起的破碎形式,张拉破碎发生在岩石的侧面区域,裂纹呈辐射状扩展。

4.2.2　影响破岩的因素

TBM 滚刀破岩过程和效果受到施工环境、刀盘刀具设计、掘进参数等多方面因素影响。硬岩环境中,地质因素非常复杂。岩石种类繁多,常见有花岗岩、石灰岩、凝灰岩、页岩、片麻岩、砂岩等,其抗压强度、抗拉强度、弹性模量、泊松比等力学性能等差异很大。随着岩石强度和弹性模量的提高,岩石裂纹越难以产生。此外,岩石本身具有不均匀性。岩石的以上特性均会影响滚刀破岩过程。

除岩石本身固有的力学性能外,围压、节理、温度等诸多因素对TBM滚刀破岩都有很大影响。岩石节理的发育程度、节理强度和方向与滚刀作用下岩石裂纹扩展相互影响,共同作用形成破碎岩块。一般而言,适当的节理发育和节理方向有助于提升滚刀破岩效率,但是对支护作业要求增高。高围压环境中,岩石裂纹的发育受到限制,会增加滚刀破岩难度。其他因素如温度、含水量等,都会影响岩石力学性能,进而影响滚刀破岩效果。

针对施工现场地质条件,合理设计TBM刀盘、选择掘进参数对于提高掘进效率至关重要。滚刀直径一般为17in或19in,并有逐渐增大的趋势,中心刀直径一般为17in,而正滚刀直径多为19in。滚刀刃形有楔刃和平刃两种。楔刃刀圈能较容易侵入岩石,但是随着磨损量的增加,刀刃与掌子面的接触面积也增大,想要保证TBM的掘进效率,就需要掘进机提供更大的向前推动力,但这会影响掘进机的稳定性。平刃滚刀与掌子面的接触面积在磨损前后变化量不大,刀具的使用寿命更长。当前以平刃滚刀较为常用。

除滚刀类型外,对滚刀破岩效率影响最大的两个因素是滚刀刀间距和贯入度。在TBM破岩过程中,多把滚刀在一定刀间距下组合破岩,刀间距的合理选择是TBM设计的重要环节。在设计和制造环节,滚刀刀间距一旦选定,在后续掘进阶段将不能更改。刀间距选择成功与否,对TBM掘进效率和刀具使用寿命等至关重要。当TBM刀盘上的相邻滚刀刀间距大时,相邻滚刀间的岩石不能完全剥离,进而形成"岩脊"(图4-6),TBM掘进困难,同时滚刀破岩负担加重,滚刀更易发生磨损、断裂失效等问题。刀间距设计过小,会使得相邻滚刀之间的岩石过度破碎(图4-7),造成不必要的浪费;并且由于刀间距过小,TBM刀盘需要更多的空间布置刀具,不利于刀盘结构设计。根据地质环境设计合理的刀间距,对TBM高效破岩有着重要意义。

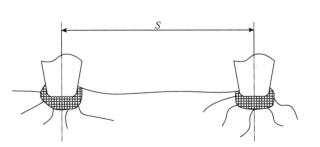

图4-6 刀间距过大形成"岩脊"

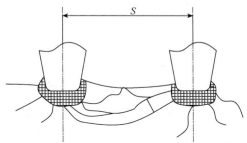

图4-7 刀间距过小形成小碎块

滚刀贯入度定义为刀盘旋转一周正滚刀侵入岩石的深度。该参数是TBM掘进过程中可以通过主控室调节的掘进参数。贯入度的合理设置对TBM的有效掘进起着重要的作用。在刀间距、岩石类型以及其他参数确定的情况下,贯入度越大,岩石挤压和剪切破碎区域就越大,易发生岩石过度破碎和刀具过载的情况;当贯入度过小时,易产生岩石不能完全破碎和TBM掘进效率低下的情况。

4.2.3 刀盘结构

TBM刀盘是钢结构焊接件,由刀座、耐磨板、前面板、后面板、筋板、溜渣板、锥板、法兰焊接而成(图4-8)。

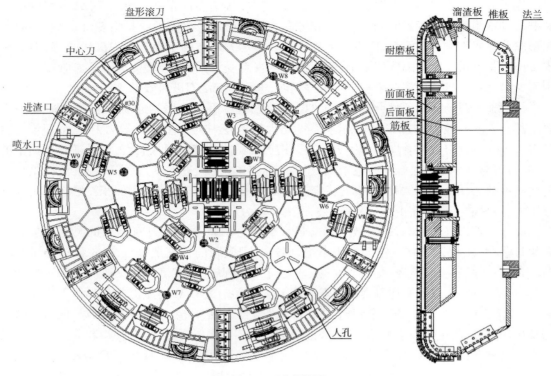

图 4-8 刀盘结构图

4.2.3.1 法兰

法兰是刀盘与主驱动连接的关键结构,传递推进系统所提供的推力,并驱动刀盘面板。法兰的刚度和强度直接关系到刀盘的受力情况好坏。

4.2.3.2 溜渣板

溜渣板的作用是往集渣斗转运渣石、连接刀盘面板和法兰。溜渣板数量由刀盘进渣口数量确定。溜渣板厚度要满足传递载荷要求。溜渣板与渣石接触面焊接耐磨网格,提高溜渣板耐磨性,确保刀盘在使用过程中的可靠性。

4.2.3.3 面板

面板一般设计成中空的箱形结构,由前面板、中间筋板、背板构成。面板上焊接用于安装滚刀的刀座、用于出渣的刮渣座、喷水装置、刀具保护块等。

4.2.3.4 进渣口

进渣口是剥落下来的岩石的输出通道,进渣口分布在刀盘周边,剥落下来的岩石掉落到隧道底部后,从随刀盘旋转的进渣口进入,在溜渣板的作用下,随着刀盘的旋转,渣石移动到刀盘顶部,顺着溜渣板进入集渣斗。进渣口处焊接有刮渣座,刮渣座表面通过螺栓安装有刮渣板,刮渣板具有很好的耐磨性,磨损后可更换。进渣口前面焊接进渣口格栅(图 4-9),格栅能够破碎大块岩石,格栅与格栅间尺寸合理,可以限制大块岩石进入刀盘。

4.2.3.5 喷水口

刀盘上安装带有旋转接头的喷水系统,用来冲刷掌子面的灰尘、冷却刀具。后配套供水经刀盘喷水系统回转接头进入刀盘,并经分水阀块分配到沿刀盘径向分布的各个喷口。刀盘喷水口的布置应均匀覆盖刀盘的整个开挖面,以达到满意的降尘和冷却刀具的效果。回转接头和刀盘喷水口之间的管路布置应考虑检修的便捷性,并应配备足够的耐磨保护结构。

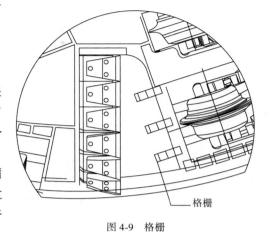

图 4-9 格栅

4.2.3.6 人孔

刀盘上设计有人孔,施工过程中可停机从人孔进入刀盘前面,观察掌子面情况。人孔处设计有盖板,盖板通过螺栓安装在刀盘上,盖板可在刀盘背面拆除。

4.2.3.7 刀座

刀座是刀盘上受力最为复杂的结构,也是使用过程中刀盘出现问题最多的结构。刀座的强度和硬度指标、刀座的结构形式直接影响其使用效果。各厂家都有各自的刀座结构风格。刀座主要有三种结构形式:内外焊装式、C 形块式和 L 形块式(图 4-10)。

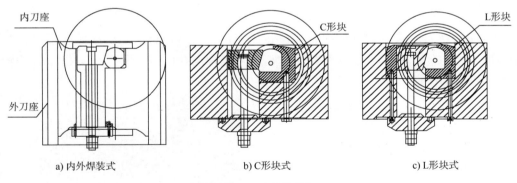

a) 内外焊装式　　　　b) C 形块式　　　　c) L 形块式

图 4-10 刀座结构形式

内外焊装式刀座由内刀座、外刀座焊接组成,内外刀座制造完成后整体焊接到刀盘主结构上,内刀座材料为特殊合金钢,外刀座为普通钢材,内外刀座通过焊缝连接。C 形块式刀座由 C 形块和刀座基体组成,C 形块材料为特殊合金钢,C 形块和刀座基体通过一颗螺栓连接。L 形块式刀座由 L 形块和刀座基体组成,L 形块材料为特殊合金钢,L 形块和刀座基体通过左右两颗螺栓连接。

以上三种刀座形式各有特点。内外焊装式刀座在制造过程中工艺要求严格,热处理工序复杂,生产周期长;刀座整体刚度较高,焊缝质量有保障的条件下,耐冲击性好,刀具螺栓不易松动,使用效果好。C 形块和 L 形块式刀座结构形式相对复杂,但生产制造工艺简单;从刀座的刚度和对刀具的稳定效果看,C 形块式刀座结构存在缺陷,C 形块与刀座基体接触面容易发生冲击变形;最初 L 形块式刀座在使用过程中也会发生 L 形块与刀座基体接触面冲击变形现象,调整组装工艺后,刀座整体刚度和稳定性都得到提高,接触面冲击变形现象减轻。

4.2.3.8 耐磨保护

刀盘耐磨保护可以提高刀盘的使用寿命,刀盘面板、圆环、锥板、进渣口位置均需进行耐磨保护设计,耐磨保护材料要满足耐磨耐冲击要求。刀盘各部位根据耐磨要求的不同,采用不同材质的耐磨材料。刀盘面板和锥板表面焊接耐磨复合钢板,耐磨复合钢板适合面积较大的平面区域使用。刀盘圆环周向焊接 Hardox 耐磨钢板条,Hardox 钢板有很好的可焊接性,适合在制作成条形耐磨材料。进渣口是耐磨设计的关键位置,进渣口处需要焊接耐磨钉或耐磨网格。刀盘边刀刀座凸出刀盘本体部分也需要对焊耐磨焊层,保护刀座不被磨损。刀具前方要设计刀具保护块,刀具保护块一般由 Hardox 钢板加工而成,沿刀盘旋转方向焊接在滚刀的前方,减小岩渣对滚刀的二次磨损。

4.2.4 刀具形式及结构

盘形滚刀技术是 TBM 的核心技术之一,要求滚刀承载能力强、质量稳定性好,刀圈具备很好的冲击韧性,同时耐磨性和红硬性好。目前常用直径 17in 和 19in 的盘形滚刀,在大直径的 TBM 中也采用 20in 的盘形滚刀。较大直径的盘形滚刀允许较大的刀圈磨损量,可降低滚动阻力系数,允许使用较大的轴承从而具有更大的承载力。

4.2.4.1 中心滚刀结构

TBM 中心滚刀多采用 17in 的中心双联滚刀(图 4-11、图 4-12),主要部件有:刀圈、刀体、刀轴、轴承、浮动金属环密封、O 形密封圈、端盖、刀圈轴向挡圈、隔环。中心双联滚刀用于保证两个刀圈启动扭矩一致。

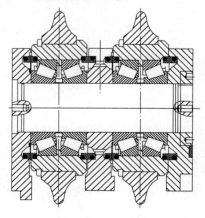

图 4-11 中心双联滚刀结构图

图 4-12 中心双联滚刀结构

4.2.4.2 正面和边缘滚刀结构

19in滚刀(图4-13、图4-14)主要部件有:刀轴、下端盖、浮动密封、刀圈、刀体、轴承、上端盖、隔环。

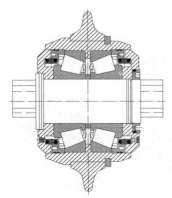

图4-13 19in滚刀结构图

图4-14 单刃滚刀结构

滚刀刀圈和刀毂间过盈量的配合非常重要。过盈量大则刀圈内应力大,刀圈容易发生崩块、断裂现象;过盈量小则刀圈和刀毂间产生的轴向摩擦力小、刀圈容易发生移位现象。

4.2.4.3 轴承

轴承(图4-15)是滚刀最重要的零部件之一,轴承的承载力、寿命、稳定性对滚刀的破岩起着至关重要作用。

滚刀轴承通常采用圆锥滚子轴承,现阶段国外TIMKEN品牌的圆锥滚子轴承在承载能力和耐久性上要优于其他品牌的圆锥滚子轴承。

轴承外圈与刀毂内孔采用预紧装配设计,轴承内圈与刀轴采用预紧装配设计。为了便于轴承拆卸,轴承内圈与刀轴之间需涂抗咬合剂。安装时通过调整隔环的厚度使其预紧,消除轴承游隙并产生一定的弹性变形,通过装配时测量刀具转动扭矩来检测预紧程度。

为了达到轴承最佳运行游隙,所需要的安装游隙根据地质的不同而变化。通常根据不同地质条件的经验值可以确定最佳的运行游隙。一般来说,为使TBM滚刀轴承寿命达到最大化,理想的轴承运行游隙为零游隙或负游隙(图4-16)。

图4-15 轴承

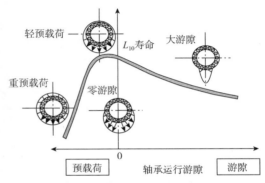

图4-16 轴承游隙和疲劳寿命之间的关系

4.2.4.4 密封

浮动金属环密封(图4-17、图4-18)是滚刀最重要的零部件之一,由合金铸铁密封环和橡胶O形圈组成。

O形圈受轴向压缩后产生变形,对合金铸铁密封环端面产生压紧力,合金铸铁密封环端面间依靠强大的油膜张力阻止滚刀刀体内润滑介质泄漏和异物进入刀体内部;随着密封端面的均匀磨损,O形圈储存的弹性能量逐步释放,从而起到轴向补偿作用。

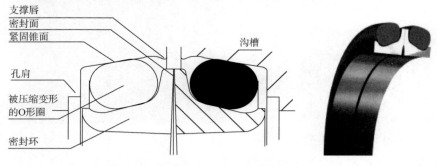

图4-17 安装后密封结构示意图　　　　图4-18 浮动密封

O形圈的材质有丁腈橡胶、氢化丁腈橡胶、硅橡胶、氟橡胶。TBM滚刀多采用硅橡胶。硅橡胶的硬度高、抵抗变形能力强、耐高温能力强,可满足TBM滚刀长距离、连续工作的要求。

4.2.4.5 刀圈刃形

TBM施工地质情况比较复杂,合理地进行刀圈刃形的设计和选择对破岩可以起到事半功倍的效果。TBM刀圈刃形通常采用锥形截面(图4-19)和半圆形截面(图4-20),这两种刃形可以更有效地切入岩石,进而实现破岩功能。在相同的贯入度下,锥形截面和半圆形截面刀圈破岩需要较小的顶推力,更容易切入岩层,减少滚刀轴承、刀圈等的异常损坏。

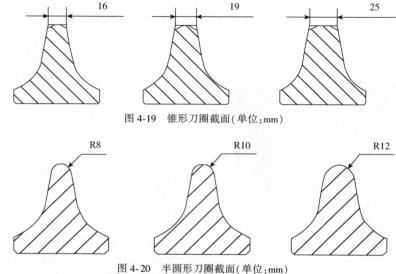

图4-19 锥形刀圈截面(单位:mm)

图4-20 半圆形刀圈截面(单位:mm)

17in 滚刀刀圈的设计最大允许磨损量为 25mm(图 4-21)。针对 120MPa 以上的硬岩,滚刀设计刃形 R10,刃宽 16.8mm,刀圈磨损 25mm 后,刃宽为 25.6mm,在单把 17in 滚刀 245kN 最大承载能力下很难破除硬岩。

19in 滚刀刀圈的设计最大允许磨损量 35mm(图 4-22)。针对 120MPa 以上的硬岩,滚刀设计刃形 R10,刃宽 16.8mm,刀圈磨损 35mm 后,刃宽为 29.2mm,在单把 19in 滚刀 343kN 最大承载能力下很难破除硬岩。

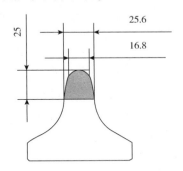

图 4-21　17in 滚刀磨损量(单位:mm)

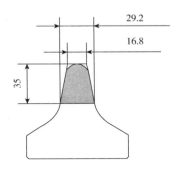

图 4-22　19in 滚刀磨损量(单位:mm)

4.2.4.6　滚刀装配

滚刀装配工艺是保证滚刀质量的关键性工艺,是保证滚刀质量一致性的关键步骤。

滚刀装配涉及各零件的组装配合,必须严格按照组装工艺进行组装,组装前对零部件进行质检和清洗。

图 4-23 为全自动刀具生产线,是滚刀装配领域最新、最先进的研究成果。通过调整工装夹具和控制程序,可进行 17in、18in、19in、20in 单刃滚刀的装配和检测。该生产线实现了滚刀装配的自动化,显著提高滚刀的生产效率,且减小了生产过程中人为因素对滚刀质量的影响,保证不同批次滚刀装配质量的稳定性、可靠性、可追溯性。

图 4-23　滚刀自动生产线

针对每一把 TBM 滚刀,必须进行保压实验,保压实验在 0.5MPa 压力下,15min 无压力降为合格。针对每一把 TBM 滚刀,必须进行跑合实验,在跑合试验台上进行正、反转跑合,正反向各 15min;油温升高在 20℃ 内为合格。

4.2.4.7 刀圈

刀圈的材料成分和热处理工艺是刀圈的核心技术。

刀圈材料电渣锭要求严格,其中的重点是对碳含量、氧含量、氮含量、非金属夹杂物和有害元素进行控制,[N]≤0.07‰,[O]≤0.01‰,[H]≤0.002‰;同时必须严格限制 Co、B、S、P、Cu、Pb、Bi、As、Sb、Sn、Zn、Cd 等有害元素,应使其含量尽可能低。

TBM 滚刀刀圈主要有两类材料:一种是热作模具钢,常见的为 H13;一种冷作模具钢,常见的为 DC53。

H13 钢种化学成分见表 4-1。

H13 钢种化学成分   表 4-1

元素	C	Si	Mn	Cr	Mo	V	S	P
含量(%)	0.48~0.52	0.80~1.0	0.20~0.45	4.80~5.2	1.4~1.6	0.8~1.2	≤0.002	≤0.02

H13 类刀圈材料组织为通常为回火索氏体组织(图 4-24)。热处理硬度分布在 HRC57~59(图 4-25),刀圈具有高的韧性和较好的耐磨性。

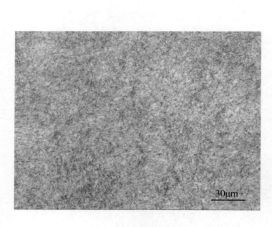

图 4-24 H13 材料金相组织

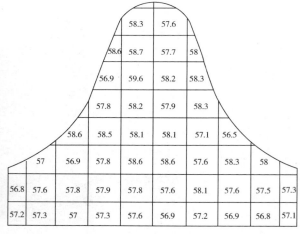

图 4-25 H13 材料刀圈硬度分布

DC53 钢种化学成分见表 4-2。

DC53 钢种化学成分   表 4-2

元素	C	Si	Mn	Cr	Mo	V	S	P
含量(%)	1.0~1.15	1.05~1.35	0.25~0.4	7.50~8.0	1.40~1.7	2.20~2.6	≤0.01	≤0.030

DC53 类刀圈材料组织为通常为回火索氏体组织,但常有条链状分布的大块共晶碳化物(图 4-26)。热处理硬度分布在 HRC59~62(图 4-27),刀圈很好的耐磨性,但块状的碳化物影响了刀圈的韧性。

图 4-26 DC53 材料金相组织

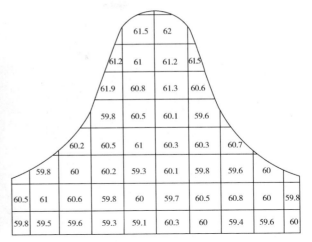

图 4-27 DC53 材料刀圈硬度分布

4.2.4.8 热处理工艺设计

刀圈的热处理是保证刀圈性能的最后一步也是最关键的一个环节。经过反复试验,选择如图 4-28 所示的热处理工艺。采用图示的热处理工艺后,保证了刀圈的高耐磨性和良好的抗冲击性能。

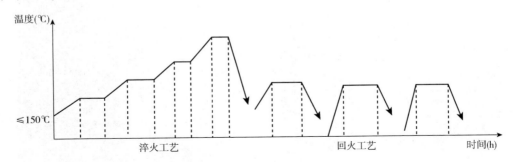

图 4-28 刀圈热处理工艺

4.3 主 驱 动

主驱动为刀盘提供支撑力及回转动力,同时能够传递刀盘推进力。

4.3.1 主驱动组成

主驱动主要包括驱动箱、驱动单元、小齿轮、大齿圈、主轴承、内外密封及环件(图 4-29)。

刀盘由驱动箱内的主轴承支撑,主轴承一般采用三排滚子轴承。主轴承设计时考虑了在曲线段和不稳定围岩中掘进产生的倾覆力。驱动单元与小齿轮连接,通过小齿轮驱动大齿圈旋转,大齿圈驱动刀盘旋转。

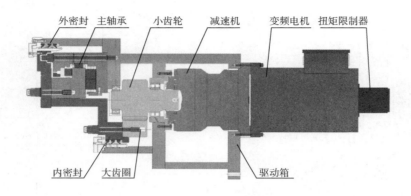

图 4-29　主驱动图示

4.3.1.1　驱动箱

驱动箱是由钢板焊接而成的箱形结构件，内部安装有主轴承（图 4-30）、大齿圈、内外密封、小齿轮、减速机、变频电机（图 4-31）等装置。驱动箱与盾体或主梁连接，传递刀盘推进力及驱动扭矩。

图 4-30　主轴承

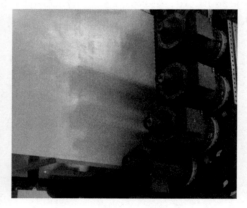

图 4-31　驱动电机

4.3.1.2　驱动单元

驱动单元包括变频电机、扭矩限制器、减速机等设备。变频电机箱体为焊接件，定子采用水冷却；刀盘变频电机防护等级一般为 IP67，绝缘等级为 H。

正常情况下，扭矩限制器在电机和减速机之间传递动力。当遇到冲击载荷，传递扭矩高于设定值后，扭矩限制器会断开电机和减速机之间的连接，来保护减速机及齿圈免受超载危险。

4.3.1.3　主轴承

主轴承由主推滚子、辅推滚子、径向滚子、滚子保持架、轴承内圈、轴承外圈等组成，其中轴承外圈（或轴承内圈）与驱动箱通过螺栓连接，轴承内圈（或轴承外圈）与刀盘、转接环通过螺栓连接。主轴承寿命依据刀盘轴向推力、倾覆力矩及各工况占比进行计算。

4.3.1.4 内外密封

内密封和外密封用于保护驱动箱内的主轴承、齿圈及小齿轮。内、外密封一般由三条或四条唇形密封组成。需要有专门的润滑系统为密封进行润滑。

4.3.2 主驱动关键参数

主驱动参数直接影响了TBM性能与掘进效率。随着技术发展,主驱动关键参数设计的总趋势是:主轴承寿命增加,刀盘驱动扭矩增大。

4.3.2.1 刀盘扭矩

理论扭矩计算方法按式(4-1):

$$T = \sum (f \times F_i \times R_i) + \sum T_m \tag{4-1}$$

式中:T——刀盘扭矩(kN·m);
$\quad\quad F$——滚刀滚动阻力系数,一般取值0.1~0.15;
$\quad\quad F_i$——滚刀额定承载能力(kN);
$\quad\quad R_i$——每把滚刀在刀盘上的回转半径(m);
$\quad\quad T_m$——摩擦扭矩(kN·m)。

经验计算方法按式(4-2):

$$T = S \times D^2 \tag{4-2}$$

式中:T——刀盘扭矩(kN·m);
$\quad\quad D$——开挖直径(m);
$\quad\quad S$——扭矩系数,根据围岩条件而异,一般取55~90。

4.3.2.2 刀盘转速

一般盘形滚刀密封允许的线速度为150m/min,对应于19in滚刀允许线速度约为300m/min。开挖直径越大,刀盘的最大允许转速越低。刀盘最大允许转速计算按式(4-3):

$$n = \frac{v}{\pi \times D} \tag{4-3}$$

式中:n——刀盘转速(r/min);
$\quad\quad v$——滚刀允许线速度(m/min);
$\quad\quad D$——开挖直径(m)。

刀盘转速经验计算方法按式(4-4):

$$n = \frac{X}{D} \tag{4-4}$$

式中:n——刀盘转速(r/min);
$\quad\quad D$——开挖直径(m);
$\quad\quad X$——速度系数,通常取48。

4.4 其他主机结构

TBM 由主机和后配套系统组成。主机是 TBM 的核心部分,主要包括刀盘、盾体、推进系统、支护系统等,主机部分完成主要掘进和部分支护工作。敞开式 TBM 与护盾式 TBM 主机结构形式不同,具体的工作原理差别也较大。

4.4.1 敞开式 TBM 其他主机结构

敞开式 TBM 分为主梁式 TBM(图 4-32)及凯式 TBM(图 4-33),主机部分包括刀盘、盾体、支撑推进系统及支护系统等。

图 4-32 主梁式 TBM

图 4-33 凯式 TBM

4.4.1.1 敞开式 TBM 的盾体

敞开式 TBM 盾体的主体为钢结构焊接件。盾体围绕在主驱动箱周边,与主驱动箱连接,用于 TBM 张紧在洞壁上以稳定刀盘,并防止大块岩渣掉落在刀盘后部,为安装钢拱架提供顶部保护。

小直径敞开式 TBM 护盾分为顶护盾、底护盾两部分。大直径敞开式 TBM 护盾分为顶护盾、顶左侧护盾、顶右侧护盾、底左侧护盾、底右侧护盾和底护盾六部分。凯式 TBM 各护盾通过油缸和驱动箱连接。主梁式 TBM 底护盾与驱动箱通过键和螺栓连接,其他护盾通过液压缸与驱动箱相连。两种连接形式都可保证在掘进过程中,护盾撑紧洞壁,稳定刀盘,减小由于振动而加载在刀具上和主轴承上的径向载荷。在护盾与主驱动箱之间有较大的间隙,所以护盾设计有防尘盾,能有效防止灰尘从间隙中进入到主机后面。

顶护盾结构可延伸到刀盘后方,在拱顶区域还可布置钢筋排存储机构,为进行辅助支护的工人提供保护。侧护盾位于刀盘两侧,由侧护盾油缸来确定其位置。一旦位置定好后由一个楔块油缸将侧支撑的位置牢牢锁定,该系统能可靠地将载荷从驱动箱传到洞壁。侧护盾与顶护盾联动保持驱动箱的稳定。侧护盾同样作为 TBM 掘进机水平转向的支点,但遇到掘进机需要做较小的转弯半径转向时,可以使用侧护盾左右伸缩来协助水平支撑调向系统使掘进机转向。底护盾位于驱动箱底部，通过油缸、导向与驱动箱连接，承担 TBM 主要重量，与隧道轴线正交。通过油缸伸缩，在软弱大变形地段可实现长距离扩挖。六块式分半见图 4-34，两块式分半见图 4-35。

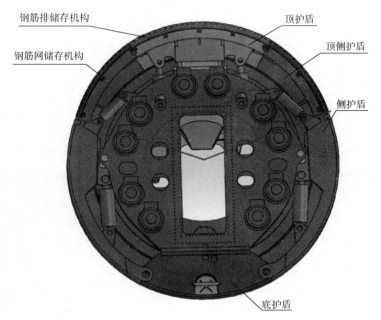

图 4-34　六块式分半

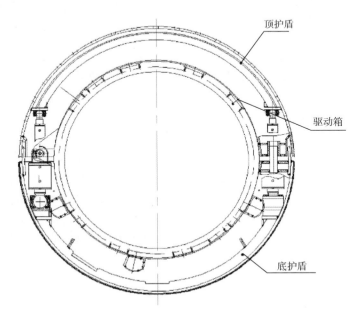

图 4-35　两块式分半

4.4.1.2 敞开式 TBM 的支撑推进系统

支撑推进系统的主要功能包括：为掘进提供足够的推力和稳定的支撑，完成换步；为主机提供调向功能。主梁式 TBM 与凯式 TBM 支撑推进系统结构形式差别较大。

(1) 主梁式 TBM 支撑推进系统

主梁式 TBM 支撑推进系统（图 4-36）由主梁、鞍架、推进液压缸、撑靴液压缸、扭矩液压缸、撑靴和后支撑构成。撑靴水平布置。

主梁（图 4-37）前端与机头架法兰连接，后端与后支撑法兰连接，沿主梁从前往后依次安装拱架安装机操作平台、L1 区锚杆钻机及操作平台、推进油缸、支撑系统与平台等。主梁内部设计有封闭的除尘通道；主梁内部安装有清渣皮带机，两侧布置有更换皮带机托辊的孔，便于残渣清理和皮带机的维护保养；主梁前端开有吊装刀具的孔，便于吊运刀具。

图 4-36　主梁式 TBM 推进及支撑

图 4-37　主梁

刀盘旋转开挖的时候，扭矩通过机头架、主梁、鞍架、扭矩油缸、撑靴装置依次传递，最终传递到洞壁。主机前进的推力由安装在主梁上的推进油缸提供，推进油缸一端与主梁连接，一端与撑靴装置连接。主机向前推进的时候，撑靴与洞壁保持静止，推进油缸伸出，带动主梁、机头架和刀盘沿鞍架的滑轨向前移动。

鞍架（图 4-38）布置在主梁的两侧，是连接撑靴油缸和主梁的部件。鞍架之间安装十字铰接装置，连接架与十字铰接装置之间间隙由调节板调整。鞍架下侧安装压缩弹簧及托板，通过弹簧作用保证托板始终与撑靴油缸两侧加工面贴合。鞍架沿主梁前后移动的滑槽两端安装有清扫装置，用于清除滑轨表面的杂物和渣粒。清扫装置可以拆卸，具备更换功能。

十字铰接装置包括连接块、异形轴、关节轴承和铜套。十字铰接装置通过销轴与撑靴油缸连接架连接，并通过螺栓与鞍架连接。十字铰接装置是鞍架系统的重要部件，在主机调向过程中发挥重要作用。

撑靴（图 4-39）为焊接钢结构件，合适的撑靴面积能够满足不同围岩条件下的掘进能力。撑靴表面开槽以避免损坏钢拱架，同时安装若干耐磨钉以增大撑靴与洞壁的摩擦力。

撑靴与撑靴液压缸杆端采用球面接触副连接。这种球面结构使撑靴能够适应各个方向允许角度内的摆动，以适应 TBM 姿态和不规则的洞壁。为具备主动调整功能，同时避免摆动过大，撑靴液压缸外部设有平衡液压缸，以保证换步过程中撑靴的稳定。

第4章 TBM系统与部件

图4-38 鞍架

图4-39 撑靴

为提高TBM适应不同围岩的能力,应尽可能扩大撑靴与洞壁的接触面积,在保证足够支撑力的同时使得接地比压足够小,同时采用推进支撑力比例控制技术,避免撑靴在不良地质条件下压溃洞壁,保证TBM连续掘进。

撑靴油缸经过特殊设计,其缸筒端通过重型钢结构连接架连接,并保持在同轴线,活塞杆端与撑靴装置连接。连接架不仅起到连接撑靴油缸的作用,而且十字铰接装置可以通过连接架内部预留的孔进行连接。撑靴油缸的缸筒表面设计有耳环,为安装扭矩油缸使用。

扭矩油缸一端与鞍架连接,一端与撑靴油缸缸筒表面的耳环连接。扭矩油缸将鞍架与撑靴油缸连接,传递刀盘开挖所需的反扭矩,并为主机调向提供动力。

推进油缸提供刀盘开挖所需的推进力。推进油缸为双作用缸,具备行程测量功能。推进油缸与实际掘进方向有一定夹角,该夹角在实际工作过程中会实时变化,同时,撑靴在收回状态下具备空间转动自由度,在推进油缸的两端配备万向铰接耳环。每个推进油缸的活塞杆位置均安装有防护装置,防止活塞杆受到砸伤。

TBM调向分为垂直调向和水平调向。TBM精确的测量系统可以随时对TBM的掘进姿态进行数据反馈。需要垂直调向时,底护盾作为主机支点,扭转油缸伸出,主机将往下掘进。相反,扭转油缸缩回,主机将往上掘进。需要水平调向时,通过改变两个撑靴油缸行程差使缸筒侧向移动,鞍座和主梁以底护盾为支点随着水平支撑缸筒移动,完成水平方向调整。在调向的过程中为了保护刀具,要适当降低推力、减小每次调整的位移。

后支撑的作用是在TBM换步的时候,作为主机后端支点,与护盾一起承担主机重量;在TBM掘进的时候,后支撑收回,在推进油缸的作用下与主梁一起向前移动。

(2)凯式TBM支撑推进系统

凯式TBM支撑推进系统(图4-40)由内凯、外凯、推进液压缸、撑靴液压缸、撑靴、后支撑(图4-41)以及后支撑水平调向油缸构成。撑靴呈X形布置。凯式TBM与主梁式TBM基本工作原理类似,其中,内凯、外凯与主梁、鞍架作用类似。通过推进油缸作用,外凯可在内凯上的前后滑动,进而实现主机的掘进及换步。

凯式TBM与主梁式TBM主要区别在于撑靴油缸布置形式不同。凯式TBM撑靴呈X形布置,推进缸一端连在外凯上,一端连接在内凯上,外凯式机架在推进油缸的作用下带动撑靴一起沿内凯机架轴向滑动。撑靴一般分为两组,共8个,每组包含4个。由于撑靴数量较多,接地比压一般也相对较小(<3MPa)。每个撑靴都能单独控制,如此便能够避开撑靴区域内比较破碎的围岩区,选择性地支撑洞壁,更好地适应施工的需求。

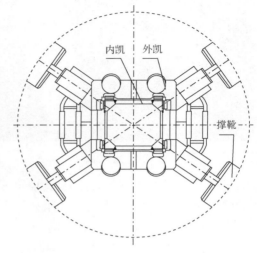

图 4-40 凯式 TBM 推进及支撑

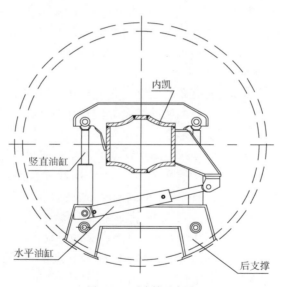

图 4-41 后支撑示意图

凯式 TBM 撑靴呈 X 形布置,在掘进过程中,撑靴撑紧洞壁后,撑靴油缸行程无法变化。因此,凯式 TBM 的姿态调整是在换步过程中,通过后支撑上布置的水平油缸和竖直油缸实现的。

水平调向时,后支撑靴板撑紧洞壁后,水平油缸伸出,整个内凯尾部会向右侧摆动,刀盘则会以底护盾为支点向左侧摆动,调整完成后,撑靴油缸伸出,撑靴撑紧洞壁,后支撑收回,设备向前掘进,实现向左调向,反之向右调向。竖直调向时,后支撑油缸伸出,内凯尾部抬起,则刀盘向下,设备向下调向,反之向上调向。

4.4.2 双护盾 TBM 其他主机结构

双护盾 TBM 主机(图 4-42、图 4-43)主要由刀盘、主驱动、盾体、主推系统、辅助推进系统、反扭转装置、稳定器、主机皮带机、管片拼装机等构成。

图 4-42 双护盾 TBM 主机

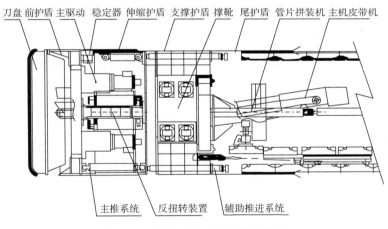

图 4-43 双护盾 TBM 主机结构示意图

4.4.2.1 双护盾 TBM 的盾体

双护盾 TBM 的盾体包括前护盾、伸缩护盾、撑靴、支撑护盾和尾护盾。由于双护盾 TBM 盾体长度较长,为降低卡盾风险,通常采取锥形设计,直径前大后小。

前护盾(图 4-44)是主驱动的支撑体,其外径比掘进机的开挖直径略小,以允许设备调向,并防止在边刀磨损后,开挖直径减小导致护盾与岩壁发生卡阻。在掘进过程中为了稳定刀盘和前护盾,在前护盾的顶部通常有两个稳定器。稳定器由油缸和靴板组成,在油缸作用下,靴板可以伸出并顶紧洞壁,在掘进过程中,降低前护盾的振动;在换步过程中,固定前护盾,避免前护盾被主推油缸拉回。

伸缩护盾(图 4-45)包括伸缩外护盾和伸缩内护盾,伸缩外护盾与前护盾的后端通过螺栓连接,伸缩内护盾通过若干油缸与支撑护盾连接。内外护盾之间存在间隙。在双护盾模式下掘进时,外护盾跟随前护盾向前移动,内盾保持不动,伸缩护盾"伸长",在完成一个行程掘进进行换步时,外护盾和前护盾保持不动,内盾跟随支撑护盾向前移动,伸缩护盾"缩短"。通过伸缩护盾,解决了前护盾和支撑护盾之间的"伸缩"问题,使两个护盾之间的腔体始终处于受保护状态,保证了双护盾模式下掘进和安装管片可以同时进行;此外,解决了前护盾和支撑护盾的"弯曲"问题,伸缩内外护盾的间隙,允许掘进机前护盾和支撑护盾角度偏转,完成调向转弯。

图 4-44　前护盾　　　　　　　　　　　图 4-45　伸缩护盾

支撑护盾通过主推油缸与前护盾连接,内有撑靴和辅助推进油缸,在良好地层掘进时,利用撑靴伸出撑紧在洞壁,为掘进提供掘进支反力。撑靴的形式主要有两种,一种是铰接式(图 4-46),撑靴与支撑护盾采用销轴连接,摆动伸出,撑靴与左右两侧斜上部洞壁顶紧,将支撑护盾压紧在洞壁底面;另一种是水平浮动式(图 4-47),撑靴不与支撑护盾连接,水平伸出,撑靴顶紧在洞壁左右两侧,通过撑靴的前面与支撑护盾挤压提供向前推力。

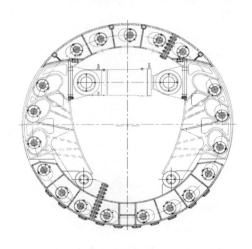
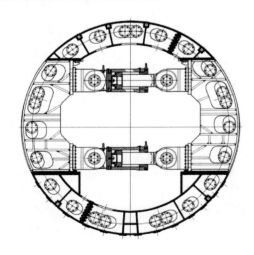

图 4-46　铰接式撑靴　　　　　　　　　图 4-47　水平浮动式撑靴

尾护盾(图 4-48)作用是为混凝土衬砌管片的安装提供足够操作空间,通过焊接或者螺栓与支撑护盾连接。为防止豆砾石进入尾护盾和豆砾石在尾护盾外飞溅,在尾护盾的末端通常设计有止浆板和密封刷。

图 4-48 尾护盾

4.4.2.2 双护盾 TBM 的推进系统

双护盾的推进系统包括主推系统、反扭矩装置、辅助推进系统。

主推系统由连接在前护盾和支撑护盾之间的若干油缸组成,分成上、下、左、右四组,沿圆周布置。每一组油缸均设置有一个行程传感器,用来反映该油缸的伸出长度。在调向时,通过四组油缸的伸长量来调整掘进方向。

反扭矩装置是位于前护盾和支撑护盾之间,传递刀盘扭矩的装置。目前反扭矩装置主要有 3 种:一是扭矩梁的形式,将伸缩内护盾设计得较为强壮,使其可以被视作一个刚性体,在内盾上安装四组、共 8 根夹持缸,分别夹紧前扭矩梁和后扭矩梁,使反扭矩从前护盾通过前扭矩梁和夹持缸传递给内盾,然后通过内盾后部的夹持缸和后扭矩梁传递给支撑护盾;二是扭矩油缸的形式(图 4-49),包括扭矩臂和扭矩油缸,扭矩臂布置在伸缩护盾的两侧,每侧各一对,扭矩臂前端与前护盾连接,后端与支撑护盾连接,该扭矩油缸为特殊设计,可以通过该装置实现扭矩的传递;三是将主推油缸设计成交叉的斜八字布置,以使主推油缸承受反扭矩,并传递给支撑护盾。

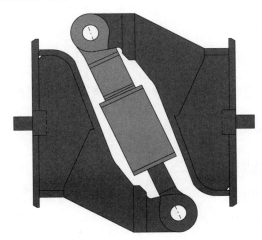

图 4-49 扭矩油缸形式反扭矩装置

辅助推进系统由安装在支撑护盾的若干油缸组成,与主推系统一样分为上、下、左、右四组。每一组油缸均设置有一个行程传感器,用来反映该油缸的伸出长度。在调向时,通过四组油缸的伸长量来调整掘进方向。

4.4.2.3 双护盾 TBM 的工作模式

双护盾 TBM 包括两种掘进模式(图 4-50):通过支撑护盾内的撑靴撑紧洞壁为主推系统提供反力和反力矩,利用主推油缸为刀盘提供推力,掘进与管片拼装可以同时进行,这种工作模式称为双护盾掘进模式;在较差围岩条件下,使用辅推油缸支撑完成掘进,通过辅助推进液压缸顶紧管片端面为掘进提供推力和部分防滚转扭矩,掘进与管片拼装不能同时进行,这种工作模式称为单护盾掘进模式。在双护盾掘进模式下,前护盾和刀盘使用主推油缸推进,将撑靴支撑在开挖洞壁上以提供推进反力和扭矩,刀盘的推力和扭矩均不传递到管片环上。在支撑护盾后侧,利用尾护盾的保护,使用管片拼装机完成钢筋混凝土预制管片的衬砌。在一个掘进行程结束时,利用主推油缸和辅推油缸协作完成换步。如果围岩不稳定、洞壁不能提供掘进所需要的支撑力,采用单护盾掘进模式,此时撑靴缩回至支撑护盾中,护盾之间不再进行伸缩,开挖和管片拼装顺序进行。

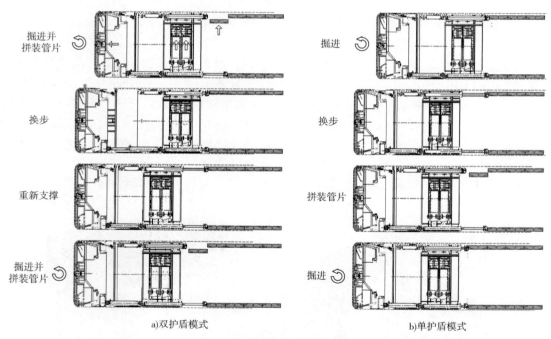

图 4-50 双护盾 TBM 的工作模式

4.4.3 单护盾 TBM 其他主机结构

在软弱围岩所占比例较大但能够自稳的地层中,撑靴无法撑住洞壁的隧道时,应该考虑采用单护盾 TBM 掘进。单护盾 TBM 的护盾长度较双护盾 TBM 的护盾长度短,不易卡机,掘进速度也会因为减少岩石支护处理时间而比敞开式 TBM 快。人员及设备在护盾和管片的保护下,作业安全。单护盾岩石掘进机主机如图 4-51、图 4-52 所示。

第 4 章 TBM 系统与部件

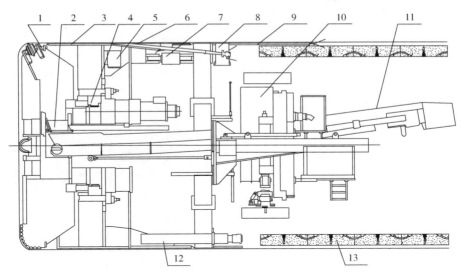

图 4-51 单护盾 TBM 主机结构示意图

1-刀盘;2-溜渣槽;3-前盾;4-主驱动单元;5-前盾稳定器;6-中盾;7-铰接油缸;8-尾盾稳定器;9-尾盾;
10-管片拼装机;11-主机皮带输送机;12-推进油缸;13-管片

图 4-52 单护盾 TBM

盾体及主机的具体结构形式根据工程工况设计。盾体设计一般为锥形,降低卡机风险,推进支撑系统包含在盾体系统里。盾体为钢结构焊接件,主要由前盾、中盾前部、中盾后部、盾尾组成,盾体内固定有推进油缸、铰接油缸等用于 TBM 掘进的部件。

4.4.3.1 前盾

前盾是刀盘和主驱动的支撑体,前盾由壳体、隔板、主驱动连接座、除尘风管连接座、稳定器安装座、连接法兰等部件焊接而成。主要设计特点如下:

①在盾体前部焊有耐磨层,增加耐磨性。
②隔板上一般设有超前注浆管通道及排水孔。
③前盾顶部左右各布置稳定器油缸,在 TBM 掘进的过程中,该稳定器油缸始终保持一定

65

的背压,减轻主机在掘进中的振动。

4.4.3.2 中盾

中盾由中盾前部、中盾后部组成,中盾和前盾之间采用螺栓连接。主要设计特点如下:

①铰接密封:中盾前部和中盾后部之间采用主动铰接或被动铰接形式,设计有相应的唇形密封。

②超前注浆管:一般沿中盾壳体圆周设计超前注浆管,该注浆管与掘进轴线成一定的夹角,还在前盾隔板上布置固定式超前注浆接口,可对掌子面正前方地层进行注浆加固。

③在中盾体铰接位置设计防扭装置,将前盾的扭矩传递至中盾后部及尾盾,防止由于刀盘旋转引起盾体相互之间的错位。

4.4.3.3 尾盾

尾盾与中盾通过焊接连接,在尾盾的末端设计止浆板密封,以防止回填豆粒石及水泥砂浆沿盾体向前扩散。主要设计特点如下:

①根据使用需要选择开口或不开口的设计形式。

②盾尾密封由内外两道止浆板组成。

③尾盾顶部左右各布置尾盾稳定油缸,该油缸在 TBM 掘进的过程中,始终保持缩回状态,其作用主要为当需要将刀盘向后退回一定距离的时候,伸出该稳定油缸能够提供一定的反力。

④管片拼装作业在尾盾的保护下进行。

4.4.3.4 主机作业平台

主机作业平台主要用于提供主机辅助作业:人员通行,维保作业,超前注浆作业等。

4.5 超前地质预报及地质处理系统

4.5.1 超前地质预报内容

TBM 施工过程中常见的地质灾害主要有断层破碎带塌方、软弱围岩变形、岩爆、突泥涌水、岩溶溶洞、高地热等,严重威胁 TBM 施工的安全。借助超前地质预报手段可以了解掌子面前方未开挖地层的地质结构和含水构造等地质信息,提前采取防护措施,从而保证掘进安全和提高掘进效率。现有地质预报技术主要预报内容包括下述三个方面。

(1)断层破碎带塌方

当掘进机穿越大的地质构造带时,往往伴随着断层发育。破碎带的宽度可达数百米甚至 1 千米以上,长度可绵延数十米乃至数十千米。破碎带内一般岩体破碎,风化程度高、岩石强度低、富含地下水、围岩稳定性差,特别是断层走向与洞轴线小角度相交时,对隧洞围岩稳定性更为不利。TBM 掘进时,在刀盘的扰动下,隧洞掌子面和洞壁围岩容易塌方。当塌方量较大时,对于护盾式 TBM,塌方岩体堆积在刀盘及护盾四周,造成卡机;对于敞开式 TBM,破碎的岩体会进入 TBM 主机,掩埋设备,严重威胁施工人员生命安全。

(2) 突泥涌水

TBM 施工埋深往往较大，地下水丰富，掘进过程中时刻面临着地下涌水的风险。当掘进过程中突然遭遇涌水时，地下水直接喷涌甚至浸泡设备，轻则损坏设备，影响施工进度，重则威胁施工人员生命安全，严重制约 TBM 掘进速度。特别是当 TBM 顺坡掘进时，如果遇到大量的涌水无法及时排出，TBM 将面临被淹没的风险。

(3) 岩溶发育及溶洞

山岭隧道 TBM 施工经常面临岩溶发育及溶洞的地质灾害。岩溶是地表水和地下水对可溶性岩层进行化学侵蚀、崩解作用和沉积作用所形成的各种地表和地下溶蚀现象。TBM 在穿越岩溶地质区域时，溶蚀地层很难对重达上千吨的 TBM 主机提供很好的支撑作用，从而对设备造成严重危害。

4.5.2　TBM 施工超前地质预报方法

TBM 超前地质预报有地质法与物探法两大类。物探法是根据岩土体不同的物理特点，探测方式、仪器的不同对隧道物理变化进行探测，以此有效判断水文地质情况，这是一种间接测试的方式。物探法对隧道掌子面的施工不会造成影响，并且不会破坏地质，所以发展较快。物探法包括电法探测、地震波探测两种主要形式。下面列举几种行业内常用的 TBM 施工超前地质预报方法。

4.5.2.1　三维地震法超前探测

该方法是一种以地震波在介质中传播和反射物性差异为基础的探测方法，对断层破碎带、岩性交界面等有明显的反应，适用于 TBM 隧洞不良地质构造的超前探测。三维地震法超前探测系统由测量主机、激震器、检波器以及相应的液压支撑装置等组成，图 4-53 为三维地震法超前探测系统在 TBM 隧洞中的震源点（S）和检波器（A）的装置形式。探测时，分别对激振点（S1~S10）进行锤击激震，检波器（A1~A20）记录地震数据。

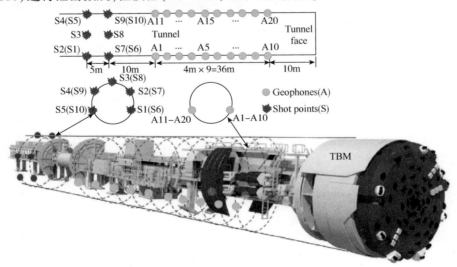

图 4-53　三维地震法超前探测系统搭载方案

4.5.2.2 ISP 超前探测

ISP(Integrated Seismic Prediction)超前探测法利用地震波反射进行数据分析,但不需进行微爆破,而是利用安装在撑靴部位的冲击锤冲击岩面,利用检波器锚杆接收反射波。预报可在 TBM 施工窗口时间(刀具检查等)进行。ISP 超前探测系统用于对隧道掌子面前方的断层、溶洞、破碎带等不良地质进行探测,探测距离达 100~120m。系统主要由 2 个气动冲击锤、2 个气动单元、2 个中央控制箱、2 个无线网路接入点、6 个三分量地震检波器、6 个无线数据记录器和 1 台工业电脑组成。

ISP 超前探测系统是一套独立的系统,在 TBM 设备安装的同时进行系统硬件的安装,地震波发生源安装在两侧撑靴侧壁合适位置,这么做是考虑地震波发生源能正常工作的前提下,不会与钢拱架产生干涉。

检波器测量锚杆及铝管的安装,主要通过 TBM 既有的 L1 区锚杆钻机进行钻孔,钻孔深度一般为 1100mm,孔径为 43mm,钻孔数量为 6 个,钻孔结束后进行检波器测量锚杆及数据接收器的安装,测量锚杆安装过程需要考虑黏合药剂的安装数量,保证锚杆安装后能够充分地与岩壁贴合。

无线数据接收器、控制箱、ISP 手提电脑在 TBM 上安装时要与操作室匹配,需要充分考虑操作室的空间等。ISP 超前探测系统搭载方案见图 4-54。

图 4-54 ISP 超前探测系统搭载方案

4.5.2.3 HSP 超前探测法

HSP(水平声波剖面法)超前探测法建立在弹性波理论的基础上,原理是在任意介质中传播的声波,当其传播到该介质与另一介质的分界面时,一部分产生反射,另一部分折射,穿过分界面继续在另一介质中传播;波阻抗变化越大,反射越明显,预报辨识准确度越高;岩体中的不良地质体(断层、溶洞等)与岩体相比,波阻抗差异较大,一般要比岩体小很多,因此不良地质体界面的反射系数一般比较大,其反射波易于识别。

搭载于 TBM 设备上的 HSP 超前探测系统利用掘进机刀盘破除掌子面岩石产生的振动激发震源,用于工作面前方断层破碎带、岩体破碎带、软弱夹层或其他不良地质体的超前预报,探测距离为掌子面前方 100m 左右。该方法的缺点是声波信号受掘进机本身震动影响大,扰动信号较多,数据分析较为困难。图 4-55 为 HSP 系统所使用的声波仪。

HSP 探测检波器主要布设于距掌子面 12~32m 范围内。探测检波器安装须与基岩接触并耦合,钻孔直径 20mm,入基岩 10cm,采用黄油或石膏耦合。TBM 掘进过程中,刀盘在推力作用下剪切掌子面岩体时,进行数据采集,采集 10~15min 内振动信号,用于数据处理和反演。实际测试时间小于 30min,探测距离在 80~120m。超前探测方案示意图见图 4-56。

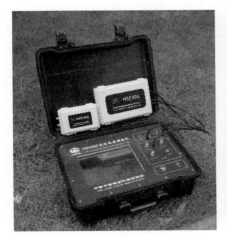
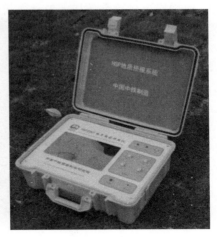

图 4-55 HSP 系统声波仪

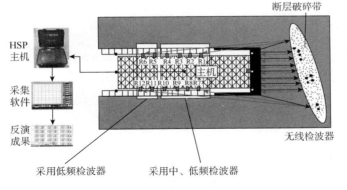

图 4-56 超前探测方案示意图

4.5.2.4 激发极化法超前探测

激发极化法超前探测系统基于前向三维激发极化探测的先进理念,具有前向聚焦与后向屏蔽的独特优势,可实现隧道掌子面前方含水地质构造三维成像定位与水量估算。该系统采用全自动一体化的整体设计概念,基于多路同性源大电流恒流与多通道同步采集的设计思想,具有多路恒流输出功能,实现了对多同性源电极的供电;具有多通道同步实时在线采集功能,实现了掌子面阵列电极的多通道快速测量,并实现了与 TBM 集成搭载与一体化设计。

前向三维激发极化超前探测系统包括测量主机、恒流多路发射机、多通道智能接收机、多路电极自动转换器,经过恒流多路发射机,可调制多路恒流并经多路驱动模块实现多路输出,通过多路电极自动转换器输出到多同性源电极,从而实现对多同性源电极的供电;经过围岩地质体响应的信号被掌子面上布置的阵列测量接收,通过多路电极自动转换器传输到接收机的多路并行接收通道,从而实现多同性源阵列激发极化的快速测量。测量主机是综合电法仪的核心设备,测量主机接收上位计算机的命令,控制多路大功率恒流源输出一定的电流,控制多路电极自动转换器或者分布式电缆接通相应的电极,通过24位高精度高速数据采集板采集现场信号,通过接口将数据送往上位计算机,在上位计算机进行数据处理,显示相应的曲线并得出计算结果。激发极化法探测及搭载方案示意见图4-57。

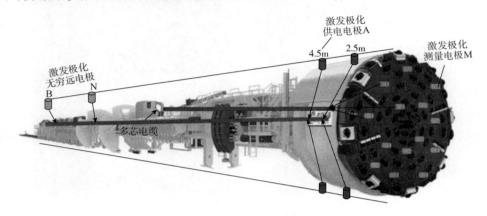

图4-57　激发极化法探测及搭载方案示意

4.5.2.5　BEAM超前探测

BEAM(Bore-Tunneling Electrical Ahead Monitoring)是一种聚焦频域激发极化法的超前地质探测方法。工作原理是通过对岩层电阻率进行测试的电法(激发极化法)来探知岩石质量、空洞和水体(图4-58)。

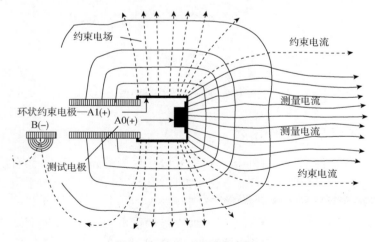

图4-58　BEAM工作原理示意图

BEAM测试系统是一种以交流激发极化法为探测手段的探测系统。使用超低频段(0.01~10Hz)中两种相差较大的固定频率分别供电,分别观测两种频率供电时的电压,求得两种电阻率(用较低频率观测所得和用较高频率观测所得),由此来计算百分频率效应PFE:

第 4 章 TBM 系统与部件

$$R_{f_1} = \frac{U_1}{I_1}, R_{f_2} = \frac{U_2}{L_2} \tag{4-5}$$

$$\text{PFE} = \frac{R_{f_1} - R_{f_2}}{R_{f_1}} \times 100\% \quad (f_1 < f_2) \tag{4-6}$$

PFE 是一种表征岩石储存电能能力的岩体特性参数,与孔隙率呈反比关系。在隧道超前预报当中岩溶洞穴、断层、破碎带等具有较高孔隙率的不良地质体相应的 PFE 就较低;充水和充气的高孔隙率段只能储存很少的电能,PFE 也因此较低;沙、黏土层、桩、漂石和混凝土等也因其典型的 PFE 值,能够通过 BEAM 探测到。

在 BEAM 对掌子面前方的地质情况的预测预报中,除了 PFE 值外,电阻率也是反映不良地质体(尤其是针对含水不良地质体)的重要参数。不同的电阻率对应不同的岩体情况,干燥致密的岩体电阻率较高,孔隙率大的含水岩体电阻率较低。BEAM 系统采用交流激发极化法进行超前预报,获得百分频率效应 PFE 和电阻率 R 两个参数,以这两个参数为成果解译基础,综合对前方地质情况进行预报。

4.6 支护系统

4.6.1 锚杆钻机系统

锚杆支护是 TBM 施工过程中初期支护的重要部分,是敞开式 TBM 通过不良地质条件、保障设备和人员安全的重要支护手段。敞开式 TBM 所配备的锚杆钻机系统是进行锚杆支护不可缺少的辅助设备。

如图 4-59 所示,一般在护盾后方的主梁上(L1 区)布置两台锚杆钻机,分布于主梁左右两侧。每台锚杆钻机都具备独立的移动装置,能够在隧洞轴线方向上独立运行,并且不受 TBM 掘进的影响,能够与 TBM 掘进同步进行作业。每台锚杆钻机可配备遥控和线控两种控制方式,根据需要选择相应的控制方式。锚杆钻机的液压动力站(液压泵站)可与主机泵站集成在一起,也可配备独立的液压泵站放置在后配套拖车上。锚杆钻机能实现周向旋转和纵向移动。此外,每台锚杆钻机应配备作业操作平台,并能够与锚杆钻机一起纵向移动。

锚杆钻机主要用于在指定位置进行钻孔,并可辅助进行锚杆安装,为后续锚杆安装提供条件。锚杆钻机一般选用顶锤式液压冲击凿岩机,通过冲击和旋转配合的方式

图 4-59 锚杆钻机系统

进行钻孔作业,具备冲击、旋转(正/反转)、推进/回退、冲洗等功能,为获得更好的支护效果,TBM 上配备的锚杆钻机系统应具备的功能如下:

①纵向移动。为确保实现足够的支护范围,锚杆钻机应能在主梁上沿隧洞轴线方向进行纵向移动,纵向移动行程不小于 TBM 的一个掘进行程,通过纵向拖拉液压油缸和固定在主梁或内凯上的导轨来实现。

②独立操作。为获得较高作业效率,在 L1 区域主梁两侧布置的两台锚杆钻机应能够进行独立操作作业。

③一定的钻孔范围。锚杆钻机可通过齿圈环形梁或组合摆臂结构形式在圆周方向实现一定的钻孔范围,大直径 TBM 有可能实现 240°以上的周向钻孔范围,小直径 TBM 锚杆钻机钻孔范围一般在 150°~180°。齿圈环形梁形式是通过布置在主梁齿圈环形梁架上的马达减速机总成驱动来实现钻机在周向的旋转,进而获得相应的钻孔角度,如图 4-60 所示;组合摆臂结构形式是通过摆臂结构的组合作用实现相应的钻孔角度,如图 4-61 所示。

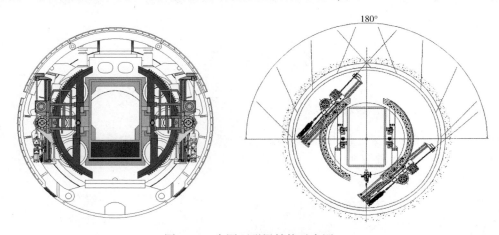

图 4-60　齿圈环形梁结构示意图

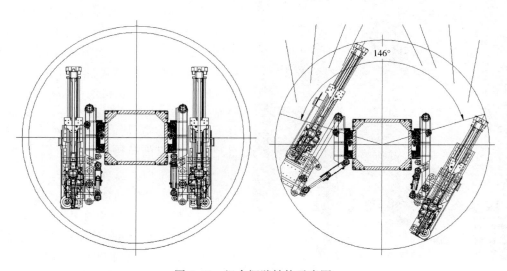

图 4-61　组合摆臂结构示意图

④一定的钻孔深度。锚杆钻机的钻孔深受限于主梁与洞壁之间可利用的作业空间,直径为7m的TBM,锚杆钻机的单杆钻深为3m,如要获得更大的钻深,需要接杆。需要注意的是,由于钻机布置在主梁两侧,锚杆不可能径向通过隧道中心。

⑤同步性。为了提高TBM施工效率,尽量减少支护占用时间,锚杆钻机钻孔作业应能够和掘进保持同步,即在TBM掘进过程中也能够进行钻孔作业,主梁自由滑过钻机机架而不至于折断钻杆甚至损伤钻机。

⑥合理的作业平台。合理的作业平台对钻孔过程控制及锚杆安装支护等作业是必要的,锚杆钻机作业平台一般布置在锚杆钻机后侧,能够与钻机一起纵向移动,因此平台和钻机之间应有连接机构。这个连接机构可以总成固定连接,即两者无法相对运动,也可做成活动连接,即两者可以做相对运动。另外,要求平台不能与锚杆钻机系统中运动的部件干涉,所以要保留一定的安全距离;又不能离锚杆钻机太远而失去及时作业的意义;在纵向移动时还要考虑不能与推进油缸、撑靴等部件干涉;在空间允许的情况下,锚杆钻机系统的作业平台应尽量大,覆盖更多的支护作业位置。

⑦独立的液压动力系统。锚杆钻机的液压动力系统应独立于TBM液压动力系统,以便频繁进行钻孔作业。

4.6.2 钢拱架拼装系统

在TBM掘进施工中,需要进行初期支护,提高围岩的稳定性,防止塌落。初期支护一般采用钢拱,配合钢筋网、锚杆、钢筋排、喷射混凝土进行加强支护。

钢拱架拼装系统布置在主梁前部顶护盾下面,以便在顶护盾的保护下及时支立钢拱架。其所有的操作都在支撑护盾后面的控制台上直接液压控制完成。钢拱架由型钢制作的多段钢拱片拼装而成,需要完成旋转拼装、顶部和侧向撑紧、底部开口张紧封闭等动作,由以下结构组成:

①钢拱架供给机构。将钢拱架转接到安装器内。

②安装系统。能将分段的拱架拼接成环并固定到洞壁的安装位置。

③操作平台。为工作人员完成拱架的安装提供工作平台。

根据TBM直径大小、主机结构形式、各系统相对空间位置关系等因素,钢拱架安装器系统具有不同的结构形式。常见的结构形式如下:

①卷扬机牵引形式。针对小直径断面TBM,采用卷扬机作为动力、拼装与撑紧为一体的结构形式,牵引钢拱架在滑槽内旋转,逐步完成各片拼接。这种形式结构相对简单,所需空间较小,且可以双向拼装钢拱架;但撑紧装置功能简单,撑紧力较小,操作平台简易。具体结构如图4-62所示。

②环形梁形式。针对大直径断面TBM,采用拼装和撑紧相对独立的结构形式。此种结构缺点是撑紧点较多,结构复杂,空间布局困难,且结构布置需要的空间较大;优点是配有操作平台,立拱过程中人员操作方便、安全,可以满足顶部安装,适合安装多种类型钢拱架。其具体结构见图4-63。

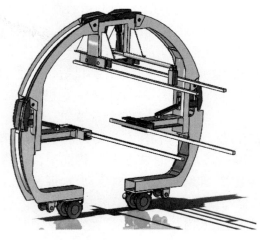
图 4-62 卷扬机牵引式拱架安装器

图 4-63 环形梁拱架拼接结构

4.6.3 L1 区应急喷混系统

在 TBM 隧道施工过程中，遇到软弱破碎地层时，围岩无法实现自稳，一旦脱离护盾的支护范围，岩石会直接坠落，对施工人员和设备安全造成一定的威胁。此时利用 L1 区应急喷混系统喷射混凝土配合立钢拱架和挂钢筋网等措施可对隧道完成临时支护，使 TBM 能够安全、顺利地通过破碎地层。

根据喷射工艺的不同，L1 区应急喷混系统可分为干式应急喷混系统和湿式应急喷混系统。

4.6.3.1 干式应急喷混系统

干式应急喷混是将水灰比小于 0.25 的水泥、砂子、石子混合料和粉状速凝剂按一定的比例混合搅拌均匀后，利用干喷机，以压缩空气为动力，经输料管到喷嘴处，与一定量的压力水混合后，喷射到受喷面上（图 4-64）。

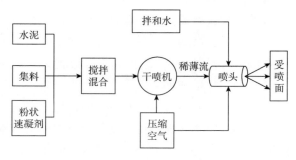
图 4-64 干喷工作过程示意图

干喷机按机械结构形式分为罐缸式、螺旋式、转子式、转盘式几种。目前 TBM 干式喷射混凝土作业中，多使用转子式干喷机，这种喷射机结构简单、工作性能可靠、外形小、重量轻、维修和操作方便。

在 TBM 施工中干式应急喷混有两种作业模式。一种方式是将干式应急喷混系统固定于

TBM主机尾部衔接的连接桥区域,在干式应急喷混系统附近储存有混凝土干拌料,干喷机工作时可直接使用储存的干拌料进行作业,该方式可保证支护及时,缺点是混凝土干拌料需要二次倒运,储存的干拌料有限,不能进行长时间支护作业;另一种方式是将干式应急喷混系统固定于平板车上,平板车放置有储存干拌料的料斗,平板车平时放置于洞外,TBM作业需要前置喷混时,将平板车运至TBM主机尾部区域进行干喷作业,该方式干喷机不占用TBM设备空间,平板车携带有足够干拌料,可进行长时间的支护作业,缺点是平板车运输需要一定时间,不能做到及时支护。

干式应急喷混技术在以往的TBM施工项目中大量使用,具有输送距离长、设备简单、耐用、干拌料可以储存较长时间等优点;但由于它是将干拌混凝土在喷嘴处与水混合,所以具有施工作业粉尘浓度高、回弹率高、喷射混凝土强度低、产生的粉尘危害工人健康等缺点。

4.6.3.2 湿式应急喷混系统

湿式应急喷混是将水泥、砂子、石子、水按一定比例混合后搅拌成混凝土,用泵将搅拌好的混凝土经输料管压送至喷嘴处,与液体速凝剂相混合,借助风压补充的能量将混凝土喷射到受喷面上。湿喷工作过程见图4-65。

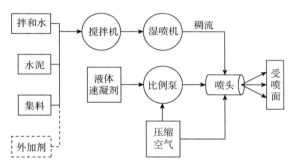

图4-65 湿喷工作过程示意图

湿式混凝土喷射机分为泵送型和气动型两大类。泵送型湿喷机是在输送管路出口处安装喷嘴并压入压缩空气,将混凝土喷射出去,主要有柱塞泵式、螺杆泵式和挤压泵式。气送型湿喷机是利用压缩空气将物料在输料管中以"稀薄流"的形式输送至喷嘴处直接喷出,主要有转子型和转子活塞型。目前TBM湿式喷射混凝土作业中,多使用泵送型的柱塞泵式湿喷机,该类型湿喷机具有送料连续性好、输送距离长、不易堵管、风耗小、风压稳定、可一机两用(可做混凝土泵)等优点。

湿式应急喷混作业流程为将洞外拌制好的混凝土倒入混凝土罐,由机车牵引至TBM后配套区域,通过转运平台或者转运吊机,将混凝土罐转运至湿喷机位置,混凝土倒入落料口进行喷射作业。混凝土泵与受喷面距离较长时,也可采用双台湿喷机接力作业,一台用做混凝土泵泵送混凝土,另一台用作湿喷机进行湿喷作业。

与干喷相比,湿喷的明显优势是生产率高,回弹率低,大大降低了喷射机旁和喷射区域的粉尘浓度,减轻了对工人健康的危害。但湿喷机设备投资大,对物料要求也相对较高。

在传统的敞开式TBM施工中,护盾处没有机械式的喷混装置,只有工作人员手持喷头人工喷混,作业环境差,劳动强度大,洞内的空气流动不通畅,工作效率低,不利于敞开式TBM

快速、安全地掘进通过围岩破碎区,并且破碎围岩会从钢拱架之间、钢筋网的网格之间坠落,对人员和设备构成潜在的危险。

随着TBM行业的发展,在最近几年的敞开式TBM设计中,在主机部分的钢拱架安装平台上设计一种机械式应急混喷机构(图4-66)成为一种趋势。

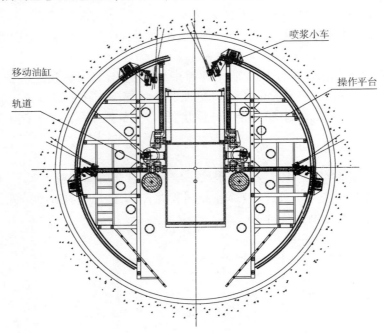

图 4-66　机械式应急混喷机构示意图

机械式应急混喷机构主要由混凝土输送泵及其电控柜、喷头总成、大齿圈、外加剂输送泵、混喷遥控器、输送管路等构成(图4-67)。与传统的人工手持式应急喷混相比,机械式应急混喷机构在能够满足对脱离护盾支撑的围岩进行及时支护的同时,减小工人的劳动强度,提高施工的效率。

图 4-67　机械式应急混喷机构

4.6.4 L2 区湿喷系统

L2 区湿喷系统是敞开式 TBM 支护系统的重要组成部分,主要由混凝土输送泵(图 4-68)、机械手(图 4-69)、速凝剂泵(图 4-70)、遥控器、控制柜、输送管路等构成,喷射方式采用湿喷(图 4-71)。喷射支护的混凝土可作为隧道永久支护的一部分使用。

机械手由操作手操作遥控器进行喷射作业,要求有喷头前后摆动、喷头左右摆动、喷头刷动,喷射臂伸出/缩回、机械手固定座轴向移动、机械手固定座圆周旋转等动作。机械手在尽可能靠前布置的前提下,需要考虑周向喷射范围、轴向覆盖距离及喷头与洞壁距离,混凝土周向喷射范围不应小于 240°,机械手轴向覆盖距离不应小于 3 个掘进循环长度,喷头与洞壁的距离要求在 800~1200mm 范围内。混凝土输送泵具有振动、搅拌、泵送等功能,布置于后配套台车前部,尽量减少混凝土输送管路的长度。

图 4-68　混凝土泵

图 4-69　机械手

图 4-70　速凝剂泵

图 4-71　L2 区湿喷支护

较大直径的 TBM(洞径大于 5m)的 L2 区湿喷系统多配置两套混凝土喷射系统,一用一备。TBM 主机尾部和后配套台车之间一般设置有喷混桥,喷混桥由喷混桥架、行走大车、旋转小车组成,机械手固定在旋转小车上。

喷混桥架(图 4-72)为重型桁架结构,可以承受混凝土行走大车、机械手、后配套皮带机的重量,传递后配套牵引力。机械手架设在可以沿隧道轴向移动且可圆周方向旋转的平台上,并配有相关的控制设备,以满足隧道支护所需的喷混范围要求。喷混桥外侧架设防护罩用来保护内部的皮带机、风筒及其他管路,保护罩上部预留清渣孔,可以将附着于防护罩上的混凝土反弹料收集并清理至内部的皮带机上。喷混桥两侧设置防尘挡板,避免喷混区域的粉尘污染其他作业区域。

图 4-72　桥架式喷混结构

较小直径的 TBM(洞径小于 5m)多配置一套混凝土喷射系统。由于空间小,机械手需要尽可能低位布置,以保持与洞壁的喷射距离,一般直接布置在滑靴式台车上。

滑靴式喷混结构(图 4-73)通常由滑靴台车及喷混移动装置两大部分组成。滑靴台车由人行通道、风筒支架、主梁三大部分组成。风筒支架为新鲜风和污风提供通道的同时可以用作滑动支撑,主梁负责传递后配套牵引力。喷混移动装置架设在滑靴台车中央位置,通过液压油缸或链条实现前后移动。同时,在滑靴台车前后两侧设置有防尘挡板,避免喷混区域的粉尘污染其他作业区域。

图 4-73　滑靴式喷混结构

4.6.5　管片拼装系统

管片拼装机作为盾构机的关键部件,承担着将预制管片拼装成环,进而拼装成隧道的重任,也可用于连接主机及后配套,有时还具有物料吊运、安装超前钻机、辅助整圆器、螺机支撑限位等功能。管片拼装机一般安装在盾构的支撑环上,亦有安装在后配套台车上的。管片拼装机的技术要求包括拼装作业的高度安全性、拼装精度高、作业劳动强度低、作业效率高。

拼装机一般具有 6 个自由度,即前后移动、上下提升、正反回转、左右倾、前后倾和左右转动,前三个自由度为管片轴向、径向、圆周方向预定位,通过电缆和液压卷筒可以实现快、慢、点动3挡速度,将混凝土管片运送到预定的正确位置进行安装;后三个自由度为抓举头的微调动作。控制方式分为有线控制和无线控制两种,施工中首选无线遥控器安装管片,同时配置有线控制,作为备用预案。

4.6.5.1 管片拼装机功能要求、可靠性要求、主要性能

(1) 管片拼装机功能要求
①管片安装机能完成锁紧、升降、平移、回转、仰俯、横摇和偏转7种动作。
②管片安装机有足够的回转力矩和平移力。
③回转机构应具备常闭制动功能。
重要部位的元器件应选用性价比好的知名品牌,在设计中要考虑对污染、泄漏、噪声的控制措施。

(2) 管片拼装机可靠性要求
与液压系统、电控系统配合,实现以下保护:
①确保回转架转角不超限。
②超压保护。
③确保回转架停车制动可靠。
④管片扣紧状态检测采用压力和位置双重检测。
⑤两个回转马达均带制动器。
⑥设无线遥控装置。

(3) 管片拼装机主要性能
①回转力矩
既考虑工作能力的储备,也要兼顾非正常操作时过大的承载力对结构、连接和密封件的影响。可取动载系数 $K=3$ 时的回转力矩为设计参考值。

②回转速度
管片安装机的回转转速是指回转架的转速,因管片形状、重量各异,在安装过程中,管片径向位移大,姿态不平衡,转动惯量大,所以回转转速不能过高也不能过低,过高则不平稳,过低则作业效率低。最大与最小回转速度与液压泵的最大、最小流量直接相关。

对回转速度,应能从微速到高速进行连续的或分段的控制,至少要有高速及微速两挡,而且管片应能被制动于任意位置。管片外周处的圆周速度在高速时为 250~400mm/s,微速时为 10~50mm/s。

③油缸推力和拉力
管片拼装机在拼装管片过程中,要提供足够将夹持的管片推向外侧或将 K 管片插入其内并矫正拼装好的管片环形状的推压能力。推压力一般宜采用最大管片重量5倍以上的力。起吊力是在管片拼装时,起吊单块管片的能力,一般取最大单块管片重量的1.5~2倍。伸缩速度指液压油缸半径方向伸缩的速度,一般为 50~200mm/s。前后滑动距离指拼装管片时,使管片沿隧道轴向移动的距离,一般为 150~300mm/s(如果是采用轴向插入型 K 管片,则要将插入富余量加在滑动距离上)。

4.6.5.2 管片拼装机的结构型式

根据应用场合的不同,管片拼装机分为三种结构型式,即主梁式、环式、摇臂式。

(1)主梁式管片拼装机

目前主梁式管片拼装机在常规直径盾构以及大盾构领域应用最为广泛。图 4-74 为主梁式拼装机的结构,主要由拖梁、移动架、回转支承、回转架、驱动单元、提升油缸、轭架、抓举头、管路支架、工作平台等结构组成。该结构系统具有 7 个动作,除前述 6 个自由度外,还具有管片抓持的动作。

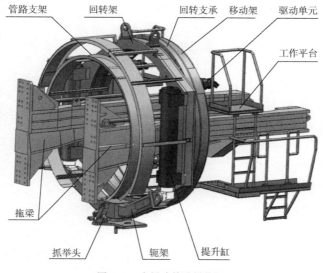

图 4-74 主梁式管片拼装机

图 4-74 中的抓举头为机械式抓举头,而大直径盾构普遍采用真空吸盘式抓举装置,具有更高的安全性和效率,如图 4-75 所示。

图 4-75 真空吸盘式管片拼装机

真空吸盘依靠外界大气压将管片吸持在盘面结构上,吸附安全系数大于2.5(国标要求),并设有真空传感器实时监测真空度,保证工作安全性。真空吸盘需根据管片的规格、特征进行针对性设计,几乎不具备通用性,所以设计成本较高,同时采购、加工成本也相对较高。

(2)环式管片拼装机

环式管片拼装机常见于日式盾构中,该种型式拼装机搭配日式的设备桥一起使用,管片抓取采用人工插销方式,由于轴向行程较短,不具备更换盾尾刷的功能。拼装机主要结构设置在若干支重轮之间,使用低速大扭矩马达进行回转驱动,设备具备6个自由度,即前后移动、上下提升、正反回转、左右倾、前后倾和左右转动,其中前后倾动作由小油缸动力驱动,依靠结构间隙实现动作。电气线缆使用电缆卷筒布置,回转架背部设有整圈线槽。液压系统的电机、泵、油箱设置在左侧箱梁之上,跟随回转架一起转动。图4-76为环式拼装机结构。

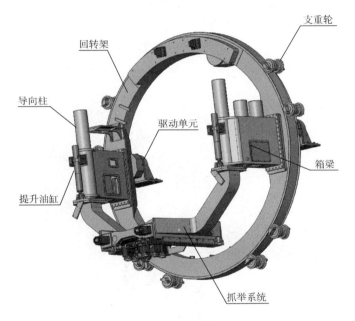

图4-76 环式拼装机

如图4-77所示,抓举系统包含4个自由度:移动架前后移动由油缸驱动,在滑动梁上移动;3对小油缸同时顶紧管片内壁后,四角位的小油缸成对对称伸缩,即可实现前后倾、左右倾动作;转动油缸对称伸缩实现转动动作。

(3)摇臂式管片拼装机

摇臂式管片拼装机主要应用于小直径盾构中,结构紧凑,采用集成化的多自由度的抓举头,使用平行四边形结构实现提升功能。摇臂式拼装机分为无主梁和有主梁两种形式。

①无主梁摇臂式拼装机

无主梁摇臂式拼装机主要由图4-78所示的各部件组成,固定架通过法兰板螺栓连接固定在盾体结构上,电气线缆和液压管路均通过各自的卷筒部件进行布置,回转架的外侧设计为凹槽结构,作为上述管线在回转动作中的缠绕槽。

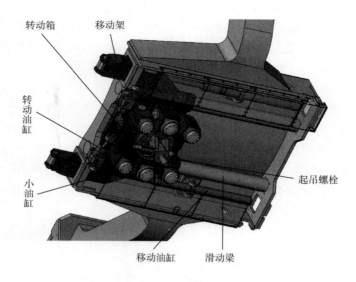

图 4-77　抓举系统

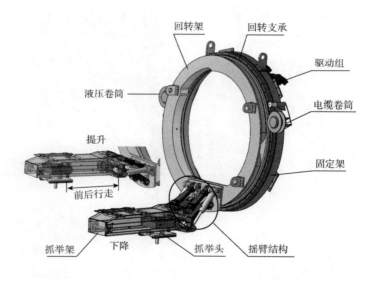

图 4-78　无主梁摇臂式拼装机

无主梁摇臂式拼装机具有 6 个自由度，其中提升动作由提升油缸驱动，借助平行四边形结构（摇臂结构）实现；抓举头内部设有关节轴承，其 3 个转动自由度，依靠 3 对单作用油缸实现：A、B 成组伸出，C、D 被动回收，实现前后倾动作；A、C 成组伸出，B、D 被动回收，实现左右倾动作；E、F 对顶一伸一缩，实现左右转动（图 4-79）。如图 4-80 所示，抓举头的前后行走动作在抓举架内轨道中完成，行走动力来源于链轮链条传动，其中链轮由液压马达驱动，安装于抓举架上。

第 4 章　TBM 系统与部件

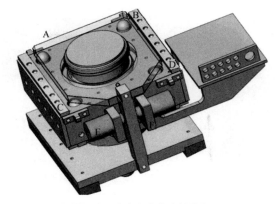

图 4-79　多自由度集成抓举头

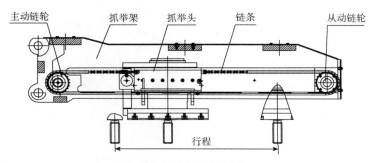

图 4-80　抓举头前后行走动作

② 主梁摇臂式拼装机

主梁摇臂式拼装机(图 4-81)设计有主梁结构,有利于长距离移动行程,并为后配套提供了拖拉结构。主梁结构使用螺栓固定在盾体米字梁上,在移动部件(包含管片)较轻或移动行程较短并通过 CAE 分析变形合格的前提下,可采用手枪式主梁,如图 4-82 所示,该结构可节约小盾构中的宝贵空间。

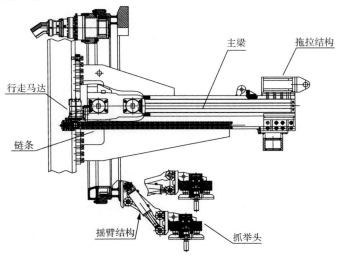

图 4-81　主梁摇臂式拼装机

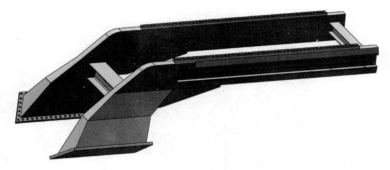

图 4-82　枪式主梁

前后移动依靠链轮链条传动,链条采用带有两翼附件的标准链条,通过螺栓固定在主梁上。链轮由液压马达驱动,跟随移动架一起前后移动。多自由度抓举头直接通过由销轴和滑动轴承组成的铰接结构与摇臂结构相连。抓举头抓举管片如图 4-83 所示。

4.6.5.3　管片拼装机保养

管片安装机在安装完毕并连接所有液压系统、电控系统、润滑系统后,必须仔细检查确认所有紧固件按要求连接牢固、密封可靠、润滑满足要求、运动件不得有任何干涉和卡滞现象、回转运动正常、液压系统和电控系统的安全装置灵敏可靠。当确认满足要求后,方可开机运转。

图 4-83　抓举头抓持管片

管片安装机保养内容为:

①日常保养:检查密封情况。

②周保养:检查齿轮减速器的油位;检查轴承、齿轮、伸缩套筒、销轴等活动件的润滑情况;加注补充润滑油。

③月保养:检查管路泄露情况;检查重要紧固件的松动和损坏情况。

4.6.6　壁后回填系统

护盾式 TBM 盾体后部采用混凝土管片支护。为保持管片姿态稳定,使管片达到设计的承载强度,实现衬砌管片与围岩的紧密结合,管片在脱离尾盾后须及时按工序要求在开挖洞壁和管片外侧间隙内回填材料,通常回填的材料主要有豆砾石、砂浆、水泥浆等。护盾式 TBM 配备的满足管片背部回填的相关系统称为壁后回填系统。管片背部回填示意图见图 4-84。

壁后回填系统主要包括砂浆系统(图 4-85)、豆砾石系统(图 4-86)、双液注浆系统(图 4-87)、水泥浆系统(图 4-88)等,具体的配置情况和要求与设计院、施工方的需求相关,浆液的配置方式与 TBM 的掘进长度有关。隧道长度较短时采用洞外制浆的方式,该方式具有浆液配比精度和质量相对较高的特点;隧道长度较长时,如山岭隧洞 TBM 施工,则采用洞内制浆的方式,洞内制浆系统成本相对较高,随着制浆设备的不断进步和完善,洞内制浆逐渐成为主流发展趋势。

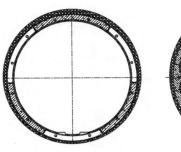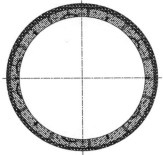

图 4-84　管片背部回填示意图

图 4-85　砂浆系统

图 4-86　豆砾石系统

图 4-87　双液注浆系统

图 4-88　水泥注浆系统

　　回填灌浆系统的罐体容积和注浆能力须与 TBM 的最快掘进速度相匹配。豆砾石(或砂浆)在管片脱出尾盾后须及时回填以保持管片姿态的延续稳定,布置位置相对靠前;由于 TBM 尾盾与洞壁间密封效果较差,水泥注浆位置通常较为靠后,以免浆液前窜进入主机区域。

4.6.7 超前钻机系统

超前钻机是用来对 TBM 刀盘前方不良地质提前进行加固或处理的辅助设备,如图 4-89 所示,配置不同类型的钻机可进行超前钻孔、取芯、超前管棚、超前注浆的作业。

超前钻机一般布置在主梁区域,可与隧洞轴线倾斜一定角度进行超前钻孔作业,一般倾斜角度为 7~9°;也可对刀盘正前方围岩进行超前钻孔作业,超前钻机作业时,TBM 须处于停机状态。

进行超前钻孔、超前探水、超前注浆机超前管棚等作业时,可选用冲击回转式钻机,钻

图 4-89 超前钻机

孔直径在 64~120mm,钻孔深度可达 30m 以上,通过固定在主梁上环形轨道,可实现拱顶 120°以上或 360°的周向钻孔范围。若为了解掌子面前方的地质资料,可选用取芯钻机,靠金刚石岩芯钻头旋转取芯,速度较慢;取芯时,可通过刀盘人孔对掌子面正前方围岩进行取芯作业。

TBM 掘进过程中,超前钻机不需要经常使用,超前钻机一般不常态化安装在 TBM 上,只是在需要进行超前作业时,洞内安装相关部件。安装超前钻机时,需要拆除 TBM 上已安装的部件,而且洞内空间狭小,作业难度大,作业效率低。随着 TBM 越来越多地用于开挖复杂地质隧道,对超前钻机作业的需求也越来越高,为提高超前作业的及时性和效率,要求超前钻机常态化安装在 TBM 设备上,如应用于高黎贡山隧道项目的直径 9.03m 敞开式 TBM 就采用了潜藏式的超前钻机系统,齿圈环形轨道常态安装在主梁上,TBM 正常掘进时,超前钻机潜藏于主梁平台下方,不影响其他作业工序,需要超前作业时,利用举升机构将超前钻机举起,至作业位置后连接管线即可进行超前钻孔作业,缩短了洞内拆装作业的时间,提高了超前钻机的使用效率。

4.7 桥架及后配套台车

桥架主要由设备桥架和喷浆桥架,一般设备桥架的主要功能有储存物料,为物料运输提供空间和辅助设备;设备桥下部空间用于轨道延伸或铺设仰拱块;有吊机系统用于运输刀具;有空间布置后配套皮带输送机;新鲜风及污风的通道;根据需要还可能布置锚杆钻机系统等。喷浆桥主要是用于完成对围岩的初期支护,除了人员通道、风管通道以外,主要布置有混喷机械手,完成对围岩的混喷支护。桥架是主机和后配套台车之间的桥梁,是物料由编组列车到主机区域中转点,是完成初期支护的重点,是轨道延伸、TBM 向前掘进的基础。

后配套台车主要用于布置各种各样的设备,台车在铺设好的轨道上行走,其结构一般分为门架式和平台式,根据隧道开挖直径的大小,台车结构可分为单层、双层、甚至三层的

结构,其实布置供水、供电、通风、除尘、支护、出渣等作业所需辅助设备、设施、管线和作业空间。

4.7.1 桥架系统

桥架系统主要包括设备桥和喷浆桥,其中喷浆桥属于敞开式TBML2区支护系统的结构载体,通常位于设备桥和后配套拖车之间,喷浆桥的支护设备主要包括喷浆机械手和锚杆钻机(选配)。

喷浆桥布置的喷浆机械手的动作主要包括前后移动、周向旋转和末端摆动三种,其中前后移动的行程不小于3个掘进循环长度,周向摆动范围不小于240°,喷射能力满足TBM的最快掘进速度。可根据项目施工需要在喷浆桥上布置锚杆钻机,用于锚固围岩,锚杆钻机的行程不小于液压推进缸的最大行程。

设备桥位于TBM主机区域后部,主要用于结构、电气、液压、流体等系统部件的放置和存储,底部为铺轨作业区域。同时设备桥区域还需要设置吊机系统,满足物料在后配套区域与主机间的物料转运。

桥架系统通常跨度较长,因此一般采用重型桁架结构或箱体拼焊结构。敞开式TBM喷浆桥见图4-90,"彩云"号敞开式TBM设备桥见图4-91。

图4-90 敞开式TBM喷浆桥

图4-91 "彩云"号敞开式TBM设备桥

4.7.2 后配套台车

TBM后配套台车主要用来放置液压、流体、电气等设备,为主机快速掘进提供液压动力、风、水、电、压缩空气等,是TBM实现机械化和程序化的重要组成部分,放置的设备和系统主要包括主控室及液压动力站、供电及电气控制系统、空气压缩系统、供排水系统、通风系统、除尘系统等。

后配套结构主要由拖车首尾连接而成,拖车结构形式主要包括门架式(图4-92)、平台式(图4-93)两种。按照运输形式划分,又可分为有轨运输和无轨运输两种。隧洞坡度≤3%时,一般采用有轨运输方式。

图 4-92　门架式拖车结构

图 4-93　平台式拖车结构

4.8　出渣及物料运输系统

物料运输的通畅高效是 TBM 高效掘进的先决条件。出渣系统主要依靠 TBM 设备上布置的带式输送机及洞内连续带式输送机或矿车出渣，物料运输主要依靠列车编组。

4.8.1　TBM 带式输送系统

TBM 带式输送系统分为主机带式输送机和后配套带式输送机两部分。掌子面破碎的岩渣经过刀盘铲斗转运至主机带式输送机，再经过后配套带式输送机转至洞内连续带式输送机或渣车运往洞外（图 4-94、图 4-95）。

图 4-94　带式输送机系统

图 4-95　带式输送机洞外出渣

带式输送机驱动形式分为液压马达驱动和减速电机驱动。液压驱动相对于电机驱动的优势在于相同功率配置情况下更加节省空间。因此，针对 TBM 的工况特点，主机带式输送机一般选择液压驱动形式，后配套带式输送机主要选用减速电机驱动。

4.8.1.1　带式输送机的主要结构

带式输送机主要结构包括头部漏斗、机架、传动滚筒、改向滚筒、尾部滚筒、承载托辊、回程托辊、驱动装置、张紧装置及皮带。

（1）传动滚筒

传动滚筒（图4-96）直径通常为500mm、630mm、800mm、1000mm，同一种滚筒又有几种不同的轴径和中心跨距供选用。根据承载能力分轻、中、重三种：

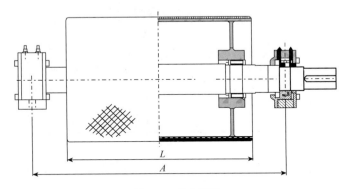

图4-96 传动滚筒

①轻型。轴承孔径为80~100mm，轴与轮壳为单键连接，滚筒为幅板焊接结构，单向出轴。

②中型。轴承孔径为120~180mm，轴与轮壳为胀套连接，有单向出轴和双向出轴两种。

③重型。轴承孔径为200~220mm，胀套连接为铸焊筒体结构。

滚筒表面有光钢面、人字形及菱形花纹橡胶覆面。人字形花纹橡胶面摩擦系数大，排水性好，但有方向性，安装时人字尖应与输送带运行方向一致。双向运行的输送机要采用菱形花纹。用于重要场合时要采用硫化橡胶覆面；用于阻燃、隔爆场合应采用相应防爆措施。轴承座全部采用油杯润滑脂润滑。

（2）改向滚筒

改向滚筒用于改变输送带运行方向或增加输送带在传动滚筒上围抱角。其结构形式与传动滚筒一样。分轻、中、重三种，轴的分挡直径为50~100mm、120~180mm及200~260mm，滚筒表面有裸露光钢面和平滑胶面两种。

（3）托辊

托辊用于支撑输送带及其上的承载物料，并保证输送带稳定运行。托辊种类见表4-3。

带式输送机托辊种类　　表4-3

	槽形托辊		槽形前倾托辊	过渡托辊			缓冲托辊		调心托辊		平行托辊
承载托辊							固定式		摩擦上调心托辊	锥形上调心托辊	摩擦上平调心托辊	平行上托辊
	35°	45°	35°	10°	20°	30°	35°	45°				
回程托辊	平行下托辊		平行梳形托辊		V形托辊	V形前倾托辊	V形梳形托辊	摩擦下调心辊	反V形托辊	锥形下调心辊	螺旋托辊	
	1节	2节	1节	2节	10°	10°	10°	2节		10°	1节	2节

(4) 张紧装置

带式输送机张紧装置的作用是保证输送带与传动滚筒不打滑,并限制输送带在托辊组间的下垂度,使输送机正常运行。常用的张紧装置有螺旋式、垂直重锤式、重锤车式、固定绞车式四种。可根据拉紧力、拉紧行程的大小和拉紧装置所处位置进行选择(表 4-4)。

不同张紧装置的适用范围　　　　表 4-4

张紧装置种类	适用范围	拉力范围
螺旋拉紧	适用于短距离、小功率的输送机	9~37kN
垂直重锤式	拉紧行程可变,可随着拉力的变化而自动补偿输送带的伸长量	8~63kN
重锤车式	适用于距离长、功率大的倾斜输送机。本系列还设置了重锤塔式,可加大拉紧行程	8~63kN
固定式绞车式	用于长距离、大行程、大运量、大拉紧力的带式输送机	30~150kN

(5) 清扫器

清扫器是一种带式输送机的黏着物和块状较大物料的清理装置。清扫器主要作用是减轻输送带的过度磨损,降低能耗。带式输送机的清扫器分为头部清扫器和空段清扫器两种。

头部清扫器为重锤刮板式结构,装在卸料滚筒上方的机架上,用于清扫输送带承载面上的粘料。如采用其他型式的清扫器(如硬质合金刮板清扫器),应按生产厂家提供的使用说明书进行安装。

空段清扫器,主要用于清除非工作面上粘附的物料,防止物料进入尾部滚筒或垂直拉紧装置的拉紧滚筒里,一般焊在这两种滚筒前方的中间架上,并调节好吊链的长度。

4.8.1.2 带式输送机安装及维保

(1) 带式输送机安装

带式输送机的一般安装顺序为:划中心线→安装机架(头部→中间架→尾架)→安装下托辊及改向滚筒→输送带铺设在平托辊上(注意上端必须固定,以防皮带下滑)→安装上托辊组→拉紧装置,传动滚筒和驱动装置→输送带绕过头尾滚筒→输送带接头→张紧输送带→安装清扫器、逆止器、导料槽及护罩等辅助装置。

(2) 带式输送机检修

①检修周期

除日常检修外,小修应每月一次,大修为每半年或一年一次(可根据现场条件及实际情况缩短或延长周期)。

②检修内容

小修内容:

- 输送带磨损量检查,损伤修补。
- 减速器润滑油的补充与更换(按减速器说明书运行)。
- 制动器闸瓦、制动轮磨损量检查,磨损严重应更换。
- 滚筒胶面磨损量检查,对损伤处进行修补。
- 检查滚筒焊接部位有无裂纹,如有则采取措施进行修补。
- 滚筒轴承润滑油的更换。

- 对磨损严重的清扫器刮板、托辊、橡胶圈进行更换。
- 检查拉紧行程和安全保护装置,失灵者须更换。

大修内容:
- 减速器按使用说明书规定进行逐项检查,拆洗和更换严重磨损零件。
- 滚筒胶面磨损量检查,严重磨损应重新铸胶。
- 滚筒筒体发现较大裂纹,难以修补时,应更换。
- 各类轴承座、轴承检查清洗,有损伤则修理更换。
- 检查各类机架变形情况、焊缝有无裂纹,根据情况进行整形修复。
- 根据情况修补或更换输送带。
- 更换磨损严重的漏斗衬板。
- 更换磨损严重的清扫器刮板。
- 对电气控制、安全保护装置全面检测,更换元器件及失灵的保护装置。

4.8.1.3 带式输送机常见故障及解决方法

(1)皮带不转

电动机起动后传动滚筒空转皮带打滑,皮带起动不起来,这种故障是由于皮带张力不够、拉紧装置没有调整好、皮带过长、重载起动、皮带尾堆渣多等原因造成的。

(2)皮带跑偏

跑偏原因是皮带在运行中有横向力产生,产生横向力的原因有以下几种:输送机装货偏于一侧,而不是装在正中位置;托辊和滚筒安装轴线与输送带中心不垂直;机身钢丝绳高低不一致;输送带接头不正、不直;卸煤滚筒位置没有调整好;机尾滚筒、导向滚筒没有调整好。

调跑偏一般在皮带运行中进行,调整时要注意皮带运行方向和跑偏方向,如果皮带向右跑偏,就在皮带开始偏的地方顺着输送带运行的方向移动托辊右轴端,或沿着运输方向移动托辊的左轴端,使托辊左端稍向前倾斜。调整时要多调几个托辊,每个托辊要少调些,调整量过大皮带将会向另一方向跑偏。皮带向左跑偏时调整方法如上所述,只是调整方向相反。皮带跑偏如果发生在导向滚筒、尾滚筒、卸载滚筒,可调整头架、机尾架上的方铁及螺栓,调整前要将滚筒轴两端螺栓放松一些以利于调整,调整后要拧紧,上好跑偏托辊。

(3)皮带易断开

这是由于皮带张力过大、接头不牢固、皮带接头质量差、皮带使用时间长、维修质量差等原因造成的,解决方法是调紧拉紧装置,减少张力,更换新皮带,提高维修质量。

(4)减速机声音异常

原因是轴承及齿轮过度磨损,间隙过大,或外壳稳钉螺丝松动。处理方法是更换轴承,调整间隙,或更换整体减速机进行大修。

(5)减速机升温过快

原因是油量过多、散热性能差。处理方法是调整油量。

(6)减速机漏油

原因是密封圈损坏、减速机箱体结合面不平、对口螺栓不紧。处理方法是更换密封圈、拧紧箱体结合面和各轴承盖螺栓。

(7) 托辊不转

原因是托辊轴承损坏,托辊两侧密封圈进煤粉后,堵住不转,使托滚轴受力过大弯曲。处理方法是更换托辊。

4.8.2 连续皮带机出渣系统

连续带式输送机是一种在运转过程中能使机尾滚筒轴线与驱动滚筒轴线之间的距离逐渐增大的散状物料连续运输设备,由于可实现不停机连续掘进,因此简称为连续皮带机。工作时,驱动滚筒依据欧拉原理带动输送带做连续的闭环运动,以此将物料移送至卸料端。在这一过程中,机尾在牵引机构的拖曳下有规律地前行,中间机身被逐段延伸。拉紧装置为保证皮带机的正常运行提供必要的拉紧力;储带仓为适应皮带机的连续工作储存足量的输送带,当储带用完时,从储带仓增加或取出一个单元的输送带。

连续皮带机出渣系统已经在国内外的地铁、隧道等盾构机施工现场广泛应用。美国80%的长隧道工程项目采用连续皮带机出渣,近年来欧洲的长隧道也大多采用连续皮带机出渣。其主要有以下几点优势:

①无须等待排渣车,从而提高掘进效率。
②减少施工人员,降低劳动强度。
③污染小,降低了对隧道通风机和通风管的要求。
④可以满足大坡度出渣。
⑤洞外不需要翻车卸渣机。
⑥适应性强,可用于不同直径的隧道工程。
⑦TBM连续皮带机系统可重复使用。

连续带式输送机由传动装置、储带装置、张紧装置、放带装置等组成。

4.8.2.1 传动装置

传动装置由驱动装置、传动滚筒、传动机架组成(图4-97)。
驱动系统采用浮点支撑结构,可拆装,便于运输及安装。
驱动滚筒采用"S"形缠绕方式,结构紧凑。

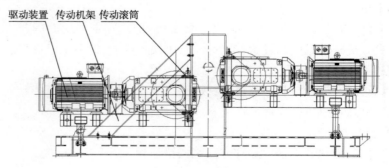

图4-97 传动装置

电机与减速器采用蛇簧联轴器连接。
方便维修、搬运、安装和拆卸,驱动部满足左右互换。

4.8.2.2 储带装置

储带装置(图4-98)是用来存储胶带的装置。由储带转向架(图4-99)、储带仓架、托带小车、改向滚筒和张紧车(图4-100)等组成。储带装置采用10层塔式储带方式。储带转向架、储带仓架主要为焊接结构,各架体之间用螺栓连接。在储带转向架内装有改向滚筒,与张紧车上的改向滚筒一起供胶带在储带装置中往复导向。在储带仓架内有角钢或方钢焊成的轨道,供支撑小车和张紧车行走。

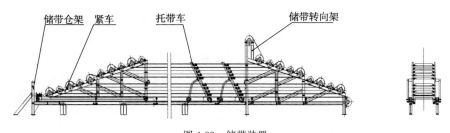

图4-98 储带装置

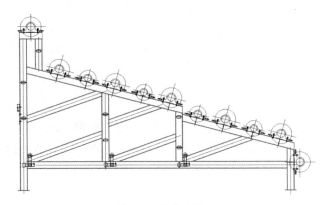

图4-99 转向支架

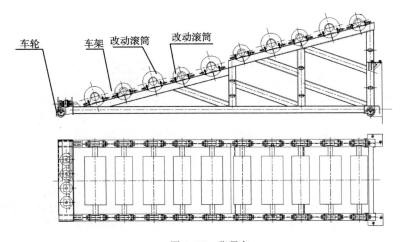

图4-100 张紧车

4.8.2.3 张紧装置

张紧装置用来给胶带提供一定的张紧力,以保证驱动滚筒与胶带之间的摩擦力,同时保证胶带垂度满足运行要求。一般采用变频恒扭矩自动张紧装置。

变频恒扭矩自动张紧装置由变频器、变频电机、行星减速器、张紧绞车组成,钢丝绳通过定滑轮架缠绕在张紧车上,钢丝绳的缠绕方式如图4-101所示。

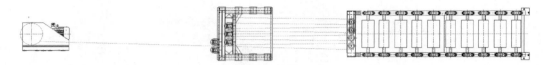

图4-101 张紧装置钢丝绳缠绕

变频恒扭矩自动张紧装置,要求启动拉力为额定运行时的1.3~1.5倍。设定张紧力并跟踪调节。留有与集控连接的接口。拉紧输送机运行前,将启动张紧力、额定张紧力、延迟时间等参数输入变频器。启动后,在变频器的控制下,张紧装置按照设定的数值和程序,自动输出启动张紧力和额定张紧力。当张力变化(比如机尾移动)时,能够像机械重锤那样,动态地跟随输送带的变形,快速地为输送带提供稳定的张紧力。当更换胶带时,绞车能够以较高的速度转动,节省时间,提高效率。当胶带张力增大、超过设定的数值时,提供过载保护,从而避免相关部件因张力增大所可能产生的损坏。

4.8.2.4 放带装置

放带装置采用电动放带,主要由放带机架(含驱动轴、带芯轴、从动轴组、卷带机座体、托辊)、驱动装置(含减速电机)及行走轨道组成,见图4-102。放带装置放置在轨道上,轨道有抱轨器,轨道限位块根据工地现场实际情况焊接。其工作原理如下:

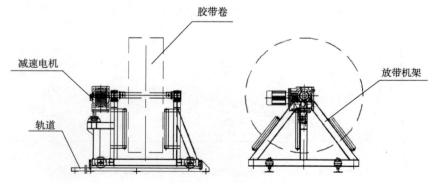

图4-102 放带装置

①将放带机放置在轨道上,整体移至皮带机机身一侧。
②带芯轴穿入胶带中的卷带滚筒,通过两边销轴固定在U形槽上(用开口销固定销轴)。
③将放带机通过轨道整体移入皮带机,当放带机中心线与皮带机中心线一致时,固定放

带机;将双层单卷输送带外层胶带分别接入第二硫化平台和皮带机储带仓中,内层胶带接入第一硫化平台;驱动装置带动双层单卷输送带旋转,逐渐向外放带;启动张紧绞车后,输送带被拉入储带仓中。

4.8.2.5 硫化平台

硫化平台是硫化胶带接头的工作场所。

为了满足一次硫化两个接头的需求,一般设置两个硫化平台。第一硫化平台位于放带机与传动装置之间,第二硫化平台位于放带机与储带装置之间。平台面积满足硫化对空间的要求。双层单卷输送带同时伸出两个接头,分别放置在放带机两侧的两平台上进行硫化。为保证硫化胶带的需要,在传动滚筒后及张紧装置后各设置1套夹紧装置。

4.8.2.6 机身部分

机身部分是连续皮带机在工作中逐段安装的。由于隧洞空间受限,机身在隧洞内采用斜支撑的安装形式。安装位置应满足隧道内机车通行要求(图4-103)。

4.8.3 物料运输系统

TBM施工过程中所需的各种各样的材料或备件,一般由列车编组从洞外运输至后配套台车区域,再由吊机卸载到指定工位。对于大直径TBM,后配套台车通常为多层设备布置,还需把物料从下层吊运到上层。刀具、管片等通过吊机运输到主机区域。

敞开式TBM和护盾式TBM物料运输包括的材料有所不同,对列车编组(图4-104)的排序和布置也会有所差异。敞开式TBM运输物料主要包括支护材料(如钢拱架、锚杆、锚固剂、钢筋网片等)、刀具、轨道、轨枕、仰拱块、备件、润滑油脂、混凝土罐等。护盾式TBM运输的物料主要包括刀具、轨道、轨枕、管片、豆砾石罐、干粉罐、备件、润滑油脂等。

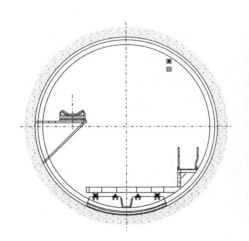

图4-103 标准机身

图4-104 列车编组物料运输

4.9 TBM整机液压系统

液压传动是用液压油作为工作介质来传递能量进行控制的传动方式。敞开式TBM在掘进过程中,电机驱动液压泵输出压力油,经过不同的控制回路驱动液压执行元件(马达、油缸)实现所需的动作。液压系统具有远距离传递能量和运动的功能,又具有占用空间小的优点,所以除掘进时刀盘回转外,液压系统几乎控制了TBM绝大部分的运动。

对于TBM施工隧道,一般可选敞开式TBM或护盾式TBM进行施工。针对不同类型的TBM,因结构形式以及施工工法的不同,其液压系统也不尽相同。

4.9.1 敞开式TBM液压系统

TBM设备在向前掘进时需要撑靴撑紧洞壁来提供掘进反力,且需要根据隧道的设计要求,实现实时的转弯、纠偏。因此,要求TBM撑靴系统能牢固地撑紧洞壁,为推进系统提供可靠的推进反力;要求撑靴能够带动主大梁实现上下左右的微量动作,从而实现TBM实时转弯、纠偏;TBM掘进过程中,需要根据地质的变化,推进速度要连续可调;推进系统和撑靴系统,要求既要有高压低速掘进模式,为TBM向前掘进提供足够的力量,又要有低压高速运动模式,加快换步速度,提高设备效率。后支撑液压系统,要能实现油缸的精准控制,压力能够持续保持,为TBM换步提供可靠的支撑。电液控制系统集成技术的应用,完美地实现了以上的设计要求,可以方便、快捷、远距离地对各个运动部件进行精准的调节,来满足TBM各个系统的精确控制;远距离的控制方式,也大大减轻了操作者的劳动强度,提高了工作效率。

敞开式TBM以7.8m级新疆TBM为例,依据设备正常掘进时的主要动作将主梁敞开式TBM液压系统分为8个系统,如图4-105所示。

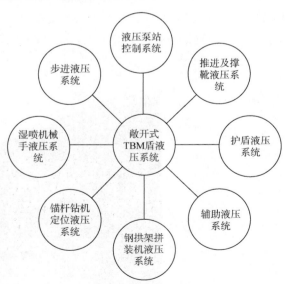

图4-105 敞开式TBM液压系统组成

敞开式TBM的泵站由多个独立的泵及其系统组成。一般情况下,这些泵独立工作,在应急情况下,有些泵可以相互切换,以减少洞内停机时间。由于空间位置的限制,液压阀组采用集中-分散布置原则。即必须分散的阀组分散布置在执行元件上,如液压缸的液压锁布置在液压缸上,不影响安全和不增加管路的主系统液压阀组则布置在司机室附近的主泵站里。

根据敞开式 TBM 的动作重要性,液压系统的控制可以分三个层次:

①第一层次。敞开式 TBM 在掘进中经常执行的基本动作,即推进、撑靴以及与推进相关的支撑(如后支撑)。

②第二层次。敞开式 TBM 在掘进过程中有时需执行的基本动作,如调向、顶护盾、侧护盾伸缩等。

③第三层次。因特殊地质情况需实现的操作,如锚杆钻机、钢拱架拼装机等支护功能以及材料转动功能等。

敞开式 TBM 液压系统以第一层次的动作需求为要点设置液压控制系统,第二、三层次附属串接在第一层次的系统上。以下对敞开式 TBM 主要液压系统进行分析。

4.9.1.1 液压泵站控制系统

液压泵站控制系统是敞开式 TBM 液压系统的动力源。它是整个液压系统的心脏,各系统能否可靠运行,很大程度上取决于泵站是否正常运行。在泵站系统中,液压泵通过不同功率的电机进行驱动。液压油箱布置在液压泵的上方,尽可能缩短液压泵吸油管路的长度,进而保证了液压泵的吸油能力并使泵站相对紧凑。在液压油箱上布置着温度传感器、液位开关、吸油过滤器以及回油过滤器等相应的液压附件,以完成对液压系统油液的温度以及容量的控制。表 4-5 列出了该项目液压系统泵的型号以及相应的性能参数。

敞开式 TBM 液压泵组　　　　　　　　　　　表 4-5

名　称	型　号	功　能
皮带机泵	A10VO140DFLR	皮带机驱动
控制泵	A10VO45DFLR	控制系统回路
换步泵	4535V60A25	低压换步控制
撑靴泵	A4VSO71DRG	撑靴高压控制
推进泵	A4VSO71DRG	推进系统
钢拱架泵	A10VO71DFLR	钢拱架控制
循环冷却泵	45V60AM	循环冷却控制

4.9.1.2 撑靴控制系统

(1) 功能要求

敞开式 TBM 撑靴系统的设计需满足以下功能要求:

①为 TBM 向前推进提供足够反力;控制 TBM 的姿态,实现 TBM 的纠偏及转向要求。

②具备快速动作功能,加快换步速度,提高设备使用效率。

在 TBM 施工中,隧道轴线与设计曲线是否一致是衡量 TBM 施工质量的一个重要指标,要实现此指标,必须通过调整撑靴系统来调节 TBM 的姿态。

（2）技术参数

结合敞开式 TBM 的设计研究和施工经验，确定 $\phi7.8m$ 敞开式 TBM 撑靴系统的基本参数为：总有效支撑力 46028kN，双缸最大回缩速度 650mm/min。

撑靴油缸数量为 2 根，左右对称布置。撑靴油缸布置见图 4-106。

图 4-106 敞开式 TBM 撑靴油缸布置

敞开式 TBM 掘进过程中，撑靴油缸伸出，使撑靴可靠地撑紧洞壁，保持静止状态，为 TBM 向前掘进提供反力。在水平曲线段掘进时，TBM 通过调整左右两侧撑靴油缸的行程，带动 TBM 主大梁左右微量摆动，从而实现 TBM 的左右转弯掘进；在竖直曲线段掘进时，TBM 通过调整扭矩油缸的行程，带动 TBM 主大梁上下微量摆动，从而实现 TBM 的抬头和低头掘进。

TBM 撑靴油缸和扭矩油缸都安装有位移传感器，可以实时监测油缸行程，实现 TBM 掘进方向的实时监测和调整。撑靴液压系统中安装了多个压力传感器，可以实时监测撑靴油缸和扭矩油缸的工作压力，为 TBM 的正常掘进提供数据保障。

（3）撑靴系统控制原理

① 不同工作模式的控制原理

撑靴系统的工作原理见图 4-107。撑靴系统有两种控制模式，即换步模式和掘进模式。

a. 换步模式

TBM 一个工作循环掘进完成后，撑靴需要换步，来实现下一个掘进的开始。换步开始前，后支撑伸出，然后撑靴油缸回收，工作流程如下：

撑靴油缸回收前，电液换向阀 CX217 右位得电，高压油将液控单向阀 CX224 导通，撑靴油缸无杆腔高压油液经过液控单向阀 CX224、电液换向阀 CX217 流回油箱，撑靴无杆腔卸荷，然后液压系统油路切换到换步模式，系统压力 11MPa，流量 541L/min。电磁换向阀 CX201 左位得电，管路 B 的大流量油液经过插装阀 CX202、液控单向阀 CX219 和 CX222，到达撑靴油缸有杆腔，同时有杆腔压力油给液控单向阀 CX223 提供控制油，将其打开，撑靴油缸无杆腔油液通过液控单向阀 CX223 和插装阀 CX208 回油箱，从而实现撑靴油缸的快速回收。撑靴油缸回收后，推进油缸快速缩回，带动撑靴向前移动，完成撑靴向前换步。然后电磁换向阀 CX201 右位得电，撑靴控制块 CXK03 上 P 口的大流量油液经过插装阀 CX206、液控单向阀 CX223 进入撑靴油缸无杆腔，同时压力油将液控单向阀 CX219 和 CX222 导通，撑靴油缸有杆腔油液通过液控单向阀 CX219 和 CX222、插装阀 CX204 流回油箱，完成撑靴油缸的快速伸出。

b. 掘进模式

TBM 下一个掘进循环开始前，撑靴油缸需要牢固地撑紧洞壁，为 TBM 掘进提供足够的推进反力，撑靴高压撑紧洞壁流程如下：

撑靴油缸快速伸出后，电磁换向阀 CX201 失电，电液换向阀 CX217 左位得电，C 管路的高压油液经过比例减压阀 CX210、电液换向阀 CX217、液控单向阀 CX224 进入撑靴油缸无杆腔，有杆腔油液通过溢流阀 CX220 和 CX221、单向阀 CX218、电液换向阀 CX217 流回油箱。撑紧力由比例减压阀 CX210 进行调节。蓄能器 CX212 起到稳压和临时油源作用，保证撑靴的可靠撑紧。

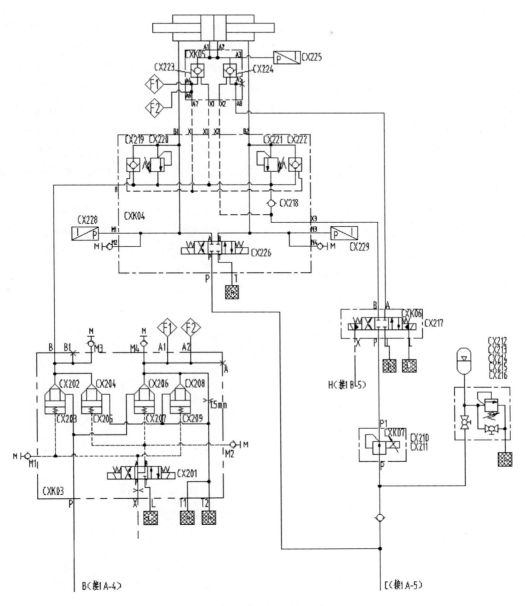

图 4-107 撑靴系统工作原理

② 撑靴油缸撑紧力控制

撑靴油缸撑紧力的大小，决定了推进系统允许的最大推进力，从而影响着 TBM 的掘进速度。撑靴撑紧力过大，会对洞壁造成破坏，影响正常施工；撑紧力过小，会导致推进系统最大推力过小而无法推进。

撑靴油缸撑紧力的大小，由比例减压阀 CX210 进行调节，通过压力传感器 CX225、CX228 和 CX229 采集压力，计算撑紧力，再进行允许最大推进力的计算。蓄能器 CX212 起到稳压和临时油源作用，保证撑靴高压系统供油压力稳定，从而保证撑靴的可靠撑紧力，保证 TBM 正常掘进。

③TBM 调向控制

在 TBM 施工中,隧道轴线与设计曲线是否一致是衡量 TBM 施工质量的一个重要指标,要实现此指标,必须实时调节 TBM 的掘进姿态,保证隧道轴线与设计曲线的一致。

TBM 在水平曲线段施工时,水平调向是通过改变撑靴油缸的行程,带动主大梁的左右微量摆动,从而实现 TBM 的左右转弯。当 TBM 左转弯掘进时,撑靴牢固撑紧洞壁,保持静止不动,此时电磁换向阀 CX226 右位得电,高压油经过电磁换向阀 CX226 进入左侧油缸的有杆腔,右侧油缸有杆腔油液经过电磁换向阀 CX226 流回油箱。撑靴油缸缸桶向右摆动,从而带动主大梁向右摆动,TBM 将向左转弯。反之 TBM 向左转弯掘进。由于撑靴油缸无杆腔处于锁死状态,两油缸总的行程也没发生变化,故撑靴油缸的撑紧力不发生变化,不会影响 TBM 的正常掘进。

TBM 在竖直曲线段施工时,调向是通过改变扭矩油缸的行程,带动主大梁的上下微量摆动,从而实现 TBM 的抬头和低头掘进,扭矩油缸控制原理见图 4-108。在 TBM 抬头掘进时,撑靴牢固撑紧洞壁,保持静止不动,此时电磁换向阀 NJ306 和 NJ311 左位得电,4 根扭矩油缸回收,带动主大梁向下移动,TBM 处于抬头掘进状态。反之 TBM 低头掘进。

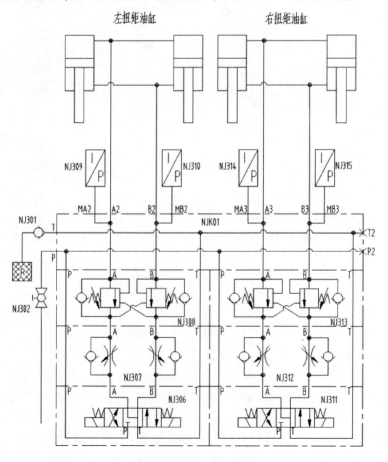

图 4-108 扭矩油缸控制原理图

4.9.1.3 推进控制系统

(1)技术参数

根据 TBM 最大掘进速度要求,结合 TBM 设计研究和施工经验,计算得出如下技术参数要求:推进油缸最大推进速度 120mm/min,推进油缸最大推力 27488kN,油缸最大回收速度 1080mm/min。

(2)功能要求

为 TBM 向前掘进提供足够的推力;推进速度无级可调;推进油缸具备快速回收功能。推进油缸布置见图 4-109。

图 4-109　推进油缸

(3)推进系统控制原理

①不同工作模式的控制原理

推进系统的工作原理见图 4-110。推进系统有两种控制模式,即掘进模式和换步模式。

a. 掘进模式

TBM 掘进时,电液换向阀 TJ203 右位得电,推进泵的高压油经过比例调速阀 TJ201、电液换向阀 TJ203 到达推进油缸的无杆腔,有杆腔油液通过电液换向阀 TJ203 流回油箱,油缸向前推进。此时推进速度由比例调速阀 TJ201 进行控制,泵出口压力无级可调。

b. 换步模式

TBM 一个工作循环掘进完成后,TBM 需要换步,来实现下一个掘进的开始。换步开始前,后支撑伸出,然后撑靴油缸回收,推进油缸快速回收,带动撑靴向前移动。推进油缸换步工作流程如下:撑靴油缸回收后,电磁换向阀 TJ205 左位得电,B 油路的大流量油液通过插装阀 TJ206 到达推进油缸有杆腔,无杆腔油液通过插装阀 TJ212 流回油箱,推进油缸快速回收,带动撑靴向前移动,完成换步过程。

②推进泵控制原理特性

选用力士乐公司带压力控制器的恒压变量泵 A4VSO71DRG。

针对控制特性,选用的压力控制器为力士乐的 DBET-10/350 比例溢流阀;该阀的最大流量为 2L/min,比例溢流阀的调节压力范围为 0~35MPa,通过它的变化实现泵的恒压点的调节。推进泵的压力流量控制见图 4-111。

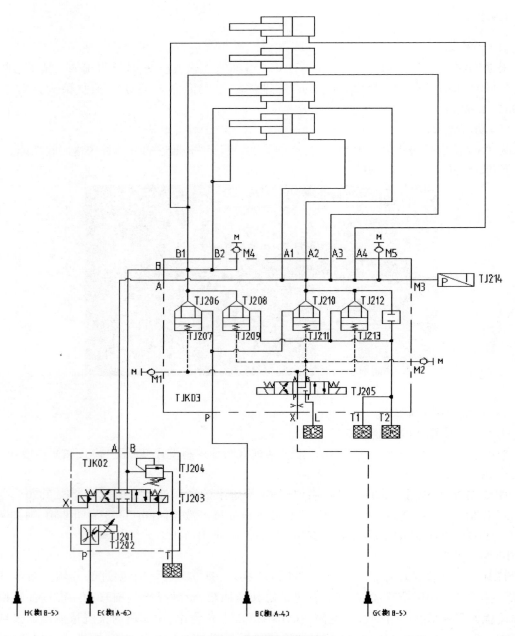

图 4-110 推进系统工作原理

在掘进模式下,泵的压力调节,通过 PLC 检测到的推进缸的压力和泵出口压力值,进行连续变化控制;PLC 系统功能块 FB41(PID 控制)以检测到的推进缸的压力加 2.5MPa 作为控制模块的给定值,泵的出口压力作为控制的过程变量反馈值,控制模块进行给定值和反馈值分析比较,输出信号经过放大板对泵的先导油溢流阀进行压力控制,从而实现泵的压力控制调整。

第 4 章 TBM 系统与部件

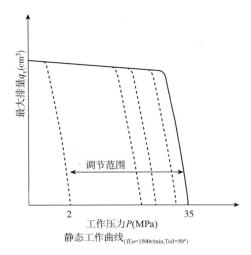

图 4-111 推进泵的压力流量控制

4.9.1.4 后支撑控制系统(隶属辅助液压系统)

敞开式 TBM 后支撑系统的设计需满足以下功能要求:
①TBM 换步时,后支撑能可靠地伸出,并牢固地撑紧洞壁。
②TBM 掘进时,后支撑能可靠地收回,并保持回收状态。

在 TBM 施工中,后支撑系统的可靠运行,决定了 TBM 换步的运行和 TBM 的连续掘进。

后支撑油缸布置见图 4-112。

为了保证 TBM 换步过程的安全,后支撑系统的可靠工作起到至关重要的作用。后支撑系统的牢固撑紧是撑靴油缸回收的前提条件。在 TBM 换步时,后支撑系统起临时支撑作用,以免 TBM 主大梁因为自重而下落。其控制原理图见图 4-113。

图 4-112 后支撑油缸

当 TBM 需要换步时,后支撑油缸伸出,撑紧岩壁,然后撑靴油缸回收。此时,电磁换向阀 ZC403 右位得电,引自撑靴高压模式的高压油源通过球阀 ZC402、减压阀 ZC406、电磁换向阀 ZC403、单项节流阀 ZC404、平衡阀 ZC407 到达后支撑油缸无杆腔,有杆腔油液经过液控单向阀 ZC405、单项节流阀 ZC404、电磁换向阀 ZC403、单向阀 ZC401 回油箱,后支撑油缸伸出,压力传感器实时监测油缸无杆腔压力,当压力达到设定值后,后支撑系统停止动作,撑靴油缸允许回收。换步过程中,后支撑油缸无杆腔由平衡阀 ZC407 和 ZC409 锁死,保证后支撑的牢固支撑。

当 TBM 换步完成后,撑靴油缸撑紧洞壁,后支撑油缸需要收回,此时,电磁换向阀 ZC403 左位得电,高压油经过球阀 ZC402、减压阀 ZC406、电磁换向阀 ZC403、单项节流阀 ZC404、液控单向阀 ZC405,到达油缸有杆腔,无杆腔油液经过平衡阀 ZC407 和 ZC409、单项节流阀 ZC404、电磁换向阀 ZC403、单向阀 ZC401 回油箱,后支撑油缸收回。油缸回收后,由液控单向阀 ZC405 锁死油缸有杆腔,保证油缸不因为自重而自行伸出。

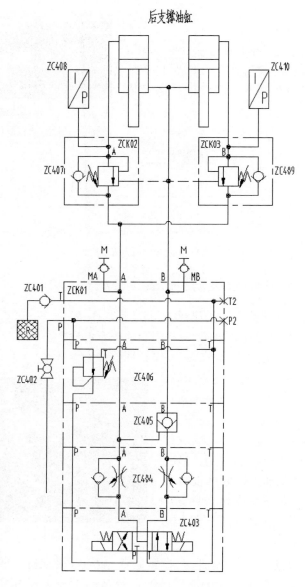

图 4-113 后支撑系统控制原理

4.9.1.5 主机皮带机液压系统(隶属辅助液压系统)

(1) 技术参数

根据 TBM 最大掘进速度要求,结合施工经验,计算得出如下技术参数要求:皮带机带速 2.5m/s,皮带机滚筒直径 435mm,皮带机滚筒最大扭矩 2800N·m。

(2) 功能要求

实现皮带机正反转及停止;皮带机动力驱动装置少占空间;皮带机驱动系统油液和撑靴快速动作油液可以合流。

皮带机驱动装置布置图见图 4-114。

(3) 皮带机系统控制原理

皮带机系统是在 TBM 掘进过程中,将刀盘切屑下来的渣土向后输送的装置。皮带机控制系统采用了开式回路马达回转技术。皮带机马达安装在滚筒内部,提高空间利用率,同时对马达形成保护。采用开式回路,在保证皮带系统正常运转的前提下,能更好地使系统温度保持在正常范围内,延长系统使用寿命。

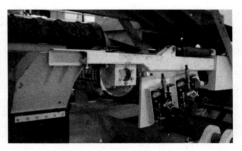

图 4-114　皮带机驱动装置

电磁换向阀 PD107 不得电时,皮带机泵的压力油经过插装阀 PD110 去往皮带机系统;当电磁换向阀 PD107 得电时,皮带机泵的压力油经过插装阀 PD108 去往撑靴系统。皮带机泵源给皮带机系统供油时,当电液换向阀 PD402 不得电时,压力油经过电液换向阀 PD402 的中位 H 机能回油箱;当电液换向阀 PD402 电磁阀得电时,实现皮带机的正转和反转。

其控制原理见图 4-115。

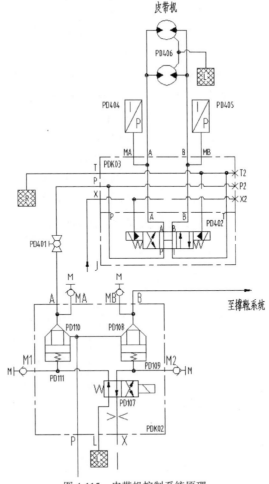

图 4-115　皮带机控制系统原理

4.9.2 护盾式 TBM 液压系统

护盾式 TBM 的整个机器都有护盾进行保护,一般使用于破碎甚至不稳定或强制要求拼装管片的硬岩地层,其支护工作(如管片拼装)可在护盾盾壳内完成,与洞壁无直接接触,人员较安全,但当遇到大的破碎带或洞穴时存在卡盾风险。根据掘进和拼装是否同时进行,护盾式 TBM 可分为单护盾 TBM 和双护盾 TBM。单护盾 TBM 只有一套推进系统,其推进作业和拼装作业不能同时进行,其推进反力靠管片来提供。双护盾 TBM 又称伸缩盾式 TBM,其具有两节盾构壳体,拥有两套推进系统:主推进系统和辅助推进系统,可实现两种掘进模式,即双护盾掘进模式和单护盾掘进模式。在围岩条件较好时,利用双护盾模式,通过撑靴撑紧洞壁后由主推油缸提供设备掘进的推力,此时利用辅推油缸可进行管片拼装作业,可大大提高施工效率。在围岩条件较差时,采用单护盾模式,此时其完成的功能与单护盾 TBM 相同。因双护盾 TBM 基本包含单护盾 TBM 的功能,且在系统设计时对应的功能基本类似,以下以双护盾 TBM 为例对其主要系统的液压控制原理进行剖析。

双护盾 TBM 液压系统共有 10 个液压系统,如图 4-116 所示。根据不同的配置略有差别,此处主要分析主推液压系统、辅推液压系统和推车器液压系统。

双护盾推进系统主要包括主推进系统和辅助推进系统,基于某 6m 级双护盾 TBM,其推进液压系统设计参数如表 4-6 所示。

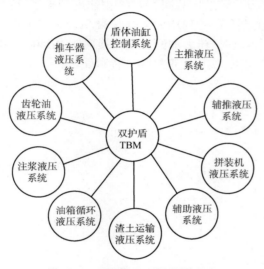

图 4-116 双护盾 TBM 液压系统组成

双护盾推进液压系统主要设计参数 表 4-6

项 目	主推系统	辅推系统
油缸规格(缸径/杆径)	280/220	220/180
推进行程(mm)	1650	2650
油缸根数(根)	12	24
额定压力(MPa)	35	35
额定推力(kN)	25860	31930
脱困压力(MPa)	—	45
脱困推力(kN)	—	41050
推进速度(mm/min)	120	100
换步速度(mm/min)	1100	1100

4.9.2.1 主推液压系统

为了降低液压系统成本,考虑 TBM 方向控制,将主推油缸分为 4 区进行分组控制,每区都有一根油缸带有位移传感器。图 4-117 为主推缸分区布置图。

图 4-117 主推缸分区布置图

(1) 推进泵源设计

因主推和辅推都要求能进行推进,且两者推进功能不同时工作,为简化系统及节约液压系统成本,两者共用一套推进泵源。图 4-118 为推进泵源原理图。

推进泵源采用压力流量符合控制油源,比例溢流阀 6 进行远程调压。在推进模式时,维持泵源压力始终高于负载压力一定值。比例伺服阀对整体推进速度进行限定,当利用主推缸退刀盘时,也可进行退刀盘速度控制。

(2) 主推缸单组液压系统设计

主推液压系统设计时要求各组油缸能实现协调动作,每组能独立调压,同时换步时,主推缸能快速动作。各组油缸控制原理相同,图 4-119 为主推缸液压原理图。

利用主推缸进行推进时,电磁换向阀 13 左位得电,高压油经比例减压阀 14、电磁换向阀 13、单向阀 12.2 进入主推缸大腔,比例减压阀 14 控制每组推进压力。在单护盾模式,利用辅推缸进行推进时,电磁换向阀 13 右位得电,高压油通过单向阀 12.1 进入辅推系统。

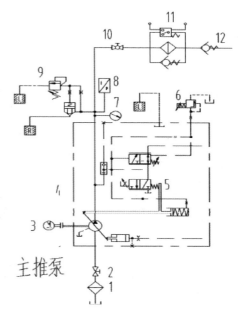

图 4-118 推进泵源原理图
1-吸油滤;2-蝶阀;3-电机;4-变量泵;
5-比例伺服阀;6-比例溢流阀;7-压力表;
8-压力传感器;9-泵头安全块;10-球阀;
11-高压滤;12-单向阀

当主推缸需要快速伸出时,主推泵和换步泵 1 提供大流量油源,电液换向阀 16 右位得电,主推缸快速伸出。换步时主推缸需快速缩回,此时控制阀组 15 提供控制压力,电液换向阀 16 左位得电,主推泵和换步泵 1 全流量供油,主推缸快速缩回。

TBM 构造与应用

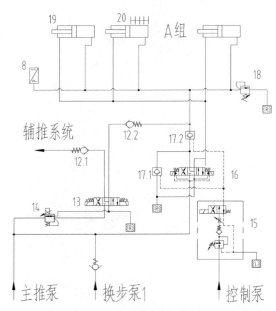

图 4-119 主推缸液压原理图

8-压力传感器;12.1、12.2-单向阀;13-电磁换向阀;14-比例减压阀;15-控制阀组;
16-电液换向阀;17.1、17.2-液控单向阀;18-安全阀;19-主推缸;20-位移传感器

换步时,主推泵和换步泵同时给主推缸供油,实现主推缸的快速缩回,同时可通过调节主推泵排量实现主推缸换步速度控制。

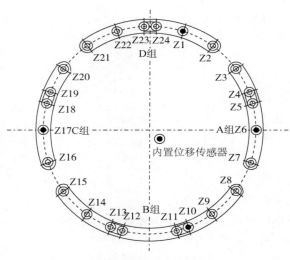

图 4-120 辅推缸分区布置图

4.9.2.2 辅推液压系统设计

双护盾 TBM 在单护盾模式下工作时,就相当于常规盾构机,辅推缸推进功能和拼装功能交替完成。为便于控制及节约成本,辅推缸采用分区控制,图 4-120 为辅推缸分区布置图。

(1) 辅推系统泵源设计

辅推系统共有四种工作模式:推进模式、拼装模式、换步模式和脱困模式。除了推进高压油源,辅推系统油源包括辅推泵源和脱困泵源。在单护盾模式下推进时,辅推缸压力油由主推泵提供,能够进行调速调压;拼装模式时,辅推缸完全由辅推泵进行供油;换步模式时,辅推泵全流量参与换步。

① 辅推泵源设计

辅推泵两种工作模式压力不一样,故辅推泵头设计有三级压力,图 4-121 为辅推泵源原理。

108

第4章 TBM系统与部件

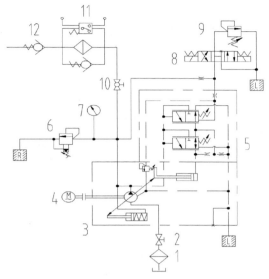

图 4-121　辅推泵原理

1-吸油滤;2-蝶阀;3-变量泵;4-电机;5-压力切断阀;6-安全阀;7-压力表;8-电磁换向阀;9-溢流阀;10-球阀;11-高压滤;12-单向阀

当电磁换向阀处于中位时,辅推泵空载运行;电磁换向阀处于右位时,辅推泵压力由溢流阀9限定,此压力供换步时使用;电磁换向阀处于左位时,辅推泵压力由泵自带压力切断阀5限定,此压力在拼装管片时使用。注意:压力切断阀5设定压力应高于溢流阀9设定压力。

②脱困泵源设计

脱困泵给辅推泵提供的是450MPa超高压油源,普通柱塞泵无法满足要求,选用HAWE高压泵提供油源。脱困泵采用分区原理给辅推缸供油,分配到单组油缸的油液流量与对应组油缸个数成正比。图4-122为脱困泵源原理图。

(2)辅推缸单组液压系统设计

辅推缸在拼装和换步时要求能快速运动;当辅推作为推进缸使用时,能独立推进;当盾体卡住,需要进行脱困时辅推缸能引进高压油,实现脱困。图4-123为辅推缸单组液压系统原理。

利用辅推油缸进行推进时,来自主推系统的高压油通过单向阀14.6进入各组辅推缸,实现辅推缸的推进功能。

辅推缸需快速伸出时,电磁换向阀18右位得电,油液经液控单向阀17.2到达辅推缸大腔,小腔油液直接通过电磁换向阀18回油,因辅推缸伸出时,要求流量比较大,故电磁换向阀18采用差动伸出。

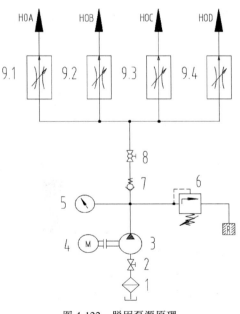

图 4-122　脱困泵源原理

1-吸油滤;2-蝶阀;3-高压泵;4-电机;5-压力表;
6-溢流阀;7-单向阀;8-球阀;9-调速阀

辅推缸需快速缩回时,二通阀 19 得电先泄掉油缸大腔高压油,延迟 2s 电磁换向阀 18 左位和电磁球阀 15.3 得电,油液直接到辅推缸小腔,大腔油液通过液控单向阀 17.1 和电磁换向阀 18 同时回油。这是因为回收时速度比较快,由于油缸杆径比,大腔回油量比较大,单独依靠电磁换向阀 18 回油通流量不够。

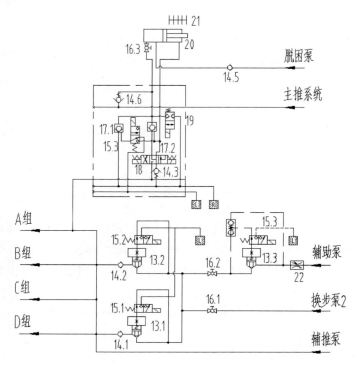

图 4-123　辅推缸单组液压原理

13-插装阀;14-单向阀;15-电磁球阀;16-高压球阀;17-液控单向阀;18-电磁换向阀;19-二通阀;20-辅推缸;21-位移传感器;22-调速阀

换步时,电磁球阀 15.1、15.2、15.3 得电,换步泵 2、辅助泵和辅推泵同时给辅推缸供油,实现辅推缸的快速伸出,辅推缸换步速度可通过调速阀 22 进行控制。

4.9.2.3　推车器液压系统

当编组列车运行到指定位置后,关闭机车,这时 TBM 开始掘进,皮带机开始出渣。当第一节渣车装满渣土后,需要将第二节渣车移动至接渣位置。推车器的功能是逐节移动列车编组,使满载渣车和空载渣车进行移位。推车器执行元件主要有推动牵引小车移动的液压马达和伸展拨叉机构的推拉油缸。

(1) 系统要求

① 牵引小车移动

推车器移动采用双马达驱动,通过链轮链条完成推车器牵引小车的前后移动功能,其主要参数要求为:移动负载 400kN(根据使用工况具体确定),最大移动速度 8m/min(具备无级调速功能)。

因推车器牵引小车前后移动时需保压定位,系统应配置平衡阀或液控单向阀;配比例多路阀来实现推车器前后移动速度的无级调节。

②拨叉机构动作

推车器拨叉机构是在需要推动机车时,伸出拨叉机构拨动机车前后移动。两个拨叉机构须独立控制,系统应配置平衡阀或液控单向阀来实现拨叉机构定位。

(2)推车器液压系统设计

推车器是为机车出渣服务的,一般布置得离主泵站较远,故通常设计有独立泵站。

①牵引小车移动液压系统设计

牵引小车移动驱动部分液压系统原理见图4-124,通过比例多路阀实现皮带机的正反转及无级调节,A/B口设计有平衡阀,对牵引小车实现定位。设计有冲洗阀组,对CA马达进行冲洗,防止马达壳体温度过高。通过温度传感器实时监测马达泄油问题。

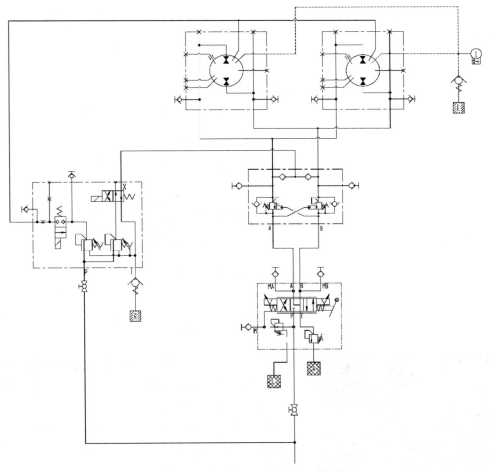

图4-124 牵引小车移动驱动部分液压系统原理

②推拉油缸液压系统设计

推拉油缸液压系统原理见图4-125，油缸设计有平衡阀实现推拉动作的保压定位，通过单向节流阀实现推拉缸的调速功能。

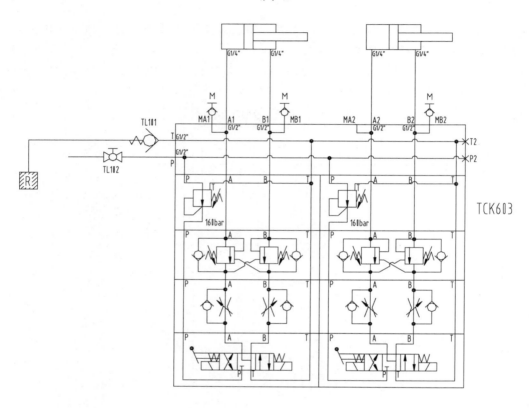

图4-125　推拉油缸液压系统原理

4.10　润滑系统

图4-126　齿轮润滑

掘进机上的润滑系统包括齿轮油润滑和干油集中润滑两部分。润滑系统的作用包括润滑、防锈、清洁、冷却、缓冲减震和传递扭矩推力等。

齿轮油润滑（图4-126）主要是指主驱齿轮箱润滑系统，由油浴润滑和强制润滑两部分组成。一般采用齿轮泵或螺杆泵作为动力源，分别对主轴承、小齿轮、大齿圈和小齿轮前后轴承进行强制润滑，同时对底部主驱动采用油浴润滑。

干油集中润滑主要是指对主驱动密封、运动副和各种机械结构内部轴承等进行集中润滑。

不同的掘进机模式对应的润滑系统也不尽相同。

4.10.1 敞开式 TBM 润滑系统

4.10.1.1 齿轮油润滑系统

考虑到主驱动区域振动大、空间小、热量多的特点,一般将齿轮油泵放置在设备桥之后,并增加一个齿轮油箱,形成双油箱齿轮油润滑。典型的敞开式 TBM 齿轮油润滑系统原理见图 4-127。

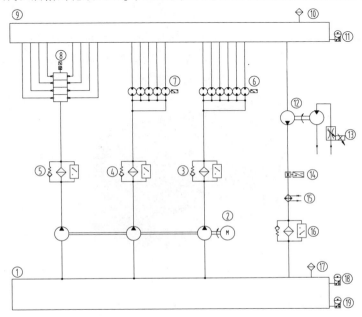

图 4-127 润滑系统原理

1-齿轮油箱;2-齿轮油泵;3~5-过滤器;6~7-马达分配器;8-递进分配阀;9-主驱动油箱;10-油箱呼吸器;11-液位开关;12-回油泵;13-比例调速阀;14-流量计;15-换热器;16-过滤器;17-油箱呼吸器;18、19-液位开关

齿轮油润滑系统包含以下主要元器件:

①齿轮油泵。考虑到输送距离长,管阻大的特点,一般选择高压齿轮泵。因为要对主轴承、小齿轮、大齿圈和小齿轮前后小轴承等多个部位进行润滑,所以要配置多个齿轮泵。图 4-128 是齿轮油三联串泵结构图。

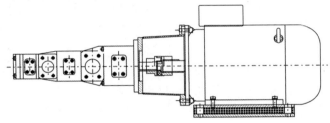

图 4-128 串联齿轮泵

②回油泵。考虑到主机区域防水性能,一般选择液压马达驱动的斜齿轮泵(图4-129)。

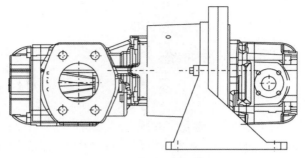

图4-129 液驱齿轮泵

③马达分配器(图4-130)。马达分配器实质是几个共用同一根轴的齿轮马达,同一根轴保证其同步性,确保每个出口的流量基本相同。马达分配器端部装有脉冲计数器,用于计量和显示齿轮油实时流量,并设计低流量报警,保证主驱动的正常运行。

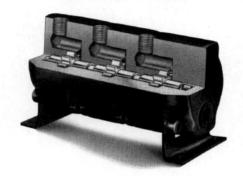

图4-130 马达分配器

4.10.1.2 干油集中润滑系统

干油集中润滑系统一般通过多点泵对主驱密封进行润滑,通过气动油脂泵对鞍架滑轨、推进油缸铰接、护盾油缸铰接、十字铰接、撑靴球头、扭矩油缸铰接等进行润滑。

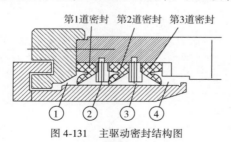

图4-131 主驱动密封结构图

主驱动密封一般由三道唇形密封和机械迷宫组成。其中两道密封朝前,来阻止渣土进入主驱动,另外一道密封朝后,防止齿轮油泄漏。三道密封之间形成密封腔(图4-131),分别在腔1、2中注入润滑脂起到润滑密封和阻止渣土进入的作用,腔3为检测腔,用透明管连接,用来判断密封状态。

干油集中润滑系统包含以下主要元器件:

①多点泵(图4-132)。考虑到主驱动迷宫能够连续均匀地挤出油脂来防止渣土进入,采用电动泵,同时满足对密封腔多个点的注入;选择用多点泵,多点泵柱塞可调,实现油脂注入量的调节。

图 4-132 多点泵

②气动油脂泵（图 4-133）。气动油脂泵主要用于多点泵补油,同时对鞍架滑轨、推进油缸铰接、护盾油缸铰接、十字铰接、撑靴球头、扭矩油缸铰接等进行润滑。

气动油脂泵的操作主要包括:将油脂泵送系统控制旋钮拧至维修挡;调节气锤压力至 0.6MPa,将操作手柄上抬,将泵及压盘从油脂桶中提出,如提升手柄后桶盖不上升,可按动两位两通阀手柄,往空桶内进气,将空桶与压盘分离;搬开空的脂桶,将新油脂桶放在气动泵的正下方;将操作手柄上抬,将气动泵压盘压入油脂桶中;一旦压盘进入油脂桶,调节压力,降至 0.2MPa,泵送手动球阀拧至手动工位,可听见脂泵频率很高的"啪啪"声,待其频率降低后,即表示已开始注脂。

③递进分配阀（图 4-134）。考虑到干油集中润滑点多的特点,采用多出口的递进式分配阀,任何一个出口堵塞,分配阀便停止工作。

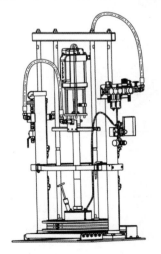

图 4-133 气动油脂泵

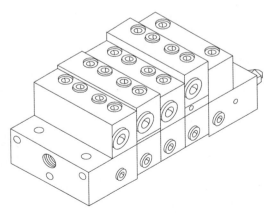

图 4-134 递进分配阀

4.10.2　护盾式 TBM 润滑系统

护盾式 TBM 齿轮油润滑系统一般采用主驱动箱齿轮油自循环强制润滑的方式。其主要元器件与敞开式类似,由于有护盾保护,同时盾体内部空间大,板式换热器、循环润滑泵、过滤器直接安装在盾体内部,进行闭式循环润滑。

护盾式掘进机干油集中润滑机理同敞开式掘进机,只是润滑部位会存在一定的区别。

4.10.3　润滑系统油品规格及理化指标

润滑脂规格及理化指标见表 4-7。

润滑脂规格及理化指标　　　　　　　　　　表 4-7

名　称	EP2 通用锂基润滑脂
稠化剂	锂
基础油(类型)	矿物油
运动黏度 40℃(mm^2/s)	220
100℃(mm^2/s)	19
滴点(℃)	180
工作锥入度(25℃)(0.1mm)	265~295

液压油规格及理化指标见表 4-8。

液压油规格及理化指标　　　　　　　　　　表 4-8

名　称	液压油
ISO 液压油类型	HM
运动黏度 0℃(mm^2/s)	580
40℃(mm^2/s)	46
100℃(mm^2/s)	6.7
黏度指数	98
闪点(COC)(℃)	230
倾点(℃)	−30
密度(15℃)(kg/L)	0.879

润滑油规格及理化指标见表 4-9。

润滑油规格及理化指标　　　　　　　　　　表 4-9

名　称	220 齿轮油	320 齿轮油
运动黏度 40℃(mm^2/s)	220	320
100℃(mm^2/s)	19.4	25.0
密度(15℃)(kg/L)	0.899	0.903

续上表

名　　称	220齿轮油	320齿轮油
黏度指数	100	100
闪点(COC)(℃)	240	255
倾点(℃)	-18	-15

齿轮油,首次使用50h更换一次,正常使用后每隔2000h更换一次。

主驱动减速机润滑油,首次运行200h更换一次,正常使用后每隔3000h更换一次。

4.10.4　润滑系统常见故障处理办法

①过滤器报警:检查更换滤芯。

②齿轮油温度高报警:检查齿轮油冷却器阀门是否开启,检查齿轮油冷却器进出口温度是否有变化。

③管路渗油和漏油:泄压后更换。

4.10.5　润滑系统安全事项

①使用推荐品牌的齿轮油、油脂。

②每批次齿轮油及油脂须进行检测并留存记录。

③齿轮油和油脂必须存放于干燥的储存室内,不得露天存放,桶盖不得污染。

④运输过程中要求文明装卸,防止油脂桶变形损坏,在装车前必须保证放置位置干净,不得在运输过程中造成污染。

⑤维保作业时,必须注意人身安全,系好安全带,做好安全防护。

⑥时刻注意周边环境安全,确保无危石掉落的风险,保障人员及设备安全。

⑦时刻注意作业位置是否安全可靠,确保踩踏位置坚固牢靠。

⑧检修完毕后,清点材料、工具、配件数量,避免遗落、丢失,清理检修场所的杂物。

4.10.6　润滑系统禁止事项

①禁止不经过过滤器直接加油。

②如果上位机出现润滑系统报警,须及时分析排查原因,禁止将线路短接或解除报警。

③在进行拆装作业时必须先泄压。

④油液检测超标,禁止掘进。

⑤回油泵调速阀禁止非专业人员操作。

4.11　供配电及控制系统

4.11.1　电气系统概述

TBM上的电气系统可分为供配电系统和控制系统两部分。

刀盘不断旋转切削岩石做功;电动机驱动液压泵输出压力油源为推进及辅助系统提供能

量;后配套水泵、风机、皮带机、空气压缩机、除尘等辅助设备通过电动机能量的转化实现各自的功能;TBM 的开挖、推进以及后配套辅助设备的运行过程是一个消耗巨量电能的过程,供配电系统是与之相关的电能分配、保护和控制系统。TBM 对供配电系统基本要求是稳定、可靠、安全、经济,保证 TBM 连续可靠运行。

TBM 上一般具备一套以 PLC 为核心的控制系统,传感器经过 PLC 的信号模块输入到控制系统,后经过逻辑运算,输出到执行部件,控制相应的动作,实现对 TBM 的掘进及附属设备的控制。控制系统是 TBM 实现各个控制功能的核心。控制 TBM 的场所是主控室,主 PLC 一般放置在 TBM 主控室内部,主控室集成人机交互界面,用于实时显示 TBM 传感器采集到的数值,人机交互界面也属于控制系统的一部分。

4.11.2 供配电系统

供配电系统主要指 TBM 供电回路、TBM 上电源的转化、二次分配等。典型 TBM 供配电系统见图 4-135。

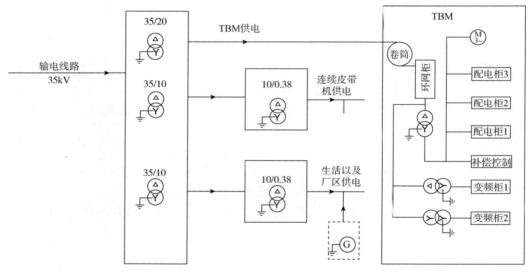

图 4-135 典型 TBM 供配电系统

4.11.2.1 电压等级的划分及地面供电

提供给施工现场的输电线路电压等级一般为 35kV,而从设备布置空间、安全性、以及经济性考虑,6km 以上隧道施工 TBM 供电多采用 20kV,这就需要使用降压变压器将 35kV 转化为 20kV 以便给 TBM 供电。变压器是电源电压转换装置,可以将电源电压转换为 TBM 所需要的电压等级。该降压变压器一般作为 TBM 供电专用的变压器,多采用油浸式电力变压器,其容量原则上不能小于 TBM 上变压器容量的总和。

除了配置相应的变压器外,还需要建设相应的配电房,安装配置高压开关柜、避雷装置以及计量柜等辅助配套设备。

在计算施工工区用电容量时,除考虑 TBM 用电容量外,还应考虑以下内容:

①TBM 施工的洞口布置有一次通风系统,用于给隧道内 TBM 施工区域提供新鲜空气,一次通风为级联风机,采用变频器进行驱动,需要根据配置的具体功率考虑供电容量。

②采用连续皮带机出渣已成为长距离隧道 TBM 施工的标准配置,在 TBM 施工洞口布置有连续皮带机驱动系统;除此之外还有的项目布置有支洞皮带机驱动、转渣皮带机驱动,需要根据配置的具体功率考虑供电容量。

③TBM 在运行时需要外部供应工业用水,施工洞口附近应配置蓄水池、水泵等供水装置,需要根据配置的具体功率考虑供电容量。

④TBM 工区会配置 TBM 维修以及材料加工车间,应考虑足够的用电容量。

⑤搅拌站用电容量。

⑥工区办公生活用电容量。

由于施工工区多处于偏远地区,工区还建议配置应急发电机用于应急供电,应急供电范围应包含生活用电、隧道照明、一次通风等。

4.11.2.2 TBM 供电线路

电压等级经过变压器变换后经过中压开关柜通过电力电缆将地面电源引至 TBM 尾部,接入 TBM 上的电缆卷筒。电力电缆一般采用 YJV 铠装电力电缆,其全称是交联聚乙烯绝缘聚氯乙烯护套电力电缆,名称缩写中 Y 代表聚乙烯、J 代表交联、V 代表聚氯乙烯护套。

YJV 电缆由导体、聚乙烯绝缘体、填充物(尼龙、PVC 复合材料等)、聚氯乙烯外护套组成,导体多用铜芯(图 4-136)。

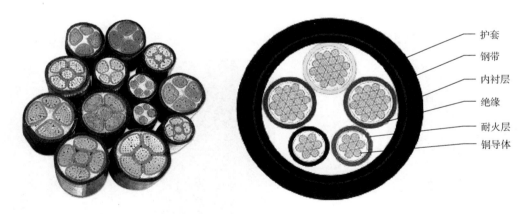

图 4-136　YJV 电缆结构图

YJV 电缆具有良好的热-机械性能、优异的电气性能和耐化学腐蚀性能,还具有结构简单、重量轻、敷设不受落差限制等优点,广泛应用于城市电网、矿山和工厂。

电缆的绝缘-交联聚乙烯是利用化学方法和物理方法使线形分子结构的聚乙烯转化为立体网状结构的交联聚乙烯,从而大幅度提高聚乙烯的热机械性,保持优异的电气性能。

YJV 电缆导体最高额定工作温度为 90℃,短路时(最长持续时间不超过 5s)电缆导体最高温度不超过 250℃。YJV 电缆名称及适用场合见表 4-10。

YJV 电缆名称及适用场合　　　　　　　　　　　　　　　　表 4-10

型　号	名　　称	适 用 场 合
YJV	铜芯交联聚乙烯绝缘聚氯乙烯护套电力电缆	敷设在室内、隧道、管道中、不承受机械外力
YJV22	铜芯交联聚乙烯绝缘聚氯乙烯护套电力电缆	敷设在室内、隧道、管道中或地下,可承受机械外力

对于 TBM 常用的 20kV 交联聚乙烯绝缘电力电缆,参数可以参考表 4-11。

YJV 电缆规格及参数　　　　　　　　　　　　　　　　表 4-11

芯数×标称截面面积(mm^2)	电缆参考外径(mm)		电缆参考重量(kg/km)	
	YJV	YJV22	YJV	YJV22
3×35	51.5	56.5	2962	4210
3×50	56.1	59.1	3685	5016
3×70	59.8	65.2	4509	6012
3×95	63.4	68.8	5405	6995
3×120	66.7	72.3	6284	7988
3×150	70.3	76.1	7364	9175
3×185	74.1	81.1	8565	10506
3×240	79.1	86.5	10388	12534
3×300	84.2	91.6	12386	14667

隧道内 YJV 电缆的连接一般采用两种方式:高压电缆专用电缆接头、电缆分支箱(图 4-137)。

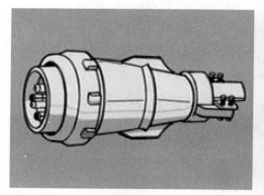 

a)电缆接头　　　　　　　　　　　　　　b)电缆支箱

图 4-137　电缆接头以及电缆分支箱

早期 TBM 多采用高压电缆专用接头,该接头一般为进口件,备货周期较长,且价格较高,对操作也有一定的要求。随着我国 TBM 的广泛应用以及技术水平的提高,该产品逐渐国产化。

电缆分支箱在隧道内的应用也较多,电缆分支箱相对于电缆专用接头来说,虽然占用空间较大，但操作相对容易，只需通过高压电缆肘型接头接入电缆分支箱即可。由于操作简单，能够较快地完成铠装电缆的连接，电缆分支箱越来越多地应用到 TBM 隧道施工中。电缆分支箱的缺点是由于隧道内潮湿，密封性相对于电缆专用接头来说较差。

4.11.2.3 电缆卷筒

由于 TBM 在掘进过程中是不断前行的，在 TBM 的尾部一般均配置有可以收放高压电缆的卷筒（图 4-138），用于不断释放电缆。电缆卷筒的核心装置是高压滑环。电缆卷筒有电动机、液压马达、气动等多种驱动方式，一般采用电动机进行驱动。一方面，电动机通过减速机链轮等驱动筒体回转收放电缆，另一方面，电缆的另外一端通过滑环将电缆引出后接入 TBM 上的环网柜。电缆卷筒属于 TBM 后配套设备的一部分，是外部供电与 TBM 接收供电的接口设备，供电接入电缆卷筒就意味着电源已经送达到 TBM 上。

图 4-138　电缆卷筒

电缆卷筒上的电缆长度一般不小于连续皮带机存储仓一次可以延长的皮带距离。连续皮带机的皮带存储仓一般可以存储皮带 600m，可以实现连续 300m 掘进的皮带需求。电缆卷筒上所配的电缆一般不少于 300m，以便在连续皮带机硫化补充皮带的同时，进行卷筒电缆的回收，同时接入铠装延长电缆，减少停机时间，提高施工效率。

电缆卷筒上的电缆具有一定的柔性，适用于移动应用场合且能够承受一定的机械损伤。典型的高压电缆结构见图 4-139。

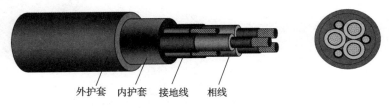

图 4-139　电缆结构图

国产的某品牌 TBM 常用的 20kV 电缆参数见表 4-12。

某品牌卷筒电缆规格及参数 表 4-12

规格	导体外径(mm)	成品外径(mm)	电缆重量(kg/km)	直流电阻(Ω/km)	30℃载流量(A)	短路容量(kA)
3×35+3×25/3	8.0	63.3±3	5031	0.565	172	5.01
3×50+3×25/3	9.5	68.4±3	6061	0.393	215	7.15
3×70+3×35/3	11.0	71.6±3	7077	0.277	265	10.01
3×95+3×50/3	12.5	74.8±3	7861	0.210	319	13.6
3×120+3×70/3	14.0	79.9±3	9574	0.164	371	17.16
3×150+3×70/3	15.8	83.8±3	10699	0.132	428	21.45
3×185+3×95/3	17.5	87.4±3	12246	0.108	488	26.46

需要注意的是：对于 TBM 电缆卷筒，由于空间限制，卷筒上的电缆层数一般为 2 层，卷筒设计时也是根据卷筒电缆 2 层布置时的载流量选取相应规格的电缆的。两层电缆布置的情况下，电缆的载流量约为单层布置时载流量的 80%，每增加一层，载流量就下降为上一层载流量的 80%。

4.11.2.4 中压环网柜

TBM 供电电压一般为 20kV。在实际使用中，TBM 变压器以上的配电回路习惯上称之为高压。20kV 属于中压，20kV 对应的设备在行业内常被称为中压设备。

电源经过电缆卷筒滑环装置后接入 TBM 上配套的中压环网柜（图 4-140）。中压环网柜的作用是将 20kV 供电分配给 TBM 上的变压器，同时提供相应的二次分配保护（包含线路保护以及变压器保护）。

图 4-140 中压环网柜

由于环网柜的下级配电单元为变压器，所以变压器的数量决定了环网柜出线单元的数量。

中压环网柜多采用模块化设计，由多个单元构成，可扩展，常用的单元模块见图 4-141。

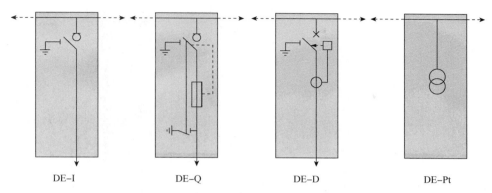

图 4-141 常用环网柜单元

①隔离开关单元。结构比较简单,断开后有明显可见的断开间隙。没有专门的灭弧装置,因此不允许带负荷操作;但可以分合小电流回路,如避雷器、电压互感器等。隔离开关因为不具备灭弧装置不能带负载投切,TBM 一般不会用到,不再介绍。

②负荷开关单元。可切断和关合线路的负荷电流,仅作为控制和过载保护用,不能用作故障保护用。可与高压熔断器串联使用,负荷开关开断负荷,熔断器作为过载的短路保护,这种组合在一些配电网中代替了断路用。负荷开关用 I 表示。

③断路器单元。用于配电系统中的主要开关设备;不仅分合正常的负荷电流,也能分断和关合短路故障电流;断路器单元往往集成有综合保护单元(图 4-142),具有保护功能,用于线路和变压器的保护。综合保护单元可以提供的保护类型一般为相间保护和接地保护。在保护单元上可进行相应的电流保护设置。断路器用 D 表示。

图 4-142 断路器上的保护单元

④PT 单元。计量和控制用,通过 PT 将 20kV 进线电压变换为环网柜控制所需要的电压。PT 单元实质上是一个电压互感器。

TBM 上常见的环网柜单元的组合形式主要有以下四种(以 TBM 上布置有两台变压器为例进行说明):

①DDD 三断路器形式(图 4-143)。进线及出线均为断路器。此种方式保护最为完善。

②DDI 负荷开关+两断路器(图 4-144)。进线负荷开关,出线断路器,对变压器的保护完善。

TBM 构造与应用

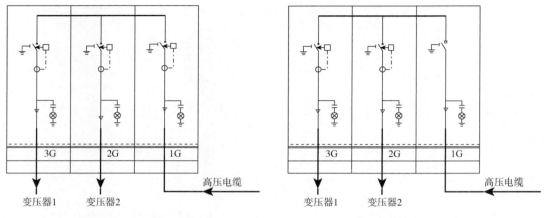

图 4-143 三断路器形式　　　　　图 4-144 负荷开关断路器形式

③Ⅱ D 断路器+两负荷开关（图 4-145）。进线断路器出线负荷开关。对变压器只有过载保护，故障保护通过总回路断路器进行。

④Ⅲ：三负荷开关形式（图 4-146）。进线及出线均为负荷开关。只有过载保护作用，不能作为故障保护。

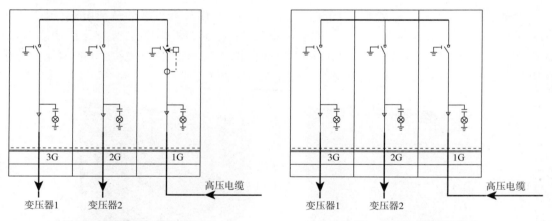

图 4-145 断路器负荷开关形式　　　　　图 4-146 三负荷开关形式

有些 TBM 的环网柜采用负荷开关+熔断器形式来替代断路器以节省成本，这里不再阐述。

4.11.2.5 变压器

变压器是一种静止的电气设备，它利用电磁感应原理，将一种交流电压的电能转换成同频率的另一种交流电压的电能。

变压器的基本结构包括：铁心、绕组、油箱、套管。

变压器可以按用途、绕组数目、相数、冷却方式进行分类。按用途分为电力变压器、互感器、特殊用途变压器。按绕组数目分为双绕组变压器、三绕组变压器、自耦变压器。按相数分为单相变压器、三相变压器。按冷却方式分为：以空气为冷却介质的干式变压器、以油为冷却介质的油浸变压器。

变压器基本参数有容量、变比、连接组别、阻抗、频率、绝缘等级、冷却方式、温升等。

我国标准电力变压器器容量主要有以下几种规格：315kVA，400kVA，500kVA，630kVA，800kVA，1000kVA，1250kVA，1600kVA，2000kVA，2500kVA，3150kVA。

常用的连接组别为 Dyn11，阻抗一般为 6%，频率 50Hz，干式变压器的冷却方式为 AN/AF（自然空气冷却/强制风冷），油浸式变压器习惯称油变，冷却方式为绝缘硅油。

变压器绝缘等级，指的是所用绝缘材料的耐热等级。常见的绝缘等级为 A、E、B、F、H 五级（表 4-13）。TBM 上的箱式变电器考虑到隧道内空间封闭，一般选择 F 级或以上等级。

绝缘等级及温升 表 4-13

绝缘等级	A	E	B	F	H
性能参考温度（℃）	80	95	100	120	145
最高允许温度（℃）	105	120	130	155	180
温升限值（K）	60	75	80	100	125

一般情况下，TBM 上配置至少两个变压器，且多为干式变压器：主驱动刀盘电机使用独立的整流变压器，其余 TBM 附属设备的供电使用另外一个独立的配电变压器，变压器多以集成式箱式变电站（图 4-147）形式进行设计。

图 4-147 TBM 上的箱式变压器

主驱动电机由于功率较大，且均为变频驱动，一般分两组进行控制，相应地配置两个相同容量的整流变压器，且低压侧相位角相差 30°。变频驱动采用十二脉波整流的形式以减少谐波对电网的影响。TBM 主电机的额定电压多为 690VAC，TBM 附属设备的额定电压多为 380VAC。

4.11.2.6 无功补偿

由于 TBM 负载大部分为电动机，电动机属于感性负载，在运行时，导致功率因数降低，需要通过电容进行补偿以改善电源质量，提高功率因数。电容补偿可单独设置电容补偿柜（图 4-148），也可以集成到箱式变电站内部。国内常见的做法是直接集成到箱式变电站内部。补偿控制器可设置功率因数目标值，控制电容自动投切。

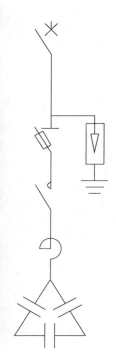

图 4-148　TBM 上的补偿控制

电容补偿装置不单纯是电容,往往在电容的前端串联电抗器配合使用。串联电抗器的目的是防止电容和用电系统发生串并联谐振,导致谐波放大使电容过电流而损坏电容;串联电抗器还可以起到限制浪涌电流的作用。补偿容量一般为配电系统总容量的 30%~40%。对于主驱变频驱动系统,由于变频器本身功率因数很高,通常不需要额外配置补偿装置。

4.11.2.7　TBM 电气系统接地形式

低压接地系统按照接地方式有 IT、TT、TN-C、TN-S、TN-C-S,共 5 种,其中字母含义如下:
①第一个字母中的 I 和 T:
I——所有带电部分与地隔离,或一点经阻抗接地;
T——一点直接接地。
②第二个字母中的 T 和 N:
T——与地直接电气连接,独立于电源系统的任一接地点;
N——与电源系统的接地点直接电气连接(交流系统中,该点通常是中性点)。
③TN 系统中后续字母含义:
S——保护功能由一根与中性导体或接地导体相独立的导体提供;
C——中性导体和保护功能组合在一根导体(PEN)中。
④各个字母对应的英文:
T——Terra(大地);
I——Isolate(隔离);

N——Neutral（中性点）；
S——Separate（分开）；
C——Combine（合并）。

⑤根据 IEC 60617-11，N、PE、PEN 符号及含义见图 4-149。

图 4-149　IEC 60617-11 规定的 N、PE、PEN 符号及含义

以下对上述五种接地形式进行简单介绍。

①TT 系统（图 4-150）。TT 系统有一点直接接地，装置的外露可导电部分通过接地极接地，该接地极在电气上独立于电源系统的接地极。发生接地故障时，故障回路阻抗大，故障电流小，一般不能通过过电流保护兼做接地故障防护，必须使用剩余电流保护装置来切断电源。GB 13955—2017 中明确规定，在 TT 系统中必须安装剩余电流保护装置。

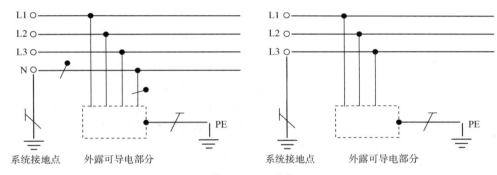

图 4-150　TT 系统

②IT 系统（图 4-151）。IT 系统中所有带电部分与地隔离或者一点通过阻抗接地，电气装置的外露可导电部分或独立或集中地接地或与系统的接地点相连。发生单相接地故障时，故障电流为非故障相的对地电容电流，电流值较小，不会引发事故，设备能够正常运行。IT 系统必须加装绝缘监测装置，在单相接地故障发生时能及时提供报警，防止出现另一相的接地故障。两相同时接地相当于两相短路，会造成严重的后果。IT 系统主要应用于矿山、井下等对供电稳定性要求较高且有防火要求的场合。

③TN-C 系统（图 4-152）。在 TN-C 系统中，中性导体和保护导体的功能组合在一根导体中。单相回路下，如果 PEN 线中断，设备外壳对地将带 220V 故障电压，人身触电危险增大。如果安装剩余电流保护装置，PEN 线将穿过剩余电流保护器，接地故障电流产生的磁场在剩余电流保护器内相抵消导致剩余电流保护失效，此系统不适合安装剩余电流保护装置。不能使用四极开关，由于四极开关会断开 PE 线，导致保护失效。PEN 线与中性线合二为一将产生电压降，使所接设备的金属外壳对地带电位，此电位的存在可能对电子设备产生干扰，也可能导致火灾的发生。

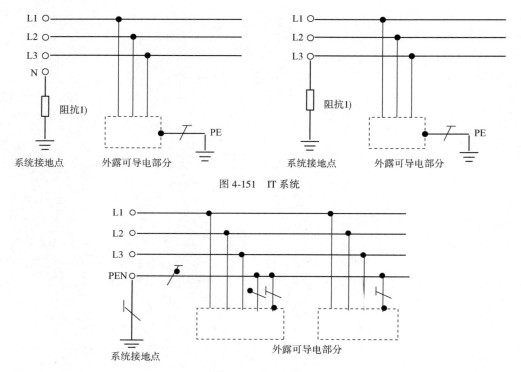

图 4-151 IT 系统

图 4-152 TN-C 系统

④TN-S 系统(图 4-153)。在 TN-S 系统中,使用一根独立的中性导体和保护导体,即 PE 线和 N 线是分开的。由于 PE 线没有电流通过,不会产生电磁干扰,适合对电磁干扰要求较高的数据处理等场所。当 PE 线断线时,不会使接 PE 线的设备外露可导电部分带电,比较安全,因此这种系统也适合于安全要求较高的场所。

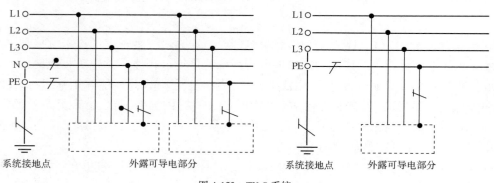

图 4-153 TN-S 系统

⑤TN-C-S 系统(图 4-154)。在 N-C-S 系统的某一部分中,中性导体和保护的功能组合在一根导体中。在用户设备处又将 PEN 一分为二。N-C-S 系统安全水平和 TN-S 系统相仿,不会对电子设备造成干扰。

由于 TBM 处于隧道内,空间有限,出于防火以及供电稳定性考虑,国外设备多采用 IT 系统,由于 IT 系统没有 N 线引出,导致单相用电困难,多采用增加单相变压器的方式解决。我国设计的 TBM 的配电系统则多采用 TN-S 系统,即常说的三相五线制供电,单相用电如照明系统直接从电网引出;主驱动供电多采用 IT 供电网络,也有采用 TN-C。

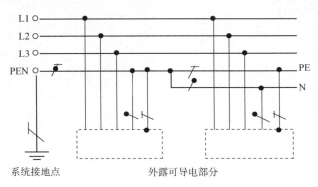

图 4-154　TN-C-S 系统

4.11.2.8　配电系统保护

TBM 的变压器将电压转化为设备电压后,一般在箱式变电站经过框架断路器将电源进行二次分配,将电能分配给分布在 TBM 各处的配电柜。电流较大回路多采用框架断路器的形式,电流较小的开关设备多采用塑壳断路器。配电系统保护部件见图 4-155。

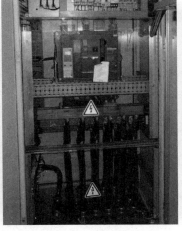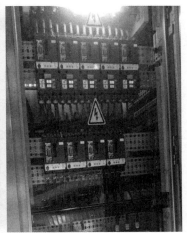

图 4-155　配电系统保护部件

4.11.2.9　母线系统

TBM 上布置有多个配电柜,在设计时,一般将配电柜放置在负荷集中区域以减少电缆长度。配电柜内一般采用母线形式对电能进行再次分配。随着集成化程度的提高,母线也越来越多地采用成套的母线系统产品(图 4-156)进行设计。小电流采用集成母线系统、大电流采用顶装母线系统。

配电柜内配电系统元部件属于配电系统的末端。常用的元部件有塑壳断路器、负荷开关、隔离开关、微型断路器、电动机保护用断路器、漏电保护开关等。

图 4-156　母线系统

4.11.2.10　应急发电机

TBM 由于掘进距离较长，一般超过 5km，在电缆延伸时需要将外部供电断开，为保证 TBM 临时照明、通风、电缆回收等基础要求，一般都需要布置应急发电机（图 4-157），在网电断电后能够实现应急供电。

应急发电机应采用低噪声、低污染的静音型发电机。

图 4-157　应急发电机

4.11.3　控制系统

4.11.3.1　PLC 系统

PLC 是可编程逻辑控制器的简称，是实现数据采集、逻辑运算和控制的主要部件。PLC 系统主要由 CPU、通信模块、信号模块组成（图 4-158）。

PLC 系统的核心是 CPU。以 TBM 控制系统常用的西门子 PLC 为例，目前常见的西门子

CPU 主要有经典的 S7-300 系列、S7-400 系列以及最新推出的 S7-1500 系列,S7-1500 性能介于 S7-300 和 S7-400 之间(图 4-159)。

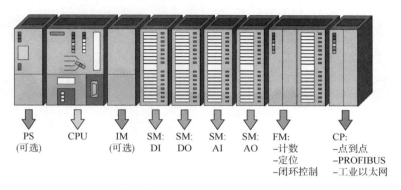

图 4-158　PLC 主站构成

图 4-159　西门子系列 PLC

常用信号模块(SM)主要有以下四种:

①数字量输入模块:24V DC,如 TBM 上的按钮、接近开关、压力开关、温度开关、液位开关等开关量信号。

②数字量输出模块:24V DC,输出到中间继电器、指示灯、启动和停止的控制输出等。

③模拟量输入模块:0~10V 电位器电压信号,4~20mA 传感器电流信号,电阻、热电偶等模拟量信号。

④模拟量输出模块:0~10V 控制电压,电流控制信号等。

控制系统结构形式有集中式 IO 和分布式 IO 两种。集中式 IO 是指将所有的 IO 模块集中到一处,所有的传感器通过线缆将信号传送到相应的信号模块;分布式 IO 是指根据现场实际情况,在传感器集中区域单独布置信号模块,传感器信号就近接入相应的信号模块。由于传感器就近接入、减少电缆、简化布线等优点,目前分布式 IO 形式基本取代了集中式 IO 形式。

TBM 上常用的工业现场总线(图 4-160)有两种:Profibus 工业总线以及 Profinet 工业现场总线。有时这两种现场总线同时混合使用。

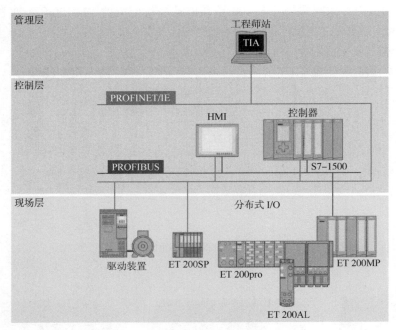

图 4-160 工业现场总线

4.11.3.2 人机交互界面

TBM 操作控制场所是主控室（图 4-161），主控室安装有多台工业电脑，用于 TBM 状态的实时监控、视频系统的实时显示、导向系统检测到的 TBM 当前姿态和掘进位置信息的实时呈现。如果采用连续皮带机出渣，主控室一般还需要放置用于控制连续皮带机系统的工业电脑。

图 4-161 TBM 主控室
1、2-上位机；3、4-视频监控系统；5-导向系统；6-操作控制台

TBM 主控室的主要组成部分功能如下：

①上位机:TBM 状态数据显示界面,用于显示 TBM 各个系统传感器实时检测到的数值、存储和记录数据、简单分析数据、数据导入和导出、TBM 故障检测和提醒、TBM 参数设置等。

②视频监控:用于显示 TBM 上安装的摄像头画面,监控重点部位。

③导向系统:显示当前 TBM 偏离设计轴线的角度、TBM 滚动角度、俯仰角度等数据。

④操作控制台:控制 TBM 各项动作,实现 TBM 控制操作。

4.11.3.3 常用传感器

TBM 是集机电液于一体的高端隧道掘进装备,集合了众多的传感器(图 4-162),用于实时监测 TBM 各个系统的状态,将这些数据通过 PLC 信号模块实时传送到 CPU 进行运算和处理,并在主控室的人机界面进行数据显示。这些模拟量传感器输出信号类型一般为 4~20mA。常见的 TBM 传感器有以下几种:

图 4-162　TBM 传感器汇总

①压力传感器。包括液压系统压力、流体系统等压力检测;过滤器压力继电器、压力开关等。如 TBM 上液压泵输出压力传感器、液压回路压力传感器、油缸压力传感器、水路压力传感器、过滤器压差传感器等。

②温度传感器。包括各种系统介质的温度传感器、电机温度传感器、减速机温度传感器以及温度开关等。如 TBM 上的液压油箱温度传感器、齿轮油温度传感器、水温传感器、主驱动刀盘电机温度传感器、减速机温度传感器等。

③位置传感器。包括接近开关、限位开关、位移传感器、液位开关等。如 TBM 上用于检测位置状态的接近开关、限位开关、油缸位移传感器、拉绳传感器、检测液位的液位开关等。

④流量传感器。包括流量计、流量开关等。如 TBM 上的润滑流量检测计、进水流量计等。

4.11.3.4 电机启动

电动机提供动力输出,是电气控制最为常见的设计。电动机启动主要有直接启动、星角启动、软启动、变频启动。按照常见的 TBM 设计要求,电机功率<30kW 时采用直接启动,电机功率≥30kW 时采用软启动。对于需要电动机调速应用的场合应采用变频器控制(图 4-163)。

图 4-163 电机启动及控制

(1)直接启动

直接启动采用电动机保护断路器+接触器的形式,启动电流为电机额定电流的 5~7 倍。

(2)星角启动

星角启动是降压启动的一种方式,应用普遍。启动电流为直接启动的 1/3,启动转矩也为直接启动的 1/3。星角启动也采用电动机保护断路器+接触器的形式。

(3)软启动

采用软启动器启动电动机,软启动器输出电压可控,通过控制输出电压逐渐升高,相当于降压启动形式启动电动机。软启动可设置启动参数,按照设置的参数进行启动。常见的软启动方式有斜坡升压启动、斜坡恒流启动、阶跃启动等。软启动由于在启动初期采用降低电压的形式来降低启动电流,会导致启动转矩不足的问题,带负载启动时可配合转矩提升功能实现带载软启动。

(4)变频启动

变频器具备软启动器的所有功能,同时具备调速功能。对于需要调速控制的电动机,可通过变频器实现调速。如 TBM 上所用二次风机、后配套皮带机系统等,均通过变频器实现调速控制。

4.11.3.5 刀盘驱动

刀盘由多个同种规格类型的电机共同驱动,每个电机均经过小齿轮、减速机驱动主轴承大齿圈,进而驱动刀盘旋转。目前 TBM 刀盘电机均采用变频进行驱动以实现刀盘转速无级可调。从机械结构上可以看出,每个电机的输出传动轴可认为与大齿圈刚性连接。多个电机与大齿圈刚性连接,共同驱动刀盘旋转。这就要求在刀盘旋转时各个电机输出的转矩一致,即考虑电机同步性问题。由于 TBM 刀盘电机功率大都在 300kW 及以上,数量也较多,需求变压器容量较大,在设计时往往等分为两组进行同时驱动(图 4-164)。

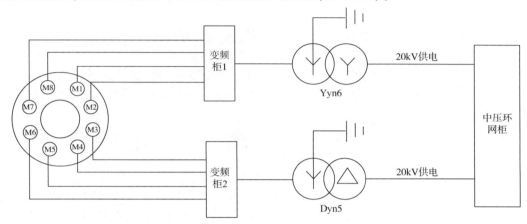

图 4-164　刀盘控制系统构成

每个电机对应一个独立的变频器。为保证同步性,每个电机、变频器、变频器参数需保持一致。控制方式有主从控制、速度控制。目前开环速度控制是主流控制方式,即通过通信,对每个变频器同时发送启停命令,同时给定控制速度(控制频率),使每个电机按照同一频率运行。部分变频器采用滑差控制弱化电机特性曲线,确保同步性。

变频器在运行时会产生大量的谐波污染电源,为降低谐波污染,变频驱动往往采用 12 脉波形式。12 脉波驱动的变种形式见图 4-165。

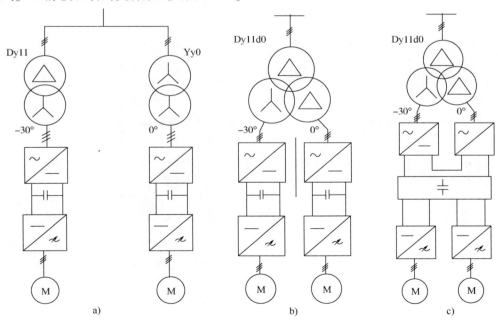

图 4-165　12 脉波整流的几种形式

135

与6脉波供电形式相比,12脉波供电能将电流畸变降低50%,将电压畸变降低30%。图4-165中的前两种形式抑制谐波的效果与电机负载均衡有关,最后一种与电机负载无关。从经济以及可靠性考虑,图4-165中的第一种形式较好,这是因为变压器结构简单,采用常规双绕组成熟工艺,运行可靠,经济效益也较好。

4.12 数据采集监视系统

数据采集监视系统一般包括上位机 HMI（Human Machine Interface,人机界面系统）和视频监视系统。其中上位机系统以计算机为基础实现生产过程控制与调度自动化的数据监控系统的重要组成部分。它可以对现场的运行设备进行监视和控制,实现数据采集、设备控制、测量、参数调节以及各类信号报警等功能。视频监视系统是 TBM 施工掘进过程中不可或缺的部分。

盾构数据采集监视系统的网络拓扑结构如图4-166所示。各种智能数据采集设备,也就是通常所说的下位机,如各种 RTU、PLC、摄像头及智能控制设备等,是数据采集系统的数据源。交换机、网线、光端机、光纤等构成通信网络。上位工控机、通用计算机等是数据显示终端。

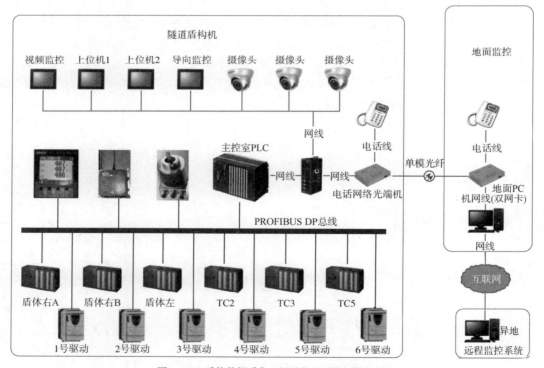

图4-166 盾构数据采集监视系统的网络拓扑结构

4.12.1 数据采集监视系统的系统构成和功能

与通用数据采集监视系统类似,盾构数据采集监视系统也由软件和硬件组成,其中硬件主要包括监视器、通信网络设备、数据采集终端(即 PLC)、带通信接口的仪器仪表等控制单元。上一章供配电及控制系统已经介绍过数据采集终端。

数据监控系统已经从最初的主机控制系统、分布式控制系统,发展到了网络化的控制系统,从专有协议的封闭系统演变为以以太网和 TCP/IP 协议为主流的开放系统。TBM 各子系统的各种传感器、阀、变频器等通过 Profibus 总线或者 PLC 输入输出模块接入 PLC 系统,PLC、摄像头、视频监控电脑、上位机、导向监控电脑等用交换机组成局域网,位于隧道内的局域网用光纤扩展到地面项目部,地面项目部的双网卡电脑一方面接收盾构设备的掘进视频和参数等信息用来显示,一方面转发给远程中心服务器和远程客户端。TBM 设备经过多年发展,数据采集监视系统硬件相对成熟,除了硬件选型不同,系统硬件构成大同小异。但是随着互联网与电子技术的发展,智能移动终端远程查看、远程组态调试等新需求正逐步出现。

工程机械的集成度与自动化程度越来越高,集成了机、电、液、导向等诸多领域,包含诸多子系统的"工程机械之王"——TBM 天生即需要具有数据采集、设备控制、测量、参数调节以及各类信号报警等功能,即数据采集监视系统。TBM 数据采集监视系统一般具有以下功能:

①数据采集:采集控制终端的数据并以界面、图表等形式展现。
②设备控制、监测。
③数据处理:根据需要进行数据分析、统计等。
④报警处理:报警信息的处理。
⑤报表功能:具有年、月、周、日报表显示及打印功能。
⑥参数查看:查看实时数据和历史数据。
⑦账户管理:不同账户具有不同权限。
⑧事件日志:记录系统故障。
⑨组态功能:任意增删 AI、DI、PI 等参数的信息。
⑩通信功能:具备串口、以太网、OPC 等多种可选底层通信方式。
⑪远程功能:具备远程监视、远程故障诊断、远程协助等功能。
⑫多语言功能:能自动切换多语言界面显示。
⑬接口功能:预留一定形式的接口以备与其他系统连接。

各品牌盾构区别较大的是数据采集监视系统的软件。软件一般有自主开发、使用成熟组态软件两种开发方式,其对比见表 4-14。

自主开发与使用成熟组态软件开发方式对比 表 4-14

HMI 软件开发方式	自 主 开 发	成熟组态软件
灵活性	强	弱
稳定性	较高	高
开发难度	较大	较小
可扩展性	高	低
经济成本	首次开发时间成本投入较大,后期维护成本低	需要不断采购组态软件控制点授权
维护难度	较低	不详
综合评价	入门较难、使用简单	入门简单、扩展困难

综上所述,相对于使用成熟组态软件,自主开发数据采集监视软件除首次开发时间成本投入较高外,无论是灵活性、经济性、维护难度和维护成本均表现较优,因此对于有实力的盾构设备制造企业,建议使用高级语言自主开发监视软件。

4.12.2 数据采集监视系统设计与制造关键技术

由数据采集监视系统的软硬件及功能组成可以看出数据采集系统设计与制造关键技术主要涉及两个方面:一是采集监视的数据通信技术,既包含硬件又包含软件;二是高级语言软件编程面临的技术问题。以中铁装备自主开发的盾构数据采集监视系统为例,其设计思想对于设计数据采集系统具有普遍的参考意义。

4.12.2.1 数据通信技术

数据通信技术对于数据采集监视系统来说至关重要,它关系到数据采集的成败。兼容多种通信媒介,如无线专网、GPRS/CDMA/3G、光纤网及卫星网等,实现各种应用网络的互联互通是数据通信技术的目标。考虑到隧道设备的应用特点,盾构通信一般采用工业以太网与光纤网。通道通信读写线程类一般分为串口通信、网络通信、无线通道以及专用通道,其中无线通道及专用通道从计算机接口的角度看,大多可归类到串口通信与网络通信中。

(1)串口通信

数据采集系统经常要与智能仪表灯通过串口进行通信。串口通信方便易行,应用广泛。Windows 平台下比较简单的方法是使用 ActiveX 控件,但是灵活性差。通用的方法是调用 Windows API 函数来实现,这种方法原理清楚,自由灵活。串口通信有多重操作方式,但一般都通过打开串口、配置串口、读取串口、关闭串口四个步骤来完成。

(2)网络通信

无论是 UNIX 还是 Windows 系统,都提供了套接字(Socket)以简化编程,同时诸如 ACE、MFC、QT 等类库提供对网络编程的类支持,使网络编程进一步简化。TCP/IP 的应用一般采用客户端/服务器模式,因此在实际使用中,必须有客户和服务器两个进程。TCP/IP 的 Socket 提供三种类型套接字,分别是流式套接字、数据报式套接字、原始套接字。

(3)DDE 技术

DDE(Dynamic Data Exchange,动态数据交换)是一种进程间的通信形式,当前大部分软件支持 DDE,所以可以利用 DDE 技术编写的数据交换程序。

(4)OPC 技术

OPC(OLE for Process Control)是一个以 OLE/DCOM 为基础的工业标准,采用客户端/服务器模式,为工业自动化软件面向对象的开发提供了统一的标准,这个标准定义了应用 Microsoft 操作系统在基于 PC 的客户机之间交换自动化实时数据的方法。管理该标准的是 OPC 基金会,该基金会会员包括了世界上几乎全部的控制系统、仪器仪表和过程控制系统的主要供应商。

中铁盾构运用到的关键技术主要为网络通信和 OPC 技术。OPC 技术是上位机从下位机 PLC 获取数据的底层协议。在地面监控电脑向远处中心服务器和客户端传送数据的时候用的是网络通信技术。图 4-167 是盾构运用 OPC 采集数据的软件原理示意图。

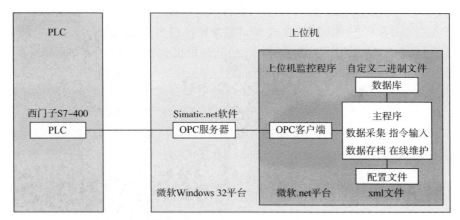

图 4-167　盾构运用 OPC 采集数据的软件原理示意图

图 4-168 是盾构运用 OPC 采集数据的硬件连接示意图。

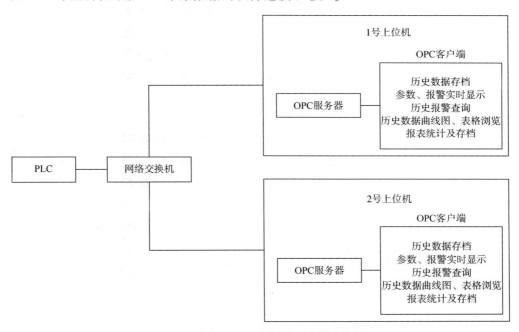

图 4-168　盾构运用 OPC 采集数据的硬件连接示意图

4.12.2.2　高级语言编程技术

如前文所述,使用高级语言自主开发数据采集监视系统优势显而易见,但也面临首次开发耗时长且有一定开发难度的问题。对于高级语言编程而言,重要的不是语法,而是编程思想和一些通用的编程技术。

(1) 面向对象技术(OOT)

起初,"面向对象"是专指在程序设计中采用封装、继承、多态、动态联编等设计方法,是相对于早期面向过程而言的。一切事物皆对象,通过面向对象的方式,将现实世界的事物抽象成对象,现实世界中的关系抽象成类、继承,帮助人们实现对现实世界的抽象与数字建模。通过面向对象的方法,有利于用人的理解方式对复杂系统进行分析、设计与编程。同时,面向对象能有效提高编程的效率,通过封装技术、消息机制可以像搭积木一样快速开发出一个全新的系统。面向对象是指一种程序设计范型,同时也是一种程序开发的方法。对象指的是类的集合。它将对象作为程序的基本单元,将程序和数据封装其中,以提高软件的重用性、灵活性和扩展性。面向对象的思想已经涉及软件开发的各个方面,如面向对象的分析(OOA,Object Oriented Analysis)、面向对象的设计(OOD,Object Oriented Design)以及面向对象的编程实现(OOP,Object Oriented Programming)。将面向对象技术(OOT)运用于数据采集监视系统是发展趋势。

(2)多线程技术

多线程(multithreading),是指从软件或者硬件上实现多个线程并发执行的技术。具有多线程能力的计算机因有硬件支持而能够在同一时间执行多于一个线程,进而提升整体处理性能。具有这种能力的系统包括对称多处理机、多核心处理器以及芯片级多处理(Chip-level multithreading)或同时多线程(simultaneous multithreading)处理器。在一个程序中,这些独立运行的程序片段叫作"线程"(thread),利用它编程的概念就叫作"多线程处理(multithreading)"。

(3)内存共享技术

共享内存(shared memory)指在多处理器的计算机系统中,可以被不同中央处理器(CPU)访问的大容量内存。由于多个CPU需要快速访问存储器,这就要对存储器进行缓存(cache)。任何一个缓存的数据被更新后,由于其他处理器也可能要存取,共享内存就需要立即更新,否则不同的处理器可能用到不同的数据。共享内存是Unix下的多进程之间的通信方法,这种方法通常用于一个程序的多进程间通信,实际上多个程序间也可以通过共享内存来传递信息。

共享内存有着更方便的数据控制能力,数据在读写过程中会更透明。当成功导入一块共享内存后,它相当于一个字符串指针指向一块内存,在当前进程下用户可以随意访问,因此效率高。缺点是,数据写入进程或数据读出进程中,需要附加的数据结构控制,即必然需要某种同步机制、互斥锁等。

4.12.2.3 数据采集监视系统发展趋势与最新技术

随着互联网及电子技术高速发展,对数据采集监视系统提出了越来越多新的要求,主要表现在:在移动智能终端如智能手机、平板电脑、PDA上进行远程实时监控的需求日益增加;远程组态与远程调试的需求日益增加;数据采集监视与企业级ERP管理系统等大数据云系统智能挖掘技术的结合的需求日益增加。

(1)移动智能终端远程监视

随着智能移动终端的发展,数据采集监视系统支持PDA、智能手机、平板电脑作为操作终端,这使得数据采集监视使用范围从监控室扩大到任何手机网络可以到达的区域,突破了地域的限制。

目前移动智能终端远程监视主要有两种方案,一种是借助远程桌面软件,一种是解构盾构原数据采集监视系统后自主开发。远程桌面软件比较依赖远程客户端的打开,自主开发则无此问题。但是自主开发面临手机系统的兼容问题,比如至少做到 Android 和 iOS 各开发一套。这面临和数据采集监视系统开发时同样的问题,即效率与成本、稳定性与灵活性的矛盾等,建议有能力的公司自主开发。

(2)远程组态与远程调试

以中铁盾构数据采集监视系统为例,随着出厂的设备越来越多,售后技服改造问题越来越多,而熟练掌握盾构核心控制程序的维护人员较少,这对远程组态与远程调试提出了越来越高的要求。

国外成熟的远程调试软件,如西肯麦的 GateManage,号称是超越 VPN 的远程系统,但是采购成本较高。远程调试的一个可行方案是使用 VPN 技术,将远程控制器和维护人员 PC 置于虚拟局域网中,如图 4-169 所示。

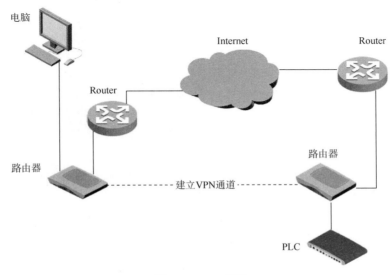

图 4-169　VPN 原理

(3)大数据智能挖掘及 ERP 等管理系统融合

盾构数据采集监视系统是企业级管理 ERP 系统的实时数据源,为 ERP 系统提供大量的实时数据。近年来,数据采集监视系统如何与其他非实时系统连接成为重要的研究课题。

一旦实时的数据采集监视系统与非实时的 ERP 等管理系统连接成功,专家系统、模糊决策、神经网络、大数据挖掘技术、云计算等新技术即可应用于传统的设备管理层。利用这些新技术模拟盾构的各种运行状态,并开发出辅助操作软件和管理决策软件,由专家系统根据不同的实际情况推理出最优化的运行方式或故障解决方法,以达到合理、经济地管理盾构设备、提高效率的目的。

4.12.3　视频监视系统构成与功能

盾构机是一种超大型、高度自动化的设备。为解决司机在掘进过程操作中实时掌握部分区域(如螺旋输送机出渣口、皮带机出渣口、砂浆罐等)图像信息,同时满足管理人员远程监控,加强安全生产,提高管理效率,设计了一套以数字摄像头、以太网及光纤为基础的盾构机视频监控系统(图 4-170),满足司机在主控室显示器上观看实时图像和历史记录图像,同时通过光纤技术及互联网技术实现地面监控和远程监控。

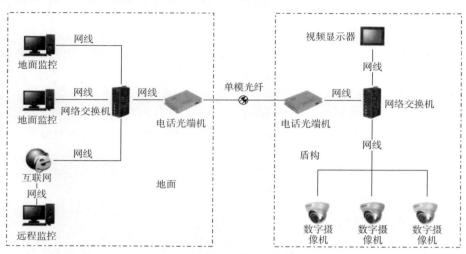

图 4-170　视频监控系统构成

盾构视频监控系统总体可分为盾构设备内视频监控、地面远程监控及互联网远程监控三部分。盾构设备内视频监控基于以太网,使用网线,主要为盾构司机的操作提供实时分析材料。地面远程监控是应用光纤通信,在项目部地面为项目管理人员提供实时信息。互联网远程监控是通过互联网,为高层管理人员及相关人员异地了解项目信息而设计的。地面远程监控、互联网远程监控等以盾构设备内视频监控为基础。

视频监控一般有模拟监控与数字监控两种。

模拟监控系统是以视频矩阵、分割器、录像机为核心,辅以其他传感器的模拟系列。传统的模拟闭路电视监控系统有其局限性:第一,传统的视频信号是模拟信号,视频信号的传输通常采用同轴电缆传输方式,在较短距离内,如 200~300m,视频信号的衰减很小,如果超过一定距离,就需要视频放大器;第二,模拟监控系统在一路同轴电缆上只能传送一路视频信号,如果需要传输数据信号、控制信号或音频信号就必须另外单独铺设电缆;第三,有线模拟视频信号只能使用专用机械式录像机和磁质录像带,这些设备都需要专业维修及保养,磁带使用次数有限,存放期短、易磁化、变形、发霉,资料存放占地多、查询、编辑极为耗时,长期使用会给客户带来沉重负担。

与模拟监控相比,数字监控的技术优势明显。作为一种将计算机数字视频压缩与传输技术应用到图像监控领域的高科技产品,数字监控设备的工作原理是:由计算机将模拟的视频信号转化成数字信息,完成视频信息的采集、浏览、传输、储存及回放功能,计算机还可以接受各种报警信息、输出继电器控制信息、按照预先编好的程序自动执行各种报警联动操作。数字监控系统对所涉及的视频监控、云台控制、图像异动检测、报警信号输入、继电器控制信号输出、报警联动操作等内容进行统一的管理,具有良好的人机交互界面。数字监控是当今最新的、最具领先地位的主导产品,它使得监控领域从模拟迈向数字,这是一个不可逆转的趋势,也是监控领域的革命性飞跃。综合以上,目前最新的盾构监控系统一般均采用数字监控技术。

盾构数据采集监视系统(图4-171)包含视频监控系统,将现场视频与上位机监控系统集成在一起,增强了调度决策的现场感知效果。常用的视频监控系统主要有两种方案:模拟摄像头+硬盘录像机,数字摄像头+工控机+交换机。考虑与当前系统的融合,中铁盾构采用的是数字摄像头方案。该方案对工控机CPU处理能力要求特别高,选择工控机时须特别注意。

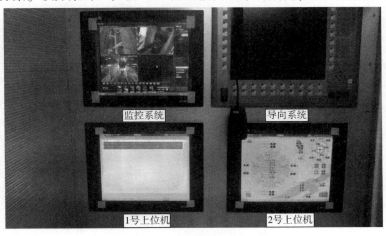

图4-171 数据监视系统

视频远程中最常见的故障主要有电磁干扰、界面延迟或卡滞、存储设置错误等,其故障原因与解决方法如下。

(1)电磁干扰

视频干扰主要体现在数字通信线和视频图像的干扰上,主要是指图像出现网纹、横纹和噪点,影响监视效果。

解决干扰的关键在于工程开始施工前要全盘考虑抗干扰措施。数字监控系统中电磁干扰较模拟监控少。一般可通过供电方式的改变解决干扰问题。监控系统的供电方式两种:一种是集中供电方式,即电源都引自一处;另一种是分布式供电,摄像机在安装位置附近取电源。从抗干扰效果的角度讲,集中供电方式更好一些,可以基本消除各处参考电位不等的情况。此外,工程实际中出现干扰还可以通过隔离、降低传输速率等方法解决。

(2)界面延迟卡滞

数字监控系统由于传输速率的限制,多个摄像头多台监视器同时工作,有时候会出现界面延迟甚至卡死的现象。这种情况一般说明视频的传输速率不能满足系统的要求。一般可通过降低图像像素、降低比特率提高传输速度加以解决。

(3)存储设置错误

视频监控一般需设置一定的保存时间,作用是可以回放、重现盾构操作工况,为故障原因分析、责任界定等提供依据。考虑硬盘的大小、存储的格式及内容的大小等,一般存储可设置到期自动堆栈式删除。

4.13 压缩空气系统

压缩空气系统主要作用是提供压缩空气给所有气动工具、混凝土喷射系统、豆粒石系统、除尘系统、气动油脂泵、气动球阀、气动隔膜泵等。

4.13.1 压缩空气系统的组成

压缩空气系统主要包括空气压缩机、储气罐(图 4-172)、过滤器(图 4-173)、气动三联件(图 4-174)以及球阀、压力表、管线等辅件。

图 4-172 空气压缩机和储气罐

图 4-173 两级过滤器

图 4-174 气动三联件

TBM 一般配置两台螺杆式微油空气压缩机,设计为一用一备。设计压力一般为 0.8~1MPa,气量依据主要耗气系统的需求量进行设计。空气压缩机具备远程和本地两种控制方式,便于操作和使用。

空气压缩机的基本工作原理见图 4-175,主要包括空气压缩过程和润滑油分离冷却过程。一台标准空气压缩机的基本组成包括:进气过滤系统、压缩机和电机总成、带有冷却器的加压冷却油系统、分离系统、气量控制系统、电机启动控制系统、仪器仪表系统、安全防护系统、后冷却器、水分离器和排放系统。

储气罐主要作用是保障供气稳定性,调节气动设备因用气量不平衡造成的气压波动,并且可以沉淀积水,储备一部分压缩空气。按照经验,储气罐的体积按照空气压缩机排气量 10%~20% 的能力进行配置。

过滤器主要对压缩机产生的空气进行净化和过滤。通常采用两级过滤:一级粗过滤,除尘精度 1μm,除油精度 1ppm;二级精过滤,除尘精度 0.01μm,除油精度 0.01ppm。

气动三联件由空气过滤器、减压阀和油雾气三种气源处理单元组成,安装在各个分支系统中,满足各个系统的压力和润滑需求。

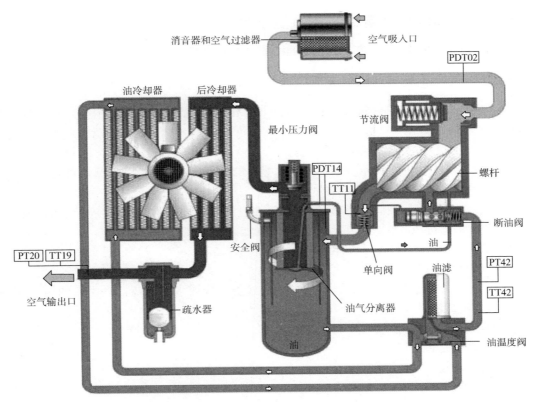

图 4-175 空气压缩机工作原理图

4.13.2 压缩空气在各机型中的主要功用

根据敞开式和护盾式 TBM 的施工特点和使用要求，压缩空气系统也有针对性设计。

4.13.2.1 敞开式 TBM 压缩空气系统

敞开式 TBM 隧道施工中，初期采用拱架、锚杆和混凝土喷射进行支护。混凝土喷射系统需要依靠大量空气将混凝土和速凝剂进行均匀混合。混凝土喷射系统的压缩空气压力需求为 0.6MPa，空气消耗量为 8~16Nm³/min。对于敞开式 TBM，主要用气设备为混凝土喷射系统。

TBM 配置有干式除尘器，除尘器滤芯通过压缩空气进行震动除尘，空气减压阀设置压力 0.45MPa。

气动隔膜泵、气动球阀和气动工具都需要压缩空气提供气源，根据各个系统需求调节气动三联件。

4.13.2.2 护盾式 TBM 压缩空气系统

护盾式 TBM 掘进完成后，将管片与围岩之间的间隙采用豆砾石进行填充。豆砾石的注入采用气力输送，对压缩空气需求量较大。豆粒石系统的压缩空气压力为 0.7~0.8MPa，空气消耗量为 12~25 Nm³/min。

4.13.3 压缩空气系统的使用注意事项

使用压缩空气系统中时,空气压缩机的维护和保养十分重要。

4.13.3.1 空气压缩机常见故障

空气压缩机发生故障报警时,在液晶面板上会有提示,必须按照提示内容进行相应的故障检查和排除。

①空气压缩机常用备件及其常见问题

进气空气滤芯:当面板提示空滤芯堵塞报警、本地检查空滤器指示仪显示红色或者空气压缩机运行 3000h 或 1 年后,更换新的空气滤芯。

油滤芯:当面板提示油滤芯堵塞、本地检查油过滤器压差指示器红色指示头凸出或者首次运行 150h、每运行 2000h 或 1 年后,更换新的油滤芯。

油分离芯:每运行 2000h 或 1 年后,换新的油分离器芯。

②排气温度高报警

检查空气压缩机进风和排风通道是否顺畅;检查风冷或水冷冷却器是否有油垢、积碳物和水垢;检查冷却液有无泄漏。

③卸载分离前压力低

检查冷却油是否足够。

④远程启动报警

远程启动开关故障,处于常闭状态。

⑤紧急停机

急停按钮被拍下,须查明情况后方可复位。

4.13.3.2 空气压缩机安全事项

①只有经过专门培训的人员方可对空气压缩机进行操作、保养和调整作业。

②每班检查空气压缩机进风和排风通道,保证顺畅。

③每运转 4h,将储气罐内积聚的油分、水分排出。

④当油气分离器、油过滤器和空气过滤器堵塞报警导致空气压缩机自动停机时,须查明原因并分析后方可重新启动。

⑤压缩机运转后注意观察冷却油液面高度,若油位下降快或者排出的压缩空气含油量大,应按照故障排除参照表(参考空气压缩机维修手册)检查。

⑥经常检查储气罐外观,不得有鼓包、变形、生锈和泄漏等情况发生,若发生异常必须先停止空气压缩机运行。

⑦每班对压力表、安全阀进行外观检查,每季度送具有相应检查资质的单位进行校验。

4.13.3.3 空气压缩机禁止事项

①禁止在空气压缩机进风口进行带灰作业。

②禁止频繁启停空气压缩机,每次停止/启动间隔时间 5min 以上。

③上位机产生空气压缩机相关报警时,禁止直接短接,查明原因并分析后方可继续操作。

④禁止手触摸正在运行的螺杆压缩机,排查问题时必须先测定设备温度后方可继续操作。
⑤禁止无特殊情况下频繁按动空气压缩机急停按钮。

4.14 冷却与排水系统

TBM水循环系统包括内循环冷却系统、外循环冷却清洗水系统、刀盘喷水系统。需要控制TBM进水温度不高于25℃,可根据水温的高低适当增减供水量,保证设备的冷却效果。TBM主机区域设计潜水泵,潜水泵将前部污水抽到污水箱内,污水箱处安装的污水泵将水排到TBM尾端或合适位置。

4.14.1 冷却水系统的形式及主要作用

冷却水系统的形式分为完全封闭式内外循环水系统、非封闭式内外循环水系统、封闭式内循环水和开放式外循环结合水系统三种:

4.14.1.1 完全封闭式内外循环水系统

城市地铁隧道(施工距离为1~2km)中TBM设备的水系统如图4-176所示,分为内循环(内循环可采用蒸馏水,防止设备内部腔体结水垢)和外循环两部分。冷却水从洞外经过冷却器与内循环水进行热量交换。内循环水流经主驱动电机、主驱动减速机、齿轮油系统、变频器等设备并带走设备产生的热量。

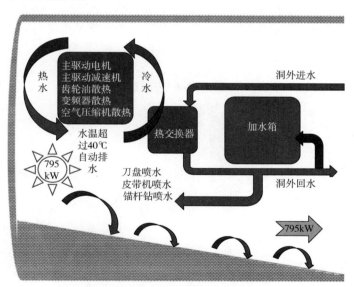

图4-176 完全封闭式内外循环水系统

4.14.1.2 非封闭式内外循环水系统

穿山越岭的水利、铁路隧道(施工距离为10km以上)中TBM设备的水系统如图4-177所示,分为内循环和内循环补水两部分。内循环水携带走设备产生的热量并与冷水箱的水进行热交换,如果内循环水箱温度仍然高于40℃,内循环水箱自动排水,并不断补充洞外新鲜水。

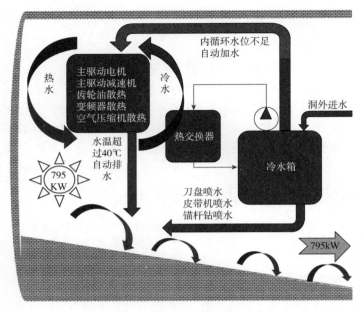

图 4-177 非封闭式内外循环水系统

4.14.1.3 封闭式内循环和开放式外循环结合水系统

目前,大部分 TBM 冷却水系统综合了以上两种方案的优缺点,内循环采用完全封闭式系统(内循环可采用蒸馏水,防止设备内部腔体结水垢);外循环采用非封闭式系统,通过冷水泵循环与内循环交换热量,如果水温超过 40℃,水箱自动排水(图 4-178)。

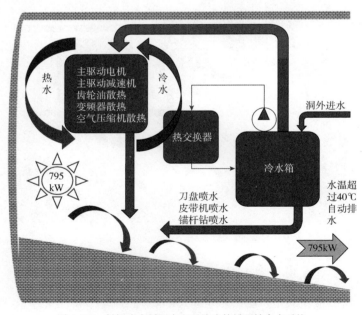

图 4-178 封闭式内循环水和开放式外循环结合水系统

4.14.2 排水系统的设计要求

结合 TBM 段工程地质条件,预测地下涌水。根据平距、渗透系数、含水体长度、洞底以上含水体厚度、洞内排水沟假设水深、静止水位至洞深横断面等价圆中心距、涌水地段引用补给半径、洞身横断面等价圆半径等参数,通过裘布依公式计算正常涌水量,通过古德曼经验式算出最大涌水量。

TBM 排水设计中需要在 TBM 前部主机段及其后配套系统中集成设置排水系统,主要目的是将隧道涌水及施工废水从 TBM 的前部排放到后配套系统的尾部。即在 TBM 主梁下和后配套各设置一级污水泵,通过管路将污水排放到后配套系统中部或后部的污水箱中,再由污水箱旁边的排水泵将废水通过管路排到 TBM 后配套尾部。后配套系统尾部至洞外的排水,则需要根据具体情况另外设计隧洞施工排水方案。如果是上坡掘进隧洞,可以考虑从后配套尾部自流出洞;如果是下坡掘进隧洞,可能需要设置多级排水泵和集水井。

针对小涌水量带,采用以下排水措施
①开挖过程中在围岩稳定、能安全通过时尽量维持涌突水的排水通路,严禁随意封堵,通过后采用封堵和导排措施对集中的涌突水进行治理。
②围岩渗水呈滴状和线状,TBM 正常掘进。掘进过程中利用 TBM 自带的锚杆钻机对出水点施工排水孔,埋设导管排水,导水效果不好的设盲沟或截水圈排水。
③根据掌子面集中涌突水情况进行判断,隧道底部水位满足施工条件、仰拱块作业区具备作业能力且围岩稳定性较好时,TBM 正常掘进,待出水点露出护盾后,采用锚杆钻机施工排水孔,进行导排。若地下水压力较大,采用钢板将地下水引至隧道边墙上,待 TBM 通过后进行堵水注浆处理。
④针对规模大的富水断层破碎带,当掌子面涌突水流量大、隧道底部不具备作业条件时,必须停止掘进,采取超前注浆封堵处理,其超前注浆和支护采用 TBM 自带的设备进行,待出水量明显减小具备掘进条件时再进行掘进。同时,增加临时大功率潜水泵和管路,将水抽排至后配套后至少 50m 区域,并通过横通道分流排放,减轻正洞的排水压力。利用 TBM 超前钻机进行超前注浆预加固及注浆堵水后,按一般涌水段的加固措施掘进通过。

4.14.3 冷却水泵、排水泵的使用注意事项

①水泵启动时首先判断正反转,严禁反正运行。
②冷却水泵、排水泵采用离心水泵,启动时需要对水泵排气,使用时注意吸入管路中的空气。
③禁止水泵干运行,防止电机烧坏。
④禁止水泵频繁启动。
⑤禁止泵输送流量值高于铭牌限制。

4.15 通风与除尘系统

4.15.1 通风系统的组成及作用

通风系统主要作用是为隧道内提供新鲜空气,并带走隧道内设备产生的有害气体和热

量。TBM 施工时，隧道通风系统利用洞口风机和软风管将新鲜风送到后配套尾部。后配套尾部布置有风管储存筒，风管储存筒内存储有长度 100~300m 的软风管，并与隧道风管连接。由于后配套尾部至 TBM 主机区域距离一般达到 100~300m，还须通过接力风机和风管将新鲜风压送到 TBM 主机区域。

二次通风系统主要由风管储存筒（图 4-179）、二次接力风机（图 4-180）、金属风管组成，可以将洞外送来的新鲜空气源源不断送入到 TBM 主机区域。

图 4-179　风管储存筒

图 4-180　二次接力风机

TBM 的护盾与主驱动机头架间的空隙处设计有挡尘板，可以防止粉尘直接从掌子面内流出。施工时，刀盘一般需要喷水降尘。同时，设置除尘系统从主梁内腔吸风除尘。

4.15.2　除尘系统的组成及作用

除尘系统主要由除尘器、金属风管、除尘风机等设备组成。TBM 主梁内腔作为风道，从主梁向后接金属风管，通过除尘风机吸气，将刀盘内含粉尘的空气吸出，经除尘器除尘后的过滤风经管道和除尘风机排向后配套尾部，再经隧道以一定风速排出洞外。一般除尘器和除尘风机布置在后配套一侧的中间或后部，可安放在后配套的上层或下层，除尘器向后临近的位置布置除尘风机，通过金属风管连接除尘器和除尘风机。图 4-181 为除尘系统布置示意图。

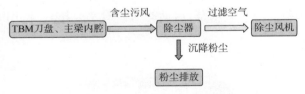

图 4-181　除尘系统布置示意图

除尘器分为湿式除尘器和干式除尘器，后者过滤精度和过滤效率更高。干式除尘器利用干式滤芯和压缩空气震动除尘，再通过螺旋输送器或链式刮板输送器将粉尘输送到注水的搅拌器内，再由气动泵将泥浆排放到后配套皮带机上运出洞外。目前主要采用干式除尘器。

干式除尘器自动除尘原理为：压缩空气通过除尘器内部的高压气阀突然释放后，除尘器滤芯震动，灰尘落入到除尘器底部（图 4-182）。

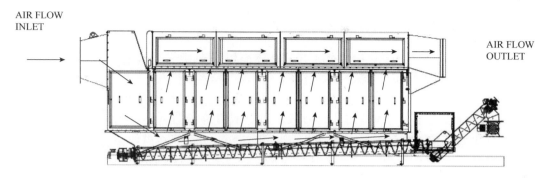

图 4-182 除尘器内部空气流动图

图 4-183 为布置在后配套的干式除尘器系统,含除尘器、链式刮板输送器、泥浆搅拌器及气动泵。图 4-184 为干式除尘器内的高压气阀及滤芯。图 4-185 为干式除尘器底部链式刮板输送器。

图 4-183 干式除尘器

图 4-184 干式除尘器高压气阀及滤芯

图 4-185 链式刮板输送器

4.15.3 风机的维护注意事项

①启动二次风机前,检查风机内部是否有杂物堆积,若有则及时清理。
②检查二次风机底部固定螺栓是否已经紧固。
③启动二次风机前,确认风机进出口有无人员,小心风压带来的危险。
④定期检查二次风机进风口的隔离网是否完好,防止杂物进入造成风机损坏。
⑤每半年通过二次风机黄油嘴对电机轴承进行润滑,每次注入量为30g。
⑥当风机产生异常声响时,注意分析排查原因。
⑦每班检查风管密闭情况,保证无漏风。

4.15.4 干式除尘器的维护注意事项

①定期检查除尘器控制箱内的油雾器有无润滑油,若无则及时添加。
②注意经常观察除尘器进出口压差,若压差超过3000Pa,需要及时打开除尘器对滤芯进行清理或更换。
③定期检查除尘器滤芯,检查滤芯后将除尘器门关严,保证除尘器密闭性。
④可以用压缩空气清扫滤芯,但禁止用水冲洗除尘器滤板。
⑤保证除尘风管无破损,防止水从破损风管吸入除尘器,损坏除尘器滤芯。
⑥每班检查过滤器自动除尘系统运行情况,有问题及时检查处理(自动除尘压缩空气压力设置为0.45MPa)。
⑦每班定时清理除尘器底部灰尘,保证螺旋输送机或刮板输送机将灰尘及时排除到除尘器外部。刮板输送机或螺旋输送机异响或无法工作,及时检查维修。

4.16 导向系统

4.16.1 功能概述

目前掘进机自动导向系统主要分为激光标靶和电子棱镜两类。激光标靶自动导向系统由于高度集成化、安装简单、占用空间少、适合小半径掘进等特点而被广泛使用。电子棱镜自动导向系统具有长距离测量、对恶劣环境有很好的适用性而被广泛应用于TBM上。

掘进机自动导向系统是一种能够自动测量并实时显示掘进机姿态偏差的软硬件系统,为掘进机的掘进指引方向。该系统将常规测量通过三维空间建模及空间坐标转换结合图像处理、计算机与通信等技术实现其自动化。系统能够为盾构司机提供掘进所需要的各种姿态信息,包括掘进机与设计线路的偏离情况、掘进机的当前掘进里程(距离)、掘进机的坡度和滚动角度等。

4.16.2 分类及工作原理

4.16.2.1 激光标靶自动导向系统工作原理

激光靶是安装在盾构机内支撑结构处的集成体电子部件,其内部主要包含倾角仪、CCD

相机、计算模块、圆棱镜等。

通过安装在管片壁上的全站仪对激光靶中的圆棱镜进行自动搜索测量,获得激光靶圆棱镜中心坐标,在测量棱镜的同时激光靶接收到全站仪发射的导向光,在 CCD 相机上形成光斑坐标。

激光靶内部的双轴倾斜仪可直接得到滚动角和仰俯角。

光斑坐标值根据滚动角与俯仰角进行旋转,得到激光靶与激光束的夹角,再与初始绝对坐标系中激光束的水平方位角和垂直方位角,解算出盾构机的方位角。

把以上测量的所有数据传输到主控室里的工业电脑中,通过导向系统软件计算盾构机精确的空间姿态,这样就可以把盾构机轴线相对于设计轴线的空间关系,通过数字和图形的形式显示在工业电脑屏幕上。

(1)设备组成

激光靶自动导向系统,其主要部件包括:激光靶(内置 CCD 相机、倾角仪、计算模块)、全站仪(激光发射源、测量角度、距离)、中央控制箱(信号接收和转换)、棱镜(方位定向和检核)、电台(无线信号传输)、工业电脑(嵌入式导向系统软件)和连接可编程逻辑控制器(PLC)等(图 4-186)。

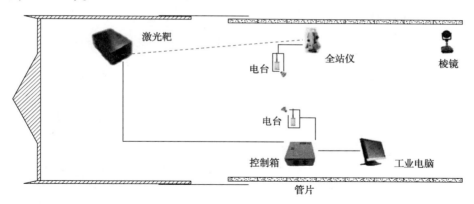

图 4-186　激光靶导向系统硬件组成

(2)工作机制

激光标靶自动导向系统的主要部件为激光标靶,在掘进机始发前,通过人工测得掘进机切口、铰接、盾尾和激光靶的空间关系,存储在激光靶计算模块中。

掘进过程中,需要对掘进机进行姿态定位,其基础是两个已知大地坐标系坐标(北坐标,东坐标,高程),测站点是指全站仪所在的点,后视点是指棱镜所在的点,通过这两个已知点确定掘进方向。

通过全站仪测得激光靶的距离和角度,可计算出激光靶的大地坐标,同时激光靶会获得全站仪发射的激光束,结合倾角仪测得仰俯角和滚动角,通过计算模块解算出盾构机的切口、铰接和盾尾的大地坐标。

然后通过通信传输系统,将信号数据传输到工业电脑,经过导向系统软件结合 DTA,即可得到掘进机的水平偏差、垂直偏差等参数。

(3)适用范围

激光靶体积较小,对安装空间要求相对较低,在隧道洞径小、小半径曲线、空间狭小的隧道环境中具有明显优势,但是激光靶需要接受激光束,而光束在恶劣环境和长距离测量中会衰弱。所以激光靶自动导向系统在常规 TBM 设备中使用广泛,在施工环境恶劣隧道中应用较少。

4.16.2.2 电子棱镜自动导向系统

(1)工作原理

电子棱镜自动导向系统可以分为三棱镜法和两棱镜加一倾角仪法,后者的精度高于前者。一般盾构机都会安装三个棱镜加一个倾角仪,所以同时具备两种工作模式:正常情况下使用两个棱镜加一个倾角仪,遇到倾角仪故障的时候切换到三个棱镜工作模式。

电子棱镜是具有智能闭合功能的圆棱镜,安装在盾构机支撑环处,两个棱镜要前、后间隔一定距离安装,双轴倾角仪的轴与盾构机轴线要小于一定角度。

通过安装在管片上的全站仪测量交替打开的前、后电子棱镜,结合双轴倾角仪读取盾构机的滚动角和仰俯角,通信系统把数据传输到导向系统计算软件,结合初始零位数据计算出盾构机轴线,然后再与 DTA 联系计算,即可解算出盾构机的姿态信息,并在工业电脑屏幕上显示。

(2)设备组成

电子棱镜自动导向系统的主要部件有:电子棱镜(智能闭合)、双轴倾角仪(高精度测量盾构机仰俯角和滚动角)、全站仪(高精度测量角度、距离)、中央控制箱(信号接收和转换)、棱镜(方位定向和检核)、电台(无线信号传输)、工业电脑(嵌入式导向系统软件)和连接可编程逻辑控制器(PLC)等(图 4-187)。

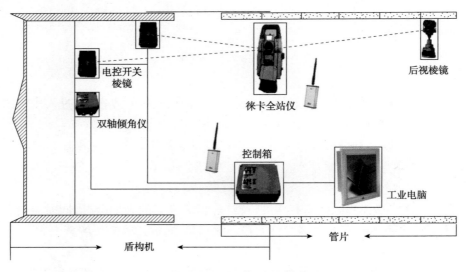

图 4-187　电子棱镜导向系统硬件组成

（3）工作机制

本系统的主要部件为电子棱镜和倾角仪，在掘进机始发前通过人工测得掘进机切口、铰接、盾尾和电子棱镜组的空间关系，存储在导向计算软件中。

掘进过程中，需要对掘进机进行姿态定位，其基础是两个已知大地坐标系坐标（北坐标，东坐标，高程），测站点是指全站仪所在的点，后视点是指棱镜所在的点，通过这两个已知点确定掘进方向。

通过全站仪测得电子棱镜组的距离和角度，可计算出电子棱镜的大地坐标，结合倾角仪测得仰俯角和滚动角，通过计算模块解算出盾构机的轴线坐标。

然后通过通传输系统，将信号数据传输到工业电脑，经过导向系统软件计算，即可得到掘进机的水平偏差、垂直偏差等参数，并在工业电脑上显示。

（4）适用范围

根据电子棱镜导向系统原理可知，只需要精确测量电子棱镜坐标，不需要进行光束收集即可解算 TBM 姿态，所以电子棱镜自动导向系统可以很好适应环境较恶劣的隧道施工，在测量距离上优势明显。电子棱镜须前、后间隔一定距离安装，在隧道洞径大、转弯半径大、安装空间良好的隧道具有很大优势，在转弯半径小、隧道洞径小、安装空间狭小的隧道弊端比较明显。

（5）日常维护保养

电子棱镜自动导向系统日常维护保养内容见表 4-15。

电子棱镜自动导向系统 表 4-15

部件名称	工作	简述	间隔时间
工业电脑	备份数据库	数据库备份到办公室电脑	每周
	硬盘检查及维护	检查硬盘情况，做好过期日志文件以及文件夹的备份和删除	
	病毒扫描	对连接 Internet 的电脑或未经过检查的电脑进行病毒扫描	每周
软件系统	参数检查	检查参数是否变化	每月
	DTA 检查	在运行时检查 DTA 所做的改变	每周
	控制测量	人工检查全站仪吊篮坐标和盾构机姿态	根据项目要求
	方位检查	人工检查激光方位	每天
全站仪	仪器误差	仪器误差由专业人员确定	每月
	检查视准轴和激光轴	视准轴和激光轴必须平行，目镜和物镜必须干净，全站仪能自由转动	半年
	激光	当不用激光时应关闭	
	年检	委托特定的有资质的单位清洗和全面检查全站仪的性能	鉴定日期到期前一个月

续上表

部件名称	工 作	简 述	间隔时间
激光靶	维修	在符合相关规定的地点清洗和全面检查激光靶的技术性能	一年
	外观维护	目镜保持清洁,外观干净	每天
电缆	检查是否损坏	沿着电缆走向检查,不能在电缆上置放重物	每周
棱镜	外观维护	棱镜必须保持干净,清除水滴,避免可能引起错误的反射,检查托架的稳定性	每天

(6)常见故障处理

①PLC 连接断开

原因:PLC 重新启动;工业电脑网线接头松动;网线交换机出现回路。

处理方法:重新启动导向系统软件;插拔网线接头,重启导向系统软件;重新梳理交换机网线。

②全站仪连接断开

原因:外接电池电量不足;电台连接断开;线缆断开等。

处理方法:更换电池;检查电台接头是否紧固,距离是否超过量程,是否损坏;更换新线缆。

③激光靶连接断开

原因:全站仪多次测量不成功;线缆断开;激光靶损坏等。

处理方法:重新检查全站仪;更换新线缆;更换新激光靶。

④后视定向过程中,高差总是偏差某个固定值

原因:全站仪设置中,仪器高或者目标高未设置为 0。

处理方法:把全站仪设置中的仪器高和目标高设置为 0。

⑤后视检核偏差超限

原因:后视检核是全站仪对自身工作状态的检核机制,后视检核超限一般是由于管片徐变造成全站仪位置移动或者初始定向边改变造成的。

处理方法:进行站点复核,在确保位置未超限的状态下进行重新后视定向。

4.17 通信与照明系统

4.17.1 通信系统

4.17.1.1 视频通信

视频监控采用以太网协议的 IP 摄像头,各个摄像头经过 RJ45 网线传输到主控室的交换机上,交换机与工业电脑相连,在工业电脑上安装专用的视频监视软件完成视频的实时显示、存储等功能(图 4-188)。

第 4 章　TBM 系统与部件

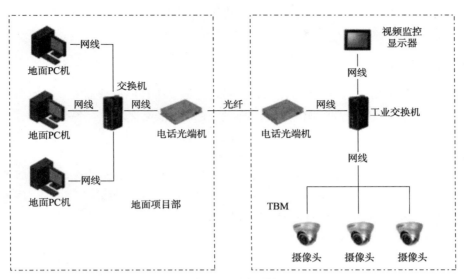

图 4-188　监视系统

采用 IP 摄像头应注意主控室至摄像头的距离，RJ45 网线的传输距离理论最大值是 100m，但实际中是达不到 100m 的，如果摄像头网线距离超过 60m，建议增加网络中继装置。

4.17.1.2　电话通信

采用小型电话交换机和电话终端的形式，在主机及后配套系统上安装普通电话，可根据实际需要决定电话安装位置。电话之间可通过程控电话交换机实现互拨通话，并与地面监控室连接，地面电话能直接联系到 TBM 操作人员（图 4-189）。

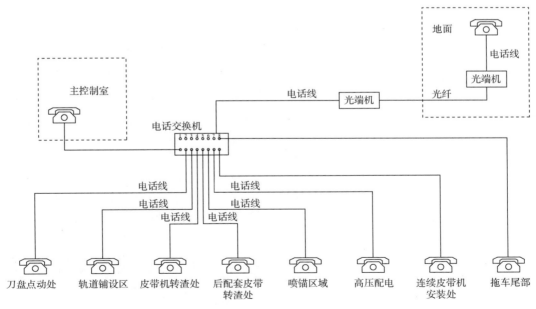

图 4-189　通信系统

部分电话也可以集成扩音功能,实现群呼功能,以方便对外广播、发布通知和注意事项,在有紧急情况发生的情况下,可以快速、有效、广泛地传播信息。

4.17.2　照明系统

TBM 照明系统采用线前控制电源,保证照明系统不会因其他故障而失效。每节拖车的照明由一个独立的电磁式漏电保护断路器进行保护,电磁式漏电保护断路器部件少、结点少,出故障的概率小,其性能不受电压冲击影响,抗电磁干扰性能好,更可靠,更安全。照明系统一般采用 LED 三防日光灯具。

照明系统分布于整个设备范围的人行通道、重要工作位置、主机、拖车过道、休息室及主控室等。拖车的人行通道一般每 4 盏灯配置一套应急照明装置,在设备停电后,系统可自动切换到应急照明,应急照明持续时间一般不小于 2h。

第 5 章 TBM 工程项目配套设施与施工接口

5.1 TBM 工程项目配套设备与设施

5.1.1 施工运输设备

5.1.1.1 出渣运输

施工运输方式应根据隧道长度、断面大小、运输能力、运输干扰程度、污染情况、隧道基底形式等因素进行综合比选确定。洞内出渣运输方式一般分为有轨出渣运输和连续皮带输送机出渣运输。两种出渣运输方式组成及使用条件见表 5-1。

两种出渣运输方式组成及使用条件 表 5-1

类别	组成	适用条件	备注
有轨出渣运输	有轨出渣运输方式一般采用牵引机车+运输渣车+材料车+仰拱块运输车(管片、轨排运输车)+人车+其他车辆进行编组,并配合翻渣倒运系统使用	1.开挖直径较小,皮带机布置困难。 2.运输坡度低于 20‰。 3.运输线路顺畅,支路少、干涉较少、洞外场地范围较大。 4.通过增加编组数量,能够满足掘进机设计最大掘进速度	施工时应经技术、经济比较后选用合理出渣运输方式,轨道运输方式对现场运输组织要求较高
连续皮带机出渣运输	1.有轨牵引机车+材料车+其他车辆进行编组运输,配合连续皮带机出渣。 2.无轨材料运输车辆、载人汽车等,配合连续皮带机出渣	1.适用于平直隧道,或转弯较少且半径较大的隧道,特殊隧道可配置转接皮带机。 2.满足掘进机设计的最大掘进速度。 3.条件适合宜优先选用皮带机出渣	双洞平行施工时,联络通道多,且应同步施工时,两洞不宜同时选用皮带机出渣

有轨运输出渣卸渣形式应根据现场卸渣条件选用侧翻式或翻转式。高海拔、高寒地区使用连续皮带机时应采用耐寒阻燃输送带,洞外皮带机及分渣设施应设置保温棚,并配置供暖设施。

5.1.1.2 供料运输

供料运输方式一般分为有轨运输、无轨运输和综合运输方式。三种供料运输方式功能及适用条件见表 5-2。

三种供料运输方式功能及适用条件 表 5-2

运输方式	功 能	适 用 条 件	选 择 方 式
有轨运输	材料直接由有轨运输车辆运送至掘进机上	1.开挖直径较小,皮带机布置困难。 2.运输坡度低于 3%。 3.运输线路顺畅,支路少、干涉较少、洞外场地范围较大。 4.通过增加编组数量,能够满足掘进机设计最大掘进速度。	供料运输的方式根据地形地貌、线路坡度、组装始发条件、出渣运输方式、洞外环境因素等综合情况进行合理选择
无轨运输	材料直接由无轨运输车辆运送至掘进机上	1.适用于平直隧道,或转弯较少且半径较大的隧道,特殊隧道可配置转接皮带机。 2.满足掘进机设计的最大掘进速度。 3.条件适合宜优先选用皮带机出渣	
综合运输	材料由无轨运输车辆+有轨运输车辆+转吊设备相结合的方式运送至掘进机上	1.当斜井(3%<综合坡度≤10%)作为 TBM 组装、出渣和进出料的通道,且隧道坡度不大于 3% 时: ①出渣可在斜井皮带机(普通斜井皮带机适用条件为:斜井综合坡度不大于 18%)和无轨运输两种方式中进行技术和经济比选; ②设备组装和材料运输的斜井运输采用无轨运输方式;隧道内施工运输:材料采用有轨运输方式(斜井井下设置材料转运设备,设置材料装卸区和适当的临时存储场地),出渣可在连续皮带机和无轨运输两种方式中进行技术和经济比选。 2.当斜井综合坡度>10% 时,需进行特殊考虑	

供料运输设备的能力应满足掘进机连续掘进和最高掘进速度的要求。

有轨运输宜采用仰拱块或底管片铺设轨道的方式。无轨运输宜采用仰拱块、底管片、箱涵或现浇底板的方式。

综合运输时,选用起重设备的数量及能力应结合起吊件的最大重量、施工进度综合考虑。临时材料存储场的大小应根据施工进度设置。

5.1.2 交通道路

采用掘进机施工的隧道,在设计阶段应根据掘进机单体大件尺寸、重量、运输限界等参数对掘进机运输线路进行现场调查、核对,评估道路净空、曲线半径、承载能力及临近建(构)筑物、管线等是否满足掘进机运输要求。

掘进机最大部件尺寸及最重部件重量应按照所选掘进机类型确定,当无资料时,可按照表 5-3 确定。

掘进机最大部件尺寸与最重部件重量 表 5-3

掘进机直径(m)	部 件	单 位	数 值
6~7	最大部件	m×m×m	5.1×5.1×2.1
	最重部件	t	约 100

续上表

掘进机直径(m)	部件	单位	数值
7~8	最大部件	m×m×m	5.6×5.6×2.1
7~8	最重部件	t	约130
8~9	最大部件	m×m×m	5.6×5.6×2.1
8~9	最重部件	t	约150
9~10	最大部件	m×m×m	6.3×6.3×2.1
9~10	最重部件	t	约170
10~11	最大部件	m×m×m	7.1×7.1×2.1
10~11	最重部件	t	约215
11~12	最大部件	m×m×m	7.1×7.1×2.1
11~12	最重部件	t	约220

掘进机进场运输道路应优先使用既有道路。当既有道路不满足运输条件时,应首先考虑改造和加固处理,必要时可新建道路。

运输道路上有影响设备运输的建(构)筑物、管线等时,应编制专项处置方案,并经评估后实施。

新建运输主干道及引入线应符合以下要求:①靠近管段各主要工点,道路等级不应低于三级公路标准;②可利用原有乡间道路改扩建或根据地形条件合理设计;③不宜与既有铁路线、公路平面交叉。

场内运输道路应符合以下要求:①场内道路应与现场的存放场、仓库、施工设备等位置相协调,满足施工车辆的行车速度、密度及载重量等要求;②道路等级不宜低于三级公路标准。

5.1.3 施工场地

施工场地宜集中布置在洞口附近位置,洞口周边场地不足时,可分区布置。

施工场地内应设置截、排水设施,防止场地内积水。

采用有轨运输时,供料应确定洞外备料线、编组线和其他作业线的布置,出渣应确定洞外出渣线、翻渣设施的位置及存渣场地。

单台掘进机施工场地规模应根据施工现场洞口地形条件、工程工期要求及造价、设备尺寸及工作条件等因素综合确定,可参考表5-4。

单台掘进机施工场地规模　　　　　　表5-4

序号	辅助工程	规模	是否设置厂房	备注
1	拌和站(含料仓)	10000m²	是	
2	加工厂	4000m²	是	敞开式岩石掘进机
2	加工厂	1000m²	是	护盾式岩石掘进机
3	维修车间	500m²	是	
4	配件库房	600m²	是	

续上表

序号	辅助工程	规模	是否设置厂房	备注
5	刀具修理、存储车间	400m²	是	
6	中心试验室	1200m²	是	
7	材料库房	2000m²	是	
8	转渣场地	1000m²	否	皮带机
		2400m²	否	有轨编组出渣
9	锅炉房	200m²	是	
10	变配电站	1000m²	是	
11	洞外组装场地	2.5倍设备宽度×设备长度	否	整体组装
12		2.5倍设备宽度×100m	否	分体组装
13	高位水池	300~600m³	否	
14	构件预制厂	6000m²	是	仰拱块
		18000m²	是	管片
15	构件存放区	5000m²	否	寒冷地区应设置厂房,室内存放
16	有轨运输编组区、备料区	2000m²	否	
17	油库及火工品库房	1200m²	是	
18	设备充电区	800m²	是	
19	办公、生活区	10000m²	是	

掘进机法污染物排放符合以下要求:

①掘进机施工应设置污水处理系统,必要时可采用化学沉淀或物理沉淀等方法对污水进行处理,污水排放应满足《污水综合排放标准》(GB 8978)和工程所在地污水排放标准。

②洞外施工场地、预制件生产车间等场所应按照临时排水设计分别设置沉淀池、沉沙井、排水沟等设施。

③生活区、临时营地等场所应设置化粪池、沉淀池及滤油池等排污设施,并在周边设置明显的警示标志。

④排污管道应按设计要求设置。

⑤污水处理能力应结合水文地质、掘进机需水量、洞外生产用水量及衬砌施工组织综合考虑。

⑥环境敏感区域污水排放应制订污水排放方案。排放设施应与工程主体做到同时设计、同时施工、同时投入使用。

⑦掘进机检测后的废液(包括废油、试剂等液体)应委托有资质的单位进行回收处理,并做好相关记录工作。

5.1.4 供水

洞内掘进机用水宜与其他供水分开供应。

隧道施工供水方案及设备配备应符合以下要求:

①水源的水量应满足施工需要,可蓄水利用。
②水池容量、高度应满足洞内供水所需储备量及最大水压的要求。
③采用水泵辅助供水时,宜采用变频恒压供水,且应配置备用水泵。
④洞内供水管的直径及水压应与掘进机设备配套管路及要求相适应。

5.1.5 供电

掘进机施工供电应进行专项设计,并符合以下要求:
①施工供电宜采用永临结合方式设计。
②掘进机供电电压宜采用20kV。

供配电容量应根据掘进机、连续皮带机及其他配套装备、办公生活、施工照明等用电总负荷确定。掘进机组总功率应按所选掘进机类型确定,当无资料时,可按表5-5选择。隧道连续皮带机功率可根据施工组织具体设计确定。

掘进机装机功率 表5-5

掘进机直径(m)	掘进机装机功率(kW)
6~7	5200
7~8	6000
8~9	7000
9~10	7800
10~11	8500
11~12	9300

掘进机应采用独立供电,工作区照明、抽水设备应配置应急电源。常规供电宜采用380V/220V电压、TN-S接零保护系统。

5.2 TBM工程项目各阶段施工接口

5.2.1 掘进机服务洞

采用掘进机法施工的隧道,因涉及掘进机组装、拆卸、检修及配套设备设置的特殊性,需要设置必要的服务洞室。掘进机服务洞室包括预备洞、始发洞、检修洞、组装洞、接收洞及拆卸洞,掘进机服务洞室施工除应按照相应线路等级的现行铁路隧道有关规定执行外,尚应符合以下接口条件要求:

①通常情况下,一般隧道洞口段围岩较差,无法提供足够的TBM掘进时的撑靴支撑反力或达到掘进机快速始发掘进条件,预备洞长度一般是根据洞口不良地质段长度,并结合洞口设备组装场地条件而设置的,可按下式估算:

$$L_{预备洞} \geqslant L_{掘进机总长} - L_{洞外拼装场} + L_{富余长度} \tag{5-1}$$

同时,预备洞初支后的净空与掘进机刀盘之间宜预留不小于15cm间隙,并满足调试过程中检修及步进要求。为保证掘进机始发掘进时撑靴的有效支撑,掘进机法施工隧道应设置始发洞,始发洞长度、断面尺寸可根据掘进机类型和始发方式确定。始发洞宜进行混凝土衬砌,不进行衬砌时应对撑靴部位进行喷射混凝土处理。预备洞断面形式及底板需根据掘进机步进方式在设计联络时进行确定,掘进机步进方式及底板形式可选用平底、平底+导向槽或弧形槽+导向轨三种方式。预备洞基底承载力、底板混凝土强度应满足掘进机步进要求。

②洞内组装宜在地质较好地段设置组装洞。当采用矿车出渣时,其长度根据能满足掘进机快速组装和始发掘进需要确定;当采用连续皮带机出渣时,要满足连续皮带机组装和正常出渣时场地条件需要。宽度应考虑吊装设备、车辆运输、作业空间等因素确定。起拱线高度宜按吊装设备起吊刀盘净高外加不小于2m考虑。

③检修洞、拆卸洞长度为主机长度+2倍刀盘直径,且不宜小于30m。宽度不宜小于刀盘直径的1.5倍。高度宜按吊装设备起吊刀盘净高外加不小于2m考虑。

④当掘进机贯通面处地质较差时,应提前设置掘进机接收洞,接收洞净空断面可参照预备洞。

⑤护盾式岩石掘进机始发洞底部应设导向台,始发时反力架(墙)端面与盾尾距离不大于0.5倍管片环宽。

⑥护盾式应设置反力装置,并应符合以下规定:始发洞位置应预留掘进机步进机构的拆除与存放空间(含敞开式);始发前应进行始发台或导台定位复测,其位置允许偏差为±10mm。

5.2.2 其他需提前明确的施工接口

5.2.2.1 后配套形式及运输系统

后配套形式及运输系统确认基本流程:隧道衬砌结构及仰拱设计→后配套形式→运输系统(同时包含给排水管路、通风、照明等)配置→隧道各洞段洞内管线布置。

(1)隧道衬砌结构及仰拱设计

隧道衬砌结构及仰拱设计随着行业特点、隧道功能、设计理念、防排水要求等的不同而不同。采用掘进机施工的铁路隧道通常为复合式衬砌结构,包括初期支护、二次衬砌及防水层,此外还设有包含中心排水沟、施工轨线系统的承轨槽等结构的预制仰拱块。边顶拱二次衬砌采用现浇;而水工隧道复合式衬砌结构的初期支护与二次衬砌结构间不设防水层,二次衬砌一般要求全圆现浇结构,底部仅设较小平底仰拱,以便满足后期检修车辆所需的空间(约3.5m的单车道),没有专门的施工期间的排水沟设计。

(2)后配套结构形式

一般根据隧道断面及后配套结构形式特点分为平台拖车式和门架式两种,由于形式的不同,后配套走行轨的设置也不相同。平台拖车式可根据施工需要可在其上布设成四轨双线、四轨三线或两轨单线。而门架式一般为单线,即TBM设备区域可根据隧道断面条件和施工需要布设为四轨双线制(后配套走行轨的两根外轨为倒换周转轨)或两轨双线(即TBM设备区域后配套走行轨与设备后部隧道运输轨线共用)。

(3)运输系统配置

结合隧道出渣运输特点和隧道断面条件,确定轨线系统配套选型(轨道型号、轨距、轨道高度等参数)。

(4)隧道各洞段洞内管线布置

在以上各项参数确定后,再结合隧道通风、供排水、照明、连续皮带机(采用连续皮带机出渣时)等,确定隧道各洞段管线布置图。此工作需在设备招标时同步考虑并提供相关设计。

5.2.2.2　原位拆机方案

当隧道埋深较大或无法设置辅助坑道提前进行拆卸洞施工时,因考虑到停机通过绕洞法施工拆卸洞工期较长,且大型拆机设备不方便进洞组装,可考虑原位拆机方案。采取原位拆机时,要提前进行设备的针对性分体设计和拆卸间设计。

第 6 章 TBM 组装与始发

根据施工现场组装场地条件及施工组织需求,TBM 组装与始发可分为洞外场地组装后始发和洞内扩大洞室组装后始发。分析场地面积、灵活性、施工组织要求、需求响应等方面,洞内组装难于洞外组装;分析不同 TBM 机型组装的难易程度以及对组装场地的需求等方面,敞开式 TBM 组装难于护盾式 TBM。本章内容以洞内扩大洞室敞开式 TBM 为例,说明 TBM 组装与始发。

6.1 TBM 组 装

6.1.1 TBM 组装场地

TBM 组装扩大洞室由连接洞室、组装洞室、步进洞室、始发洞室组成。连接洞室是连接正常钻爆段与 TBM 组装洞室的过渡洞室,断面一般设计为圆拱直墙式,较正常钻爆段洞室尺寸稍大,可满足 TBM 法施工段洞室布置需求。组装洞室是 TBM 组装场地,断面一般设计为蘑菇状圆拱直墙式,长度 80m,根据 TBM 直径选择净宽和净高,组装洞室底板需要进行硬化,达到 TBM 组装条件。步进洞是在 TBM 主机组装完成后步进行走的洞室,断面一般设计为圆拱直墙式或马蹄形,断面尺寸较 TBM 直径在半径方向大 20~50cm,底板现浇混凝土应满足 TBM 步进需求。始发洞室是 TBM 完成步进后准备始发掘进的洞室,断面一般为圆形或马蹄形,断面尺寸较 TBM 开挖直径在半径方向大 20cm 以上。连接洞室、组装洞室、步进洞室、始发洞室示意图和剖面图如图 6-1~图 6-3 所示。

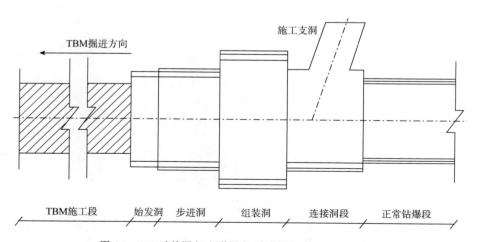

图 6-1 TBM 连接洞室、组装洞室、步进洞室、始发洞室示意图

第 6 章　TBM 组装与始发

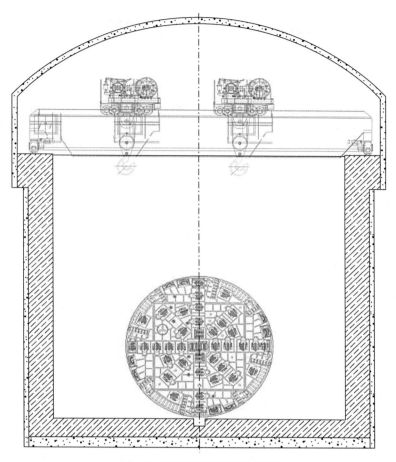

图 6-2　TBM 组装洞室剖面示意图

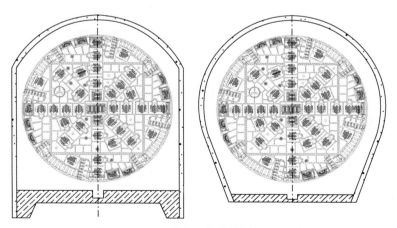

图 6-3　TBM 步进洞室、始发洞室剖面示意图

6.1.2 TBM组装设备、材料

根据TBM最大不可拆卸件重量,结合起吊安全系数,组装洞选用合适桁吊1台。

桁吊使用注意事项:

①各部件均须在厂内组装试运转,带有出厂合格证。

②安装调试后,大车、小车运行机构的车轮与轨道之间不得有啃轨现象。

③现场调试时,调好大车、小车的行走极限位置后,将大车限位开关撞尺和小车行程限位装置分别固定在合适位置。

④现场组装完成时,应分别进行空载、静载、动载负荷和1.25倍超载试验。

6.1.3 TBM组装人员

TBM组装由设备供应商提供技术指导和现场技术支持,施工单位提供专业技术人员及劳动力支持。TBM组装人员配置见表6-1。

TBM组装人员配置表　　　　表6-1

班组	人员配备	备注
技术组	专家5人	
机械组	技术人员6人	3班作业
	技术工人30人	
液压组	技术人员6人	3班作业
	技术工人24人	
电气组	技术人员6人	3班作业
	技术工人24人	
保障组	29人	其中总调度1名,调度3名
安全员	3人	3班作业
合计	133人	

6.1.4 TBM组装要求

TBM作为先进的现代化隧洞施工机械,具有设备体积庞大、结构复杂、系统高度集成、机电液一体的特点,组装的质量和速度决定了TBM后期施工能否顺利进行,在设备组装不同时期,提出不同的组装要求。

6.1.4.1 组装准备要求

①制定详细可行的TBM组装计划,使组装工作有序可控。

②提前做好技术培训,使参与组装的人员了解整机结构及功能。

③制定合理的组装材料、配件、工具供应计划。

④组装零部件标识清楚、堆放整齐,并做好清洁工作。

⑤制定组装安全措施及应急预案。

6.1.4.2 组装实施要求

①制定技术交底,根据组装计划,做好每日工作计划清单。
②组装时与设备供货方技术人员积极配合。
③设置专职的质量控制组,加强组装的过程控制。
④设置专门的安全控制小组,确保组装安全。

6.1.4.3 组装后的检验要求

①制定组装检查制度,对每工序进行检验,及时总结。
②独立设备组装完成后,对独立设备进行检查,及时发现问题。
③整机组装完成后,联合发包人、监理方、制造商进行四方联合检查。

6.1.5 设备进场验收

现场验收由施工单位联合项目业主、监理方共同进行。验收工作由施工单位组织设备、资料、技术等部门,根据工作计划联合项目业主和监理方相关部门进行开箱检查和验收,确保TBM设备部件在运输过程中无损坏和缺漏。

开箱检验包括设备内外包装情况、货物数量和规格、货物外表质量、检查实物和技术资料与装箱单是否相符、设备配套是否齐全(包括附件、软件、专用工具、辅料、备品配件等),设备外观有否残损、锈蚀、变形(必要时现场拍照),检验完成后有关各方在开箱检验单会签。

检验验收过程同时进行TBM配套技术资料的验收和相关资料的归档,并征求发包人意见根据施工需要存档。

6.1.6 组装流程

TBM组装主要包括主机组装,设备桥组装,后配套组装,连续皮带机组装及电气、液压系统组装。组装流程详见图6-4。

6.1.6.1 主机组装

TBM大件由汽车运送至组装洞内,使用已安装好的桁吊卸车。卸车时,严格按照起吊规范操作,避免发生碰撞或安全事故。刀盘支撑、驱动总成等精密部件应放置在枕木上,避免与地面直接接触。刀盘放置时,应预留足够空间,以便刀盘焊接后的吊装。

整机组装顺序为:安放刀盘至组装场最前方,刀盘摆好→安装步进机构→安装前部立式支撑→驱动总成平放,翻转90°垂直吊装至前部立式支撑,竖直放下与前部立式支撑连接→主梁前段与机头架连接→主梁前段与主梁后段连接→安装料斗、主机皮带前部到刀盘支撑内部→安装侧支撑、顶支撑基座→安装顶支撑→操作室→安装撑靴油缸、撑靴、推进油缸、扭矩油缸→安装后部支撑总成→安装钢拱架安装器、锚杆钻机、主机皮带机等设备→安装连接桥→安装后配套台车→安装液压、润滑油箱,安装刀盘→液压润滑系统安装→电气系统安装。

TBM 构造与应用

主机组装流程见图 6-5。

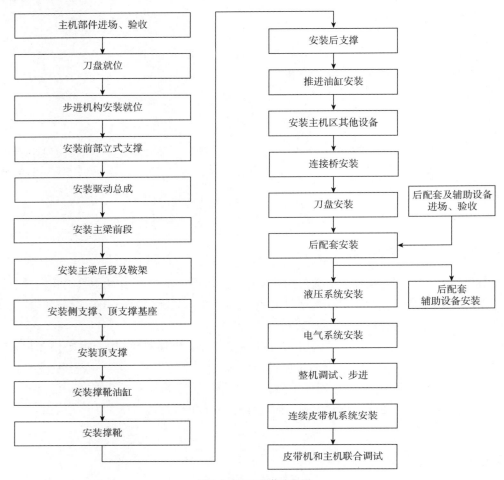

图 6-4 TBM 组装流程图

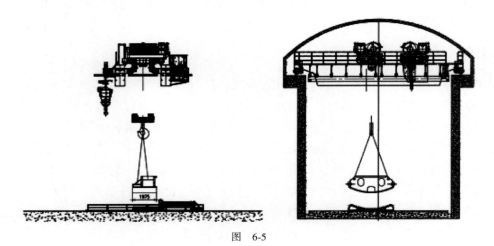

图 6-5

第6章 TBM组装与始发

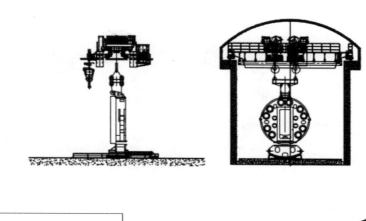

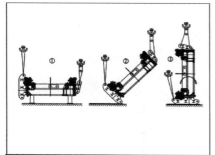
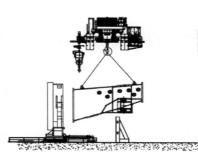
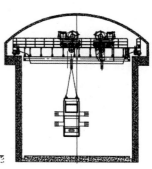

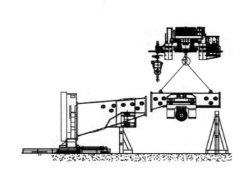
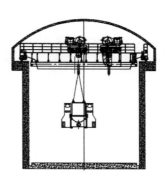

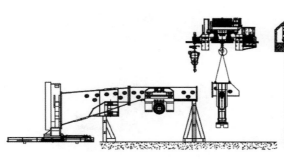
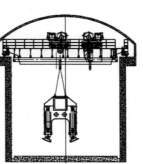

图 6-5

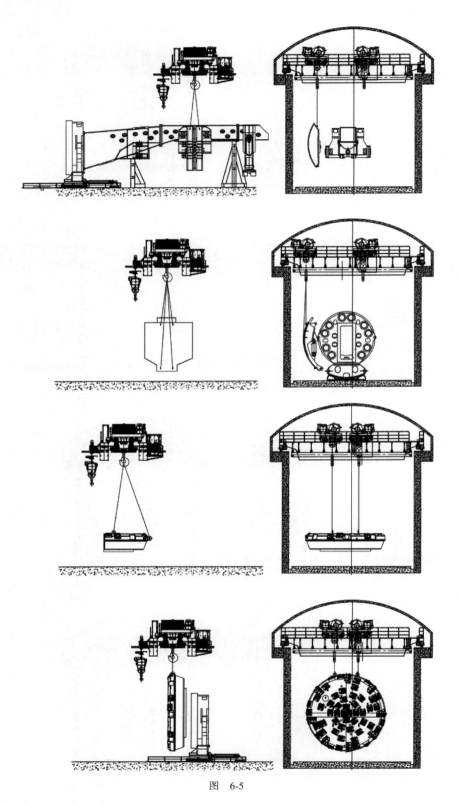

图 6-5

第6章 TBM组装与始发

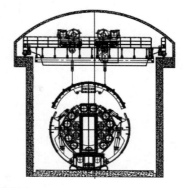

图 6-5 主机组装流程图

6.1.6.2 连接桥组装

主机结构部件组装完毕后,按顺序可进行连接桥的组装。在组装连接桥前需要在组装洞内预先安装轨道,以满足连接桥后部滚轮的定位安装。连接桥的组装顺序如下:连接桥后部轮对就位→轮对固定→连接桥箱梁后段与轮对连接→支撑施作→箱梁中段与前段连接→连接桥中段与后段连接。连接桥箱梁组装完毕后,进行门架及拖拉机构的安装,后进行连接桥与主机的连接组装。

6.1.6.3 后配套组装

后配套结构件及附属设备分批次运抵组装场,开始组装后配套台车及附属设备。完成台车安装后,按顺序完成后配套台车及附属设备安装。

6.1.6.4 配套设备组装

连续皮带机由主驱动、皮带储存仓、张紧装置、皮带支架、托辊和电气控制柜等组成。皮带机部件组装前,连续皮带机的安装基础须完成。TBM开始步进后分别安装主驱动、硫化平台、皮带存储机构、张紧机构、电气柜等设备。在主洞安装皮带支架、配套托辊、皮带。

然后,将固定长度的皮带利用卷扬机和滚筒缠绕到皮带桥架上,皮带长度满足要求时依次硫化皮带各接头并形成闭环。所有皮带硫化连接完毕后,利用张紧装置和皮带驱动装置配合进行皮带张紧调直,使皮带机系统满足正常施工要求。

6.2 TBM始发

6.2.1 TBM调试

TBM整机组装完成后,需要对掘进机各个系统及整机进行调试,以确保整机在无负载情况下正常运行。调试过程可先分系统进行,再对整机运行进行测试。测试过程中应详细记录各系统运行参数,及时分析解决发现的问题。掘进机的系统可分为液压系统、电气系统、机械结构件及皮带机系统等。调试流程如图6-6所示。

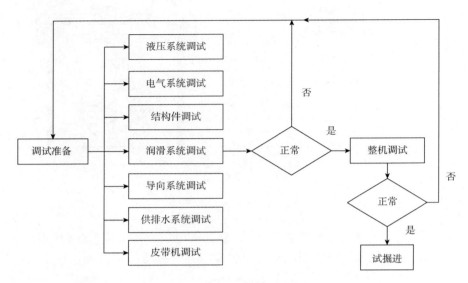

图 6-6 TBM 调试流程

电气系统设备的调试内容为：电路检查、分项用电设备空载检查、分项用电设备加载时的检查、各设备急停按钮的检查、控制系统的检查等。

液压系统设备的调试内容为：空载和加载时泵和液压管路的调试、加载时执行机构的运行情况。

步进系统的调试在主机安装完成后进行，主要内容为：液压泵站负载运行时的状态和步进机械结构的工作情况。

其余各分系统调试根据组装和步进程序组织实施。各系统运转情况正常后再进行整机的空载调试。

TBM 皮带机、连续皮带机和支洞皮带机先进行单项系统调试后，再进行整机联合调试。

单项系统调试分为：

①主驱动装置和连续皮带辅助驱动装置调试，电机启动运行调试。

②张紧装置调试，电动张紧装置试运行及辅助液压系统调试。

③从动轮和各类托辊调试，对于可手动转动的托辊应手动逐一检查。

④刮渣器、刮渣板调试，刮渣器应与皮带表面紧密贴合。

⑤检查各注脂口是否已注脂。

⑥移动尾部调试检查润滑管路运行情况，防护罩安装是否干涉。

整机联合调试主要是检查皮带机系统及控制系统运行情况，皮带机是否接触皮带架，皮带是否有跑偏现象，各皮带托辊处有无噪音或过热现象。整机调试过程中，应派专门技术人员负责详细记录各系统的运转参数，作为今后的掘进参考依据，发现问题及时记录、分析解决。

6.2.2 TBM 步进

6.2.2.1 TBM 步进机构组成

TBM 步进机构组成如图 6-7 所示。

①弧形滑动支撑(步进架)。步进时和底面配合,承受并分散 TBM 主机重量,减小接地比压,承受主机的重量。由于步进时,刀盘底护盾在弧形滑动支撑上依靠相对滑动向前移动,而弧形滑动支撑的表面相对比较光滑,减小了滑动表面的粗糙度,减小了 TBM 主机步进时的摩擦阻力,有利于提高步进速度。

②步进油缸。步进油缸安装在弧形滑动支撑和 TBM 底护盾之间,在每个步进循环中,当步进油缸伸出时,由于弧形滑动支撑与混凝土基础之间的摩擦力大于弧形滑动支撑和 TBM 主机之间的摩擦力,就推动 TBM 掘进机整机向前移动;当步进油缸收缩时,由于此时 TBM 主机在前部举升油缸和后部后支撑的共同作用下已脱离弧形滑动支撑,推进油缸就拖动弧形滑动支撑向前移动一个油缸的行程。如此不断循环,TBM 实现向前移动。

③举升油缸。在步进中,当步进油缸支撑到撑靴支撑完全伸出后,举升油缸就配合撑靴支撑将 TBM 刀盘部分举起,使其脱离弧形钢板,以便于水平步进油缸能将弧形滑动支撑向前拖动。

④撑靴支撑。一方面承受 TBM 主机后部的重量;另一方面当整机向前移动时,提供支撑反力。

⑤后支撑。配合 TBM 主机前部的举升油缸,将 TBM 主机抬起,以便水平步进油缸能将弧形滑动支撑向前拖动。

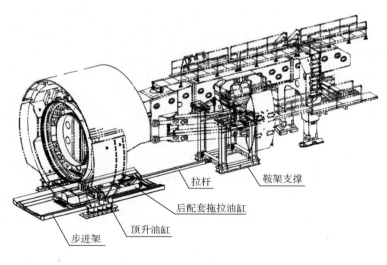

图 6-7 TBM 步进机构示意图

6.2.2.2 TBM 步进方案

主机组装和连接桥组装完成后,TBM 利用步进机构步进到始发洞。

因始发洞为圆拱斜墙型断面,且尺寸满足 TBM 正常步进时撑靴支撑洞壁的要求。所以,当撑靴全部进入始发洞后,即可拆除步进机构,而后利用撑靴步进到掌子面。

(1)步进作业流程

TBM 掘进机在步进作业时,主要依靠水平步进油缸来推动 TBM 主机在弧形滑动支撑上滑动摩擦前进。弧形滑动支撑的长度有限,需要在每个步进行程结束之后,由刀盘部位的举升油缸和后支撑共同作用将 TBM 主机举起,以便步进油缸能将弧形滑动支撑向前拖动。如此循环,TBM 就不断地向前移动。TBM 步进流程图如图6-8所示。

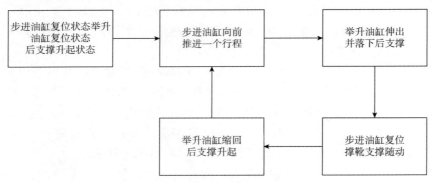

图 6-8　TBM 步进作业流程

步进过程如下:

①撑靴支撑作用于混凝土底板上,弧形滑动支撑的水平油缸向前推动刀盘,由于刀盘与弧形滑动支撑之间的摩擦力小于弧形滑动支撑与混凝土之间的摩擦力,在油缸推力作用下,TBM 主机在弧形滑动支撑上以滑动摩擦的形式向前移动,后配套系统在钢轨上依靠滚轮向前移动,这样水平步进油缸推动 TBM 主机及后配套向前移动一个行程。

②刀盘两侧的举升油缸和后支撑同时向下伸出,作用于下部混凝土底板上,刀盘两侧油缸和后支撑的共同作用将 TBM 主机向上抬起,机头架和后支撑架脱离下部弧形滑动支撑。

③水平步进油缸回收,同时拖动弧形滑动支撑向前移动一个行程。

④刀盘两侧的举升油缸和后支撑同时回收,机器前部重量通过刀盘作用在弧形滑动支撑上,弧形滑动支撑和后支撑共同承担整机的重量。准备下一个步进循环。如此循环,TBM 就可以不断地向前步进。

在 TBM 步进过程中,有轨运输车辆不断地向机器上运送钢枕和钢轨等各种施工工料,完成轨道的铺设,以便后配套台车的通过和运输车辆的通行。

(2)保障步进顺利的辅助措施

由于 TBM 步进时,整个主机都在弧形滑动支撑上滑动,为减小主机与弧形滑动支撑之间的滑动摩擦力,采取以下措施:

①TBM 机头架的底部支撑面(与弧形滑动支撑配合面)采用机加工处理,保证下表面平整度与光洁度,同时加工一些油槽用于储油,以便步进时通过油槽加润滑油,在滑动面之间形成极压润滑,减小下支撑与弧形滑动支撑之间的摩擦力。

②由于撑靴支撑架辅助提供反向作用力,为增大摩擦力,在撑靴支撑底部安装聚氨酯板,以增大滑动时的摩擦阻力。

6.2.3 TBM 试掘进

6.2.3.1 试掘进的目的

采用 TBM 掘进机施工,掘进参数的选择非常重要。TBM 推进过程中,依据超前地质预报结果,根据不同地质、埋深判断围岩的稳定性、可掘进性,及时调整掘进参数。掘进过程中保持推进速度相对平稳,控制好每循环的纠偏量,为钢枕铺设创造良好条件。同时,初期支护方案、喷射混凝土量根据围岩情况、推进速度、出渣情况等及时调整。施工轴线、钢枕铺设轴线与设计轴线的偏差控制在允许范围内。通过试掘进可以达到以下目的:

①试掘进段主要检验 TBM 掘进机和连续皮带机的协调情况、液压系统、电器系统和辅助设备的工作情况,完成设备磨合。

②试掘进期间,完成各个单项设备的功能测试,对各设备系统做进一步的调整,使其达到最佳状态,具备正式快速掘进的能力。

③了解和认识本工程的地质条件,掌握根据地质情况调整 TBM 掘进参数的方法,为全程掘进提供参考依据。

④理顺整个施工组织,在连续掘进的管理体系中抓住关键线路的控制工序,为以后的稳定高产奠定基础。

6.2.3.2 试掘进准备

①接通 TBM 主机变压器的电源,使变压器投入使用。待变压器工作平稳后,接通电源输出开关,检查 TBM 所需的各种电压,并接通 TBM 及后配套上的照明系统,同时检查 TBM 上的漏电监测系统,确定接地的绝缘值可以满足各个设备的工作要求。

②检查气体、火灾监测系统监测的数据、结果。确定 TBM 可以进行掘进作业。确认所有灯光、声音指示元件工作正常,所有调速旋钮均在零位。

③检查液压系统的液压油油位、润滑系统的润滑油位,如有必要马上添加油料。确认给水、通风正常。

④接通 TBM 的控制电源,启动液压动力站、通风机、TBM 自身的给水(加压)水泵。根据施工条件,确定是否启动排水水泵。

⑤确定连续皮带机、风、水、电管线延伸等各种辅助施工进入掘进工况。

⑥检查测量导向的仪器工作正常,并提供正确的位置参数和导向参数。根据测量导向系统提供的 TBM 位置参数,调整 TBM 的姿态,确保方向偏差(水平、垂直、圆周)在允许误差范围内,撑紧水平支撑靴达到满足掘进需要的压力。

6.2.3.3 试掘进组织

TBM 组装调试完成,步进到始发洞后,开始试掘进施工。TBM 试掘进前期由 TBM 制造商示范操作并负责对施工单位完成培训;后期由施工单位负责操作,TBM 制造商负责技术指导。

施工单位根据正常施工的工班组织配备人员,在 TBM 制造商示范操作时,TBM 技术人员与操作人员向 TBM 制造商充分学习各项设备的正确操作与维护管理,同时完成正常的辅助作业,包括锚杆、挂网、喷射混凝土以及延伸钢轨、风水管、电缆等辅助施工。之后承包商 TBM 技术人员和操作人可员进行独立操作时,TBM 制造商技术人员现场监督指导,按照供货商指定的操作程序进行操作运行,以保证设备正常投入运行。

6.2.3.4 试掘进注意事项

①当 TBM 到达始发洞室,刀盘和岩面接触后,注意初始掘进参数的选择。

②在 TBM 破岩掘进前,必须进行洞轴线的校核,TBM 自身导向系统和人工校核两种方式分别进行,确保轴线准确无误。

③掘进机开始掘进时的围岩支护方式采用Ⅳ类围岩支护,确保掘进机顺利通过。

④TBM 试掘进前期必须尽早调整 TBM 姿态到设计允许偏差范围。

⑤用最短的时间熟悉掌握掘进机的操作方法、机械性能,培训合格的设备操作人员与维护管理人员。

第 7 章　TBM 的一般操作与掘进参数选择

通常,硬岩 TBM 分为护盾式和敞开式两种机型。护盾式 TBM 一般分为双护盾式和单护盾式,敞开式 TBM 则分为内外凯型和主梁型。然而,护盾式 TBM 和敞开式 TBM 在推进控制原理方面有着很大的区别,操作方法亦不相同。本章所讲的 TBM 操作及掘进参数选择均指的是敞开式主梁型 TBM。

7.1　TBM 的主控室操作

TBM 的主控室是 TBM 整机的重要组成部分,是整个 TBM 主要功能的控制中心。一般情况下,TBM 在正常掘进施工时需配置 TBM 主司机和附属设备操作手。

7.1.1　TBM 主司机的一般要求

①身体健康,无精神障碍病史、无酗酒习惯。
②一般要求中专以上学历,机电工程类、土木工程类相关专业。
③熟练掌握 TBM 的工作原理及相关连锁控制原理,初步了解地质围岩、土木测量知识。
④熟练掌握 TBM 施工的一般工序及施工组织。

7.1.2　TBM 主司机的工作职责

①操作 TBM 进行掘进、调向、换步作业。
②操作 TBM 皮带机、连续皮带机出渣系统。
③负责 TBM 停机维保状态的辅助控制。
④负责向维保人员确认维保进程及状态。
⑤负责 TBM 在各种工况下的安全操作。
⑥负责向上通报 TBM 在各种工况下的安全状态。
⑦负责填写 TBM 施工的相关记录。

7.1.3　TBM 姿态控制

TBM 的姿态包含 TBM 主机在水平方向、垂直方向偏离隧道中心线的程度以及 TBM 主机环向的旋转角度。

7.1.3.1　TBM 调向原理

TBM 主机前端由底护盾支撑,主机后端由撑靴(或后支撑)支撑。所有调向操作都是通过调整掘进机后端相对于前端底护盾支撑位置来实现的,底护盾作为受力点和回转点,将调向运动传递到刀盘从而实现主机"摇头摆尾"动作。理论上,这个回转点位于底护盾底部中线处,但垂直转向会将这个点转移到底护盾的前面或后面。

对于直线掘进,TBM 的纵轴必须与隧道的纵轴一致。横轴需要略微向上,以补偿边刮刀的超挖。随着滚刀磨损的加剧,向上的倾斜度需逐渐减小。因此,在掘进过程中,操作司机必须始终留意机器相对隧道轴线的位置,并进行必要的修正。TBM 调向操作面板见图 7-1,调向操作控制见表 7-1。

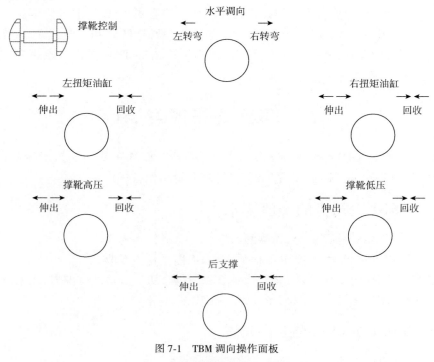

图 7-1 TBM 调向操作面板

调向操作控制 表 7-1

名 称	功 能
撑靴高压伸收	撑靴高压伸收控制
撑靴低压伸收	撑靴低压伸收控制
左、右转弯	向左、向右调向
左扭矩油缸伸出、回收	左侧扭矩油缸伸出、回收
右扭矩油缸伸出、回收	右侧扭矩油缸伸出、回收
后支撑伸出、回收	后支撑油缸伸出、回收

7.1.3.2 TBM 导向系统

TBM 导向系统的常用配置有 PPS 导向系统和 VMT 导向系统两种产品。TBM 主司机须根据导向系统的预设隧道中心线控制 TBM 的掘进路线,不同的隧道工程有不同的掘进中心线偏差范围要求。

(1)PPS 导向系统简介

PPS 导向系统硬件组成见图 7-2。PPS 导向系统软件主界面见图 7-3。

第7章 TBM的一般操作与掘进参数选择

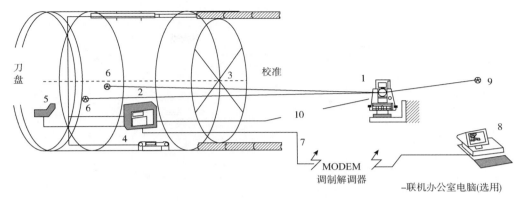

图7-2 PPS导向系统硬件组成

1-机动经纬仪(全站仪);2-工业计算机;3-间隙测量(选用);4-推进油缸数据传输(选用);5-倾斜与滚动双轴倾斜仪;6-安装在TBM上的棱镜;7-系列数据传输(选用);8-办公室计算机(选用);9-远程棱镜;10-无线电子连接

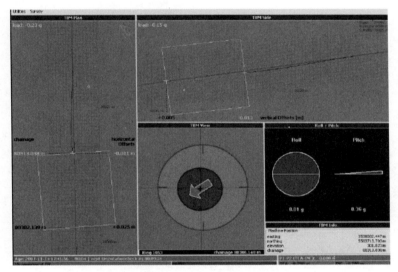

图7-3 PPS导向系统软件主界面

(2) VMT导向系统简介

VMT导向系统硬件组成见图7-4。VMT导向系统软件主界面见图7-5。

7.1.3.3 TBM调向操作

正常掘进状态下,TBM的垂直调向与水平调向操作应始终以小幅度进行,并且在调向过程中刀盘应处于正常旋转状态。TBM调向原理见图7-6。

(1) 垂直调向

垂直调向可以通过左右扭矩油缸来完成。左右扭矩油缸必须同步操作,比如同时向上或向下,向上按钮将机器的后部向上推(方向往下走),这会加大下方的超挖。向下按钮的功能则相反,它控制机器向上移动,使上方超挖加大。

TBM 构造与应用

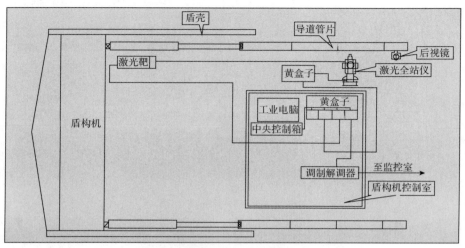

图 7-4　VMT 导向系统硬件组成

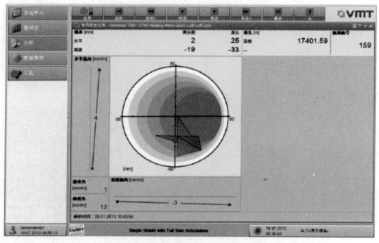

图 7-5　VMT 导向系统软件主界面

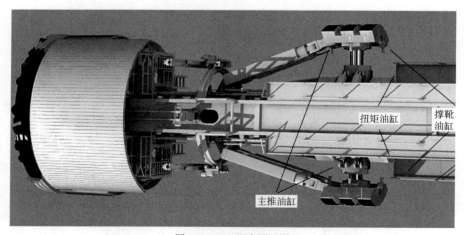

图 7-6　TBM 调向原理图

(2)水平调向

任何水平方向的调向都可以通过选择开关进行。右转弯功能使机器后部向左移(掘进方向向右移动),这会加大右侧的超挖;左转弯功能则相反,它控制机器向左转向(左侧超挖加大)。

撑靴重新定位时,机器的重量必须靠后部的支撑来支持。撑靴的重新定位必须在刀盘停止旋转后进行。主机有滚转角时,将调整后的撑靴撑紧洞壁,后支撑缩回。通过扭矩油缸在相反方向上的作用使机器滚转至正确的姿态。

(3)环向滚动调节

TBM 在掘进状态下刀盘以顺时针方向转动时,TBM 主机大梁受来自刀盘的反扭力矩作用而产生逆时针旋转趋势,导致主机产生一定的逆时针旋转角度。为了减小这个旋转角度,TBM 在姿态调整功能方面进行了专门设计,可以通过位于鞍架左右两侧的扭矩油缸配合动作实现主机大梁环向旋转角度的改变。调节滚动时,主司机应根据倾斜传感器检测到的角度数据,同时操作两侧扭矩油缸的控制按钮,使两侧扭矩油缸分别同时实施左侧伸出、右侧缩回动作,从而使主大梁实现顺时针旋转。

(4)单次调向幅度限制

掘进机的调向操作必须在刀盘旋转的时候进行。考虑到岩体硬度,建议适当降低推进油缸的推进速度或者推力,以减轻滚刀在调向操作时受到的负载。

调向时建议遵循以下限制(考虑到调向时后端支点位置的差异,以下限制均以最外侧边刀的单次位移为准):

①无论是垂直或水平的调向操作,最外侧边刀的单次位移均不允许超过 3mm。

②进行第二次调向操作时,主机至少要向前掘进 100mm。

③在 250mm 的掘进长度内,最外侧边刀移动的总位移不允许超过 5mm。

④在 1000mm 的掘进长度内,最外侧边刀移动的总位移不允许超过 15mm。

随着边刀磨损量不断扩大,开挖直径不断减小,导致滚刀和边刮刀之间的高度差也在不断缩小,因此上述限制也需要适当减小。

总之,在进行 TBM 水平和垂直方向的调向时,应遵循一定的原则,要求主司机时刻保持"谨慎敏感、超前多想"的心态和"人机合一"的状态。主司机的反应灵敏度、对隧道中线的控制能力以及责任心直接影响隧道成洞的偏差程度(图 7-7、图 7-8)。

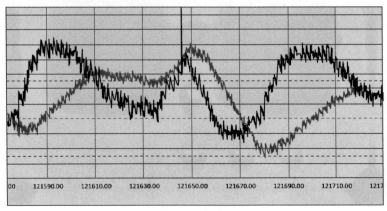

图 7-7 隧道成洞偏差较大

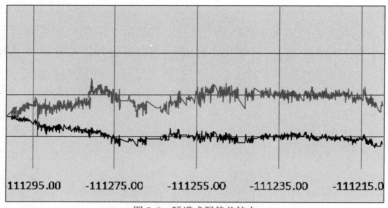

图 7-8　隧道成洞偏差较小

7.2　TBM 附属设备操作

7.2.1　TBM 支护系统的操作

7.2.1.1　L1 区域支护设备

TBM 的 L1 支护区域位于护盾后方,一般情况下,L1 支护区域作业主要有钢拱架安装、锚杆施作、拱顶钢筋排插装、应急喷护作业等。

(1)钢拱架安装器

钢拱架安装器的操作以遥控操作为主(图7-9),液压手柄(图7-10)操作为备用的形式。在进行钢拱架安装作业时,需多名操作人员共同协作完成,作业期间各操作人员需要紧密配合,相互协作,确保安全。操作人员的一般配置见表7-2。

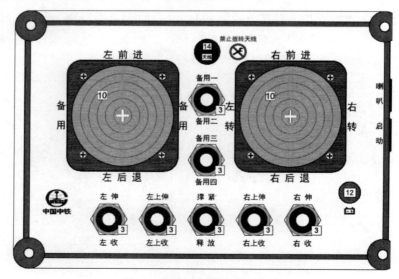

图 7-9　钢拱架安装器无线遥控器

图 7-10　钢拱架安装器备用液压操作手柄

钢拱架安装作业的操作人员配置　　　　　　　　表 7-2

岗　位	职　责	人　数
钢拱架运输小车操作手	负责倒运钢拱架	1
钢拱架安装器操作手	负责操作钢拱架安装器的旋转和调整	1
辅助人员	负责对接钢拱架、连接螺栓作业	2

(2)锚杆钻机

锚杆钻机的操作采用无线遥控器(配有线模式)的形式(图7-11),相对于有线遥控器,具有轻便、安全、灵活等特点。操作手在作业时可进行随意移动方位,寻求方便、安全的方位进行施钻作业。

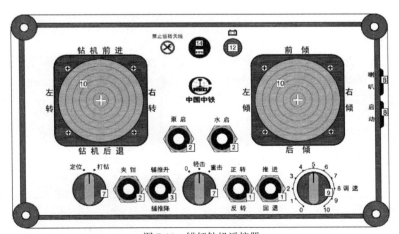

图 7-11　锚杆钻机遥控器

在使用锚杆钻机时,操作员务必按照操作说明书操作,杜绝违章操作现象。目前使用较多的钻机型号为阿特拉斯牌 COP 1838 HD$^+$型(图7-12),冲击功率18kW,钻孔直径38mm。

锚杆钻机操作顺序及注意事项:

①打开泵站主开关。

②启动遥控器,指示灯显示绿色并闪烁。

③启动液压泵站,调整推进梁与洞壁之间角度,推进梁顶紧洞壁,遥控器"定位—打钻"旋钮调整到"打钻"模式,进行钻孔作业。

④打开旋转、推进,调整合适的速度,待钻杆钻头接近岩壁时,打开喷水、轻击。

⑤待钻头位置完全进入岩石后,可打开"重击"旋钮。

⑥合理选择推进速度,防止推进速度过快或空打。

⑦钻孔结束后,拨动开关打到"回退"。钻机快速退回,速度不受电位计影响。

⑧作业完毕后,关闭液压泵站和遥控器。

⑨卡钻时,采用轻击模式,反复冲击后,卡钻现象消除,可正常作业。

⑩遥控器使用结束后,及时收回操作室。不得随意悬挂,做好防尘防水工作。

液压管线出现"跑、冒、滴、漏"等现象时,立即处理。

冲洗水异常时,处理方法:检查钻杆是否堵塞,若堵塞,应及时疏通;检查水泵进水压力是否正常(≤0.3MPa);检查水泵是否出现故障,若发生故障,停机检修。

图 7-12　COP 1838HD$^+$型钻机

(3)应急支护设备

应急支护设备一般是指出露盾体后的围岩出现大面积塌方或软弱围岩时,采用及时湿喷或回灌混凝土方法的紧急支护设备。使用小型湿喷机或混凝土输送泵设备。操作手须参照不同设备的操作规程操作。

7.2.1.2　L2 区域支护设备

一般 TBM 的 L2 区域包含的支护设备见表 7-3。

L2 区域支护设备　　　　　　　　　表 7-3

区　　域	设　　备
L2 区域	混凝土罐倒运装置(吊机或平移)
	混凝土输送泵
	速凝剂桶吊机
	速凝剂泵
	混凝土喷射机械手

L2 区域支护设备操作人员配置见表 7-4。

第7章 TBM的一般操作与掘进参数选择

L2区域支护设备操作人员配置　　　　　　　　　　　表7-4

岗位	职责	人数
混凝土罐倒运装置操作手	负责接收洞外运输编组并负责倒换混凝土罐	1
混凝土输送泵操作手	1.喷浆机械手配合输送喷浆料； 2.负责倒换速凝剂桶； 3.负责和喷射机械手配合调节风量、混凝土泵送量等本地控制的参数	1
混凝土喷射机械手操作手	负责喷浆区域的喷射作业	1

7.2.2 物料吊运系统的操作

TBM物料吊运设备及操作手配置见表7-5。

TBM物料吊运设备及操作手配置　　　　　　　　　　表7-5

设备	操作手职责	操作手数量
设备桥吊机	负责倒运支护材料、渣土、轨线材料、刀具等	1
折臂吊机	负责转运支护材料	1
刀具运输单轨吊机	负责倒运滚刀	1
尾部直臂吊机	负责尾部清渣倒运	1
储风筒吊机	负责更换风筒储存器作业	2

7.2.3 渣土输运系统的操作

TBM的渣土输运系统一般由主机皮带机、后配套皮带机、连续皮带机(额外配置)或矿车编组组成。TBM主司机在启停皮带机输运系统时须按照既定的操作流程操作。

7.2.3.1 皮带机系统的启动顺序

TBM皮带机输运系统在电气控制系统内设置了既定的逻辑顺序,即启动和停机的优先级控制逻辑。主司机必须按照既定的控制逻辑按顺序启停皮带机系统。

①先启动连续皮带机。连续皮带机正常运行后,会反馈给PLC一个速度到达信号,PLC接收到速度到达信号后,认为连续皮带机处于正常运行模式且速度正常,这也是启动后配套皮带机的连锁条件。如果连续皮带机速度未达到设定速度,将无法启动后配套皮带机。

②启动后配套皮带机,启动后会有一个15s的启动报警,报警结束后,后配套皮带机系统启动,慢慢旋转电位计调节皮带机速度至设定值,后配套皮带机启动完成。根据需要在上位机水系统界面按皮带机喷水控制按钮,控制皮带机喷水。

③启动主机皮带机,启动后会有一个15s的启动报警,报警结束后,主机皮带机系统启动,慢慢旋转电位计调节皮带机速度至设定值,主机皮带机启动完成。

④根据需要启停皮带机喷水降尘系统,控制皮带机喷水。

7.2.3.2 皮带机系统的停止顺序

皮带机系统的停止顺序也受既定逻辑的控制,即按照主机皮带机、后配套皮带机、连续皮带机的顺序依次停机。

①正常掘进工况下,主司机须在掘进换步间隙停止主机皮带机,可保持后配套皮带机和连续皮带机正常运行。停止推进后,将 TBM 刀盘保持旋转至主机皮带上渣土卸载完毕,使主机皮带机处于空载运行状态,方可停止刀盘和主机皮带机。

②非正常掘进工况下,主司机在停止刀盘后应按照主机皮带机、后配套皮带机、连续皮带机的顺序依次停机。

7.3 非掘进工序情况下主司机的操作

正常情况下的非掘进工序一般是指换刀作业、维修保养作业等工序。要求主司机必须全面掌握非掘进工序的作业区域、进展情况,协助作业人员完成相关作业,要做到"知工序、知进程、知需求"。

7.3.1 更换刀具期间主司机的操作注意事项

一般在更换刀具作业期间,出于安全设计考虑,要求主司机将主控室刀盘控制区域(图 7-13、表 7-6)的控制模式切换成"本地控制"模式,将切换钥匙(唯一的)交给刀盘作业人员保管。刀盘区域作业人员根据作业情况自行在刀盘区域控制刀盘旋转,主司机完全失去对刀盘运动状态的控制权限。刀盘作业完成后,由刀盘作业人员确认刀盘作业环境是否安全,确保无误后将切换钥匙交回主控室。此作业流程必须严格执行,否则将可能造成重大安全事故。

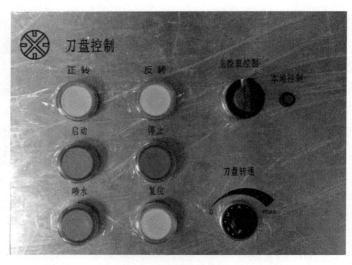

图 7-13 刀盘控制面板

第 7 章 TBM 的一般操作与掘进参数选择

具体要求如下:
①刀盘的本地控制模式和主控室控制模式为互锁模式,在特定时间只能处于其中一种工作模式。
②进入刀盘的任何作业人员必须与主司机确认,转换工作模式。
③刀盘作业完成后由指定的作业人员将模式转换钥匙交回主司机手中。
④施工单位必须制定严格的刀盘作业规章制度,并严格执行。

刀 盘 控 制 说 明　　　　　　　　　　表 7-6

名　称	功　能
主控室与本地控制模式选择	选择刀盘的控制方式
左转、右转	选择刀盘的旋转方向
启动、停止	启动和停止刀盘
刀盘转速	调节刀盘转速
喷水	控制刀盘喷水
复位	复位刀盘变频器故障

7.3.2　维保期间主司机的操作注意事项

TBM 正常维保期间,主司机需要根据维保作业的区域适当解除各系统间的连锁控制关系。特殊系统的维保作业时,主司机将相应的控制模式由主控室控制模式切换成本地控制(如皮带机系统,见图 7-14),以免造成安全事故。

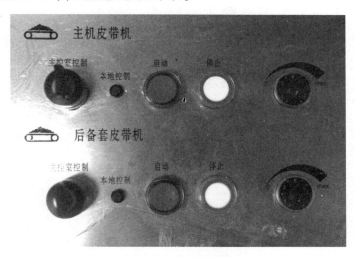

图 7-14　皮带机控制面板

7.3.3　非掘进工序的安全管理

TBM 使用单位应制定非掘进工序下的维保作业工序和相应的管理措施,如维保状态指示牌(图 7-15)。便于 TBM 主司机及时掌握维保作业进程,杜绝由于误操作导致安全事故。

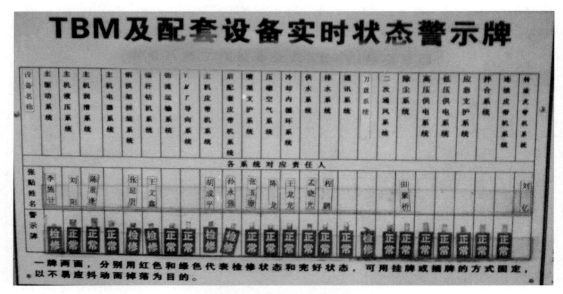

图 7-15　TBM 维保状态指示牌

7.4　TBM 的掘进参数

7.4.1　TBM 的主要掘进参数

TBM 掘进参数的选择主要取决于掌子面的围岩条件和 TBM 本身的设计参数。TBM 掘进状态的主要参数见表 7-7。

TBM 掘进状态的主要参数　　　　　表 7-7

参数名称	单　位	参　数　说　明
掘进速度	mm/min	主推油缸的伸出速度,受主司机控制
推力	kN	由主推油缸施加给主机大梁的向前推进力
刀盘转速	r/min	刀盘在掘进状态下的旋转速度,受主司机控制
刀盘扭矩	kN·m	刀盘在掘进状态下产生的总扭矩
贯入度	mm/r	刀盘每旋转一周的掘进进尺

TBM 在不同围岩条件下掘进,主要掘进参数略有不同,TBM 主司机应充分理解每个参数的意义和相互关系。

7.4.2　TBM 的掘进参数控制原则

不同围岩条件下掘进参数选择的一般原则见表 7-8。

第7章 TBM的一般操作与掘进参数选择

不同围岩条件下掘进参数选择的一般原则　　　　表7-8

围岩类别	掘进速度	刀盘转速	贯入度	推力	撑靴压力	刀盘扭矩
Ⅰ、Ⅱ类，节理裂隙不发育、单轴抗压强度高	较小，一般仅为最大掘进速度的10%~30%	较高，一般为最大转速的70%~75%，破岩效率低	较小，滚刀破岩能力较弱	一般为额定推力的70%~80%，由于掌子面阻力较大，导致推进力增大	一般为液压系统设定最大压力的90%~95%。撑靴需要提供较大的摩擦力以满足大推力的需要，要求撑靴与围岩的压力增大，因此，需要主司机提高撑靴油缸压力	一般为刀盘额定扭矩的10%~15%。围岩强度高且完整，贯入度小，刀盘的转动负载小，所需的驱动扭矩低
Ⅲ类围岩，岩石微风化或弱风化，裂隙发育，强度偏低	较大，根据围岩强度的强弱，掘进速度可达最大推进速度的60%~100%	滚刀破岩效率较高，应根据推进速度、皮带机的承载状态综合调整，一般控制贯入度在15mm/r以内，实现TBM掘进效率的最大化	较大，一般控制在15mm/min以内	较小，需根据刀盘转速、贯入度、出渣情况综合调整至最佳状态	一般为液压系统设定最大压力的80%~85%	一般可达刀盘额定扭矩的35%~40%。由于贯入度大，刀盘的转动负载大，所需的驱动扭矩比Ⅰ、Ⅱ类围岩条件下偏高
Ⅳ类围岩，断裂及软弱结构面较多，岩体呈碎石状镶嵌结构，局部呈碎石状压碎结构。掘进过程中需使用钢拱架加强支护	由于围岩破碎，在刀盘破岩的扰动下，掌子面可能出现大块岩石塌落，为降低刀具和皮带机损坏风险，根据刀盘的扭矩变化及时调整掘进速度，控制在最大推进速度的60%以内	适当降低刀盘转速，提高刀盘的实时输出最大扭矩，以应对突发破碎情况。一般刀盘转速控制在额定转速的50%~60%	一般控制在10mm/min以内	推力偏小	撑靴压力可根据撑靴所处的围岩面情况适当调整，一般不超过Ⅲ类围岩的压力值	一般可达刀盘额定扭矩的25%~40%。由于围岩破碎，掌子面围岩可能出现随机塌方，导致刀盘的转动负载波动范围较大
Ⅴ、Ⅵ类围岩，散体、砂层滑坡堆积及碎、卵、砾质土	适当降低推进速度，配合刀盘转速调节，控制在最大推进速度的40%以内。由于围岩松散、破碎、强度极低，极易发生收敛变形，发生卡机的概率较高，主司机应时刻保持警惕，时刻关注刀盘扭矩及推力的变化	降低刀盘转速至主驱动电机的输出恒扭矩速段（俗称为"拐点转速"以下），即主电机的给定频率不超50Hz	在此类围岩条件下，贯入度一般不作为主要控制参数	推力波动较大	撑靴部位的围岩可能十分软弱，无法承受撑靴的压力，易发生撑靴陷入围岩和打滑现象，须及时采取应急加固措施，使撑靴能满足最低撑紧压力要求	刀盘扭矩波动较大，一般会达到额定扭矩的70%以上。主司机应时刻关注扭矩的实时变化，实时调整刀盘转速和推进速度，做好参数配合。做好应对可能出现的主电机扭矩保护器动作的准备

第 8 章 TBM 检查与维修

合理而安全的操作能够发挥出 TBM 最大的效率,但由于 TBM 是一个高度集成的机器,每一个部件都能影响到整机的使用状况,因此对 TBM 的维护就显得尤为重要。本章详细阐述了 TBM 主要系统及部件的维护指南,包括正确检查与维修过程的必要解释和指导。在维护指南中指定的维护工作必须执行,以确保挖掘机可靠和安全操作,减少停工时间,避免人员伤害。本章内容均针对敞开式主梁型 TBM。

8.1 TBM 检修人员的一般要求

TBM 检修人员的一般要求如下:

①检修人员必须经过专业的技能培训与指导,并具备一定的机械、电气、流体及土木专业知识后,方可进行 TBM 维护工作。

②检修人员必须经过专业安全知识培训,熟悉 TBM 及地下工程施工相关安全知识,掌握必备的防护技能。

③检修人员必须对 TBM 机械结构、电气、液压的基本工作原理及 TBM 施工有一定的了解。

④检修人员必须严格遵守相关安全规则及章程。

⑤只有具有相应资格的电气人员才能进行电气检修工作。

⑥检修人员必须经过专业培训方可进入刀盘内部或掌子面作业。

⑦从事 TBM 检修作业前,必须认真阅读并深刻理解设备元器件说明书、随机图纸、操作手册、安全指南、维护和保养手册等方可进行维护作业。

⑧身体不适、服用药物(含催眠药类)及饮酒后不允许进行检修作业。

⑨检修人员作业时,要佩戴相应的防护器具。

8.2 刀盘的检查与维修

8.2.1 刀盘的日常检查

刀盘是 TBM 破岩刀具的载体,是 TBM 的关键部件之一,必须定期检查并维护刀盘。在检查过程中,必须检查刀盘的磨损情况,重要检查点有格栅、进渣口、耐磨保护等;必须检查刀具的磨损情况,如滚刀、刮板等刀具,并保留相应的刀具检查日志。另外,必须检查固定材料的完整性和紧固扭矩。避免在损坏或不完整的设备情况下进行掘进,防止对刀盘造成严重损坏。

必要的检查频次应根据地质情况进行适当调整。最合适的检查时间间隔应根据掘进动作的突发状况进行调整。随时根据地质条件变化检查刀盘。检查时间间隔可能因为实际地质条件的不同而有很大的变化。每个班次至少检查一次。一旦地质条件发生变化,则一定要检查刀盘。

在准备维护或换刀时,刀盘需要后退一定的距离。在刀盘后退的过程中,要求刀盘处于旋转状态。待刀盘退到相应位置,刀盘完全停止后,要求刀盘刹车起作用,此时严禁刀盘旋转。在换刀时,避免大面积单侧换刀,因为大面积单侧换刀可能会引起刀盘自转。

刀盘需要维护的主要部件有:刀盘结构、滚刀、刮板、磨损保护装置、管路装置。

不同围岩情况下的刀盘日常检查内容见表8-1。

不同围岩的刀盘检查内容 表8-1

围岩类别	检查重点项	处理措施
Ⅰ、Ⅱ类,节理裂隙不发育、单轴抗压强度高	1.刀盘分块连接螺栓及主焊缝。 2.刀盘内部加强筋板连接处焊缝。 3.刀盘面板耐磨板的磨损情况。 4.刮刀座焊缝及耐磨层。 5.滚刀刀箱焊缝、刀座压溃情况。 6.滚刀的拉紧螺栓及楔形块、拉紧块的状态。 7.滚刀的运行状态。 8.刀盘喷水运行状态	1.发现有焊缝裂隙(纹),应立即采取补焊加强处理。 2.根据耐磨板磨损情况周期性补焊处理。 3.及时紧固或更换松动螺栓或采取适当的紧固措施(如:加装锁紧螺母或适当涂抹螺纹紧固胶)。 4.必要时更换楔形块、拉紧块。 5.出现滚刀刀圈崩刃、断裂、漏油、弦磨等异常情况立即更换。 6.及时处理刀盘喷水,严禁无喷水或喷水量不足情况下掘进
Ⅲ类围岩,岩石微风化或弱风化,裂隙发育,强度偏低	1.刮刀的磨损。 2.滚刀的运行状态。 3.刀盘喷水的运行状态	发现问题及时处理
Ⅳ、Ⅴ类围岩,断裂及软弱结构面较多,岩体呈碎石状镶嵌结构,局部呈碎石状压嵌结构,掘进过程中需使用钢拱架加强支护	1.滚刀的弦磨。 2.掌子面塌落体对滚刀的损坏。 3.刮刀及刮渣口格栅的间隔适当调整。 4.掌子面及刀盘渣仓渣土的残留情况	1.及时更换弦磨滚刀。 2.根据渣土残留情况适当改变刮渣口的格栅间隙

8.2.2 刀盘的一般性维修

8.2.2.1 刀盘的失效形式

TBM 刀盘的失效形式一般为结构件疲劳开裂、耐磨层磨损两种形式。具体表现为刀盘结构加强筋板焊缝开裂(图8-1)、刀箱焊缝开裂(图8-2)、面板耐磨层磨损(图8-3)、耐磨带磨损(图8-4)、刀座压溃(图8-5)、刮刀座开裂(图8-6)等。

图 8-1　刀盘结构件焊缝开裂　　　　　　图 8-2　刀箱焊缝开裂

图 8-3　面板耐磨板磨损　　　　　　图 8-4　耐磨带磨损

图 8-5　刀座压溃(中心刀)　　　　　　图 8-6　刮刀刀座损坏

8.2.2.2　刀盘的常规维修

TBM 刀盘一般在掘进一定距离后会出现局部的开裂、磨损等问题。此时,需要对 TBM 刀盘进行阶段性的维修工作。施工单位可根据刀盘实际状况,结合施工现场的条件及施工计划,制定相应的维修计划和维修方案。这里以 TBM 刀盘的刀座压溃问题的常规维修方法为例,介绍维修过程的重点工艺控制方法。

①对刀盘相关部位进行焊接维修作业前,必须确定所需要修复部位相关的材质及性能参数。例如,中心刀座材质一般为 $30Cr_2Ni_2Mo$,刀轴支撑面采用表面淬火处理,硬度在 HRC49~54。

②确定所需修复部位的原始尺寸,作为修复的结果参照。中心刀座结构见图 8-7。

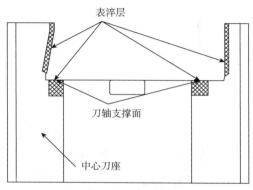

图 8-7 中心刀座结构图

③对压溃后的刀轴支撑面进行打磨,直到出现原始材料的金属光泽(图 8-8)。

图 8-8 堆焊前打磨见光

④旋转刀盘,将需要堆焊处理的刀座调整到最佳修复位置(图 8-9)。

⑤采用烤枪对堆焊部位进行预热(8-10),预热温度 250~300℃,对非堆焊位置采用保温棉覆盖,这样可以减少刀座热量挥发,并可保护非堆焊部位,防止焊接飞溅。

⑥选用的新型焊材具有良好的焊接性,不易出现焊接裂纹,堆焊后具有表面硬度高、抗压强度及耐磨性较好的优点。焊材直径 $\phi1.2mm$,硬度值在 HRC49~54,与刀座淬硬层硬度值一致。表 8-2 为堆焊层硬度检测结果。

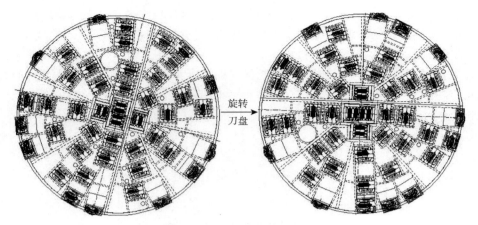

图 8-9 旋转刀盘调整为横焊位置

图 8-10 预热

堆焊层硬度值检测结果　　　　　　　　　　　　　　表 8-2

测量值	HRC										平均值
	1	2	3	4	5	6	7	8	9	10	
一层	48.8	49.3	50.0	50.3	50.3	48.5	47.4	49.1	47.0	49.8	49.1
两层	53.7	54.7	55.1	55.8	52.5	53.7	54.4	53.8	54.9	54.2	54.3

⑦层间温度要求 250~350℃(图 8-11)。

⑧实际堆焊厚度根据刀轴支撑面压溃程度而定,单层堆焊厚度≤5mm,单道焊缝宽度≤12mm,堆焊层不能超过两层,堆焊厚度不能大于 10mm(图 8-12)。

⑨焊后覆盖保温棉缓冷至常温。

⑩打磨。以原中心刀座为基准面,利用已提前制作完成的维修工装测量堆焊面的平面度,用砂轮机或直磨头反复对其打磨(由于堆焊层硬度很高,打磨时间较长),直到堆焊面与基准面共面(图 8-13)。判断标准:工装同时放在基准面与堆焊面上,堆焊面与工装面位置的间

隙不超过 0.05mm。

⑪探伤。对堆焊层进行 PT 检测,检查堆焊层无裂纹(图 8-14)。

图 8-11　层间温度检测

图 8-12　堆焊

图 8-13　打磨

图 8-14　PT 检测

⑫检测。利用硬度仪对堆焊层表面进行检测,满足表 8-2 要求。

⑬清理。确保堆焊修复后的中心刀座刀轴支撑面表面干净无异物。

8.2.2.3　刀盘的大修

在硬岩和极硬岩长大隧道 TBM 施工过程中,由于硬岩地质的原因,一般在隧道的设计阶段就已经充分考虑了 TBM 的中间检修洞室的设计规划,根据刀盘的实际状况制定相关维修计划,待 TBM 掘进到检修洞室时即可进行维修作业。

一般分为两种情况考虑:一是由于洞室条件限制,不具备拆除刀盘进行检修作业,且刀盘仅需要局部的补焊、加强、修复后即可继续完成后续隧道掘进任务的情况,此情况无须拆除刀盘实施修复;二是具备洞内拆除刀盘检修条件,滚刀刀箱存在大面积或全部变形、开裂失效,通过常规修复无法继续完成后续隧道掘进任务,此情况需要拆除刀盘,以便对刀箱进行刨除、重新定位、更换新刀箱。

在刀盘大修前,需要编制刀盘大修专项方案,一般包括材料、人员、工具、工艺、质量标准、安全等方面,必要时专项方案要由相关专家评审通过后实施。

8.3 刀具的检查

8.3.1 刀具检查的一般性原则

刀具的日常检查一般根据围岩的实际情况确定检查频次。一般情况下,围岩越硬、完整度越好(如Ⅱ类围岩),检查频次越频繁,可以利用掘进工序中断时间实施刀盘检查。检查的一般流程如图8-15所示。

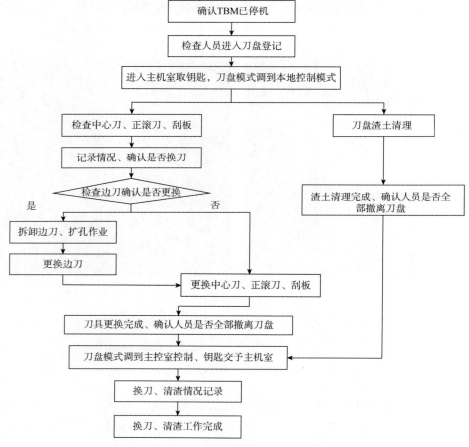

图8-15 刀具检查、更换的一般流程

8.3.2 刀具检查内容

刀具检查的内容见表8-3。

刀具检查的内容 表 8-3

组件名称	检查内容	检查标准
刀圈	完好性	刀圈无脱离、无破损、无严重变形(卷刃)
	磨损	刀圈外缘磨损均匀,且未达到极限磨损量
轴承	刀圈旋转	刀圈可以旋转,且有阻尼感
浮动密封	密封性	润滑油(脂)无泄漏
刀毂	完好性	无变形、磨损无超限
刀轴	完好性	无变形、裂纹、破损
端盖	完好性	无严重磨损、变形
挡圈	完好性	无严重磨损、脱落
拉紧螺栓	紧固性	无松动、滑丝、断裂
拉紧块	完好性	无严重变形、开裂、脱落
楔形块	完好性	无严重磨损、开裂、脱落
刀箱	完好性	焊缝无裂纹,刀座与刀具间的配合面无压溃
刮板	磨损	刮板磨损均匀,未达到极限磨损值
	完好性	刮板与刮板座未脱离,紧固螺栓无松动
喷水嘴	完好性	无脱落、堵塞,喷水有足够的水压、流量
喷水管路	完好性	无破损、堵塞
回转接头	完好性	无脱落,紧固螺栓无松动,回转接头无异响

8.3.3 刀具的异常损坏形式与原因

一般情况下,刀具经过破岩作业后因每把刀具的刀位、安装、围岩地质、刀具本身质量差异等原因,在使用过程中会出现异常损坏。具体的异常损坏形式与原因见表 8-4。

滚刀的损坏形式与原因 表 8-4

组件	损坏形式	原因
刀圈	卷刃	刀圈硬度不足
	剥落/断裂	1.刀圈硬度过高,韧性不足; 2.刀圈局部过载
	偏磨	1.相邻刀位刀高差超过标准值; 2.轴承状况不佳; 3.刀具启动扭矩不合适
	弦磨	1.轴承失效; 2.密封失效
刀具	漏油	1.轴承失效; 2.密封失效
刀箱	刀座与刀具配合面压溃	1.刀盘推力过大,超过设计要求; 2.刀具拉紧螺栓频繁松动

续上表

组　件	损坏形式	原　　因
拉紧螺栓	松动	1.刀座与刀具配合面压溃； 2.螺栓使用次数多,螺纹损伤严重； 3.刀具安装时,没有将配合面清理干净； 4.螺栓紧固扭矩小于设计值
	断裂	1.螺栓质量不合格； 2.紧固扭矩大于设计值； 3.螺栓等级偏小,强度不足

8.3.4　刀具的磨损量允许值

根据刀盘的滚刀在刀盘面板半径由内向外方向的位置,可以将整盘滚刀分为中心刀、正滚刀、边滚刀三大类,详见图 8-16。不同位置的滚刀允许的刀圈磨损量不同,由内到外允许磨损量递减。以 19in 滚刀为例,允许磨损量见表 8-5。

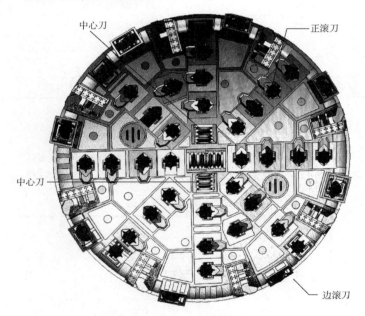

图 8-16　刀盘滚刀布置

滚刀及刮板磨损允许极限　　　　　　　　　　　　　　　　表 8-5

刀具类型	刀圈或刮板磨损极限(建议值)(mm)	备　　注
正滚刀	25~35	此标准适用于正常地质情况。特殊地质(如收敛变形量较大)情况下,可根据围岩收敛情况适当降低边刀刀圈的磨损极限,适当增大刀盘的极限开挖直径,以防造成卡机
边刀	12~15	
中心刀	20~25	
刮板	30	

8.4 刀具的更换

8.4.1 刀具的更换标准

刀具的更换标准为：
①挡圈脱离必须更换(图 8-17)。
②刀圈出现裂纹或大面积崩刃必须更换(图 8-18)。
③刀圈弦磨必须更换(图 8-19)。
④轴承、密封损坏、漏油必须更换(图 8-20)。

图 8-17 滚刀挡圈脱落

图 8-18 刀圈开裂

图 8-19 刀圈弦磨

图 8-20 轴承损坏

⑤磨损达到极限必须更换(表8-5)。

8.4.2 刀具的更换作业步骤

8.4.2.1 正滚刀的拆卸步骤

①工具准备,包括高压风、高压水、小吊机、套筒扳手、扭矩扳手、大小撬棍、对讲机等。
②转动刀盘,使需更换的刀具处于底部位置。
③用小吊机拉住由细钢丝绳缠绕的待拆刀具(拉力应适中,以不使刀具螺栓受力为宜)。
④用气动套筒扳手拆下刀具的固定螺栓。
⑤利用撬棍使刀具转动90°。
⑥用吊机将刀具从刀座中拉出(根据情况间隔撬动刀具,以免卡住)。
⑦将刀具吊到盘主轴承平台处。
⑧通过内机架孔将刀具放到地面。
⑨清理刀座,并检查螺栓及刀座与托架的接触面。

8.4.2.2 正滚刀的安装步骤

①准备装刀工具,与拆卸所用基本相同。
②将需安装的新刀通过内机架孔用小吊机吊放在刀盘轴承处的工作平台上。
③转动刀盘,使需更换处位于底部位置。
④用高压水冲洗刀座螺栓孔,清理刀座与刀具托架接触面的污物。
⑤用小吊机和细钢丝绳将刀具缓缓放下,将刀具推进刀孔内。
⑥刀具到位后,在小吊机的适中拉力和轻微升降配合下,利用撬棍使刀具转动90°。
⑦对正刀具螺栓孔,将刀具螺栓旋入,用气动套筒扳手拧紧。
⑧松开小吊机,用液压扭矩扳手校核刀具螺栓的扭矩,使其达到规定的扭矩值。
⑨完成一个掘进行程后,复紧刀具螺栓。

8.4.2.3 边刀的拆卸和安装

边滚刀的拆卸与安装过程与正滚刀完全相同,但在更换边滚刀之前应先扩孔,扩孔完毕再更换边滚刀。

换边刀必须同时更换刮板,并将安装刮板的螺栓的扭矩拧到规定值。

掘进一个行程后,应检查更换的刀具和刮板,将螺栓复紧到规定扭矩值。

8.4.2.4 中心刀的拆卸

①转动刀盘使盘形滚刀的中心线处于水平位置。
②去掉喷水管及油管等,必要时拆下回转接头。安装操作平台及中心刀专用安装装置。
③松开夹紧块,然后拆下。
④用套筒扳手从需更换的刀具和喷嘴座块上旋下刀具的底部固定螺栓。
⑤带有加长工具的安装小车推进到喷嘴座块处,用两个螺栓将小车与座块相连。

⑥拧出喷嘴座块的上部固定螺栓,安装小车进一步前移,并带动喷嘴座块转动90°。
⑦拉回安装小车,拆下喷嘴座块,放置在内机架中。
⑧安装小车前移,并用两个螺栓与外侧刀具连接,拆下刀具上部的固定螺栓。安装小车进一步前移并使刀具转动90°。
⑨拉回带刀具的安装小车,用连接爪将其固定到提升装置上,从导轨上抬下,放入内机架中。
⑩从安装小车上卸下刀具。

8.4.2.5 中心刀的安装

①清理刀具与刀座接触面及螺栓孔,检查有无损伤。
②将新刀用两个螺栓固定在安装小车上,放入导轨并固定(注意刀具的位置90°转动后,安全锁紧环须指向外侧)。
③刀具从中间推入,然后缓慢转过90°。水平移动安装装置,直到新刀接触临近的刀具,然后拉回。拧入上部两个固定螺栓,手动拧紧。
④松开安装小车,手动拧入底部固定螺栓,手动拧紧。
⑤将装有加长工具的喷嘴座块用螺栓连接到安装小车上。将喷嘴座块从中间推入,转动90°,然后水平移动直到中心处接触。拉回安装装置,拧入上部固定螺钉,手动拧紧。
⑥旋下加长工具,拉回安装装置。手动拧紧喷嘴座块底部固定螺栓。
⑦安装夹紧块,以便刀具对着喷嘴座块夹紧。
⑧用液压扭矩扳手将刀具、喷嘴座块和夹紧块上所有螺钉按规定的扭矩值拧紧。
⑨拆下安装装置,拧入刀具和喷嘴座块上的所有螺塞。
⑩装上回转接头、软管、喷嘴、喷管等。卸下操作平台。完成一个掘进行程后,检查并复紧刀具螺栓。

8.4.3 刀具更换统计表

在平时的刀具检查更换作业过程中,应做好详细的更换记录表,常用表格形式如表8-6所示。

8.5 滚刀的维修

TBM 施工过程中的刀具消耗成本是施工总成本的关键之一,较好地管理维修更换下来的滚刀,修旧利废,能大大节约 TBM 施工的刀具消耗成本。一般情况下,需要将更换下来的滚刀及时运至洞外专用的维修车间,由专业的维修人员对更换下来的刀具进行解体维修、重新组装,以达到分析原因、优化再利用的目的。

8.5.1 刀具维修车间的基本配置

刀具维修所需的工具一般集中配置在一个集装箱内,设置在洞外,位置便于倒运刀具。具体配置见表8-7。

TBM 构造与应用

刀具更换统计表 表 8-6

××××	TBM刀盘刀具更换统计			日期	
刀盘开始时间:		结束时间:		里程	

围岩类别及描述:

刀位	换刀前			换刀原因	换刀后					刀位	换刀前			换刀原因	换刀后				
	刀号	厂家	磨损(mm)		刀号	厂家	磨损(mm)	刀体使用次数	轴承使用次数		刀号	厂家	磨损(mm)		刀号	厂家	磨损(mm)	刀体使用次数	轴承使用次数
1										38									
2										39									
3										40									
4										41									
5										42									
6										43									
7										44									
8										45									
9										46									
10										47									
11										48									
12										49									
13										50									
14										51									
15										52									
16										43									
17										54									
18										55									
19										56									
20										喷嘴情况									
21										铲斗齿	1	2	3	4	5	6	7	8	9	10	11
22										Ⅰ											
23																					
24										Ⅱ											
25																					
26										Ⅲ											
27																					
28										Ⅳ											
29																					
30										Ⅴ											
31																					
32										Ⅵ											
33																					
34										Ⅶ											
35																					
36										Ⅷ											
37																					

Reason of Change 换刀原因	
W-Wear 磨损	
L-Leaking 泄漏	
Angled Wear 偏磨	
No Split Ring 挡圈脱落	
Cracked or Split 断裂或崩口	
BB-Broken Bolt 螺栓损坏	
O-Other(See Comment) 其他(查看备注)	
开累进尺:_____ m	
刀盘时间:_____ h	
日进尺:_____ m	
日掘进时间:_____ h	
刀盘推力_____ bar	
刀盘扭矩_____ kN·m	
刀盘转速_____ r/min	
贯入度_____ mm/rev	
共计刀具:_____把,其中17英寸单/双刃中心刀:_____把	
19英寸单/双刃正刀:_____把	
19英寸单/双刃边刀:_____把	
批量换刀计划:	
计划换刀时间:	
计划更换刀位:	
计划新装刀号:	
计划更换铲斗:	
记录人:	

刀具维修车间的基本配置 表8-7

设备和工具名称	数 量	备 注
100t压力机	1	YL-100T
刀具综合试验台	1	GDJCSYT
低噪声空气压缩机	1	LB-7.5A/8
电热烘箱	1	404A-3D(为17in、19in共用)
直流电焊机	1	ZX7-400
砂轮切割机	1	J3GB-400(含专用机座)
手拉葫芦	1	0.5t
磨床	1	M618A
冷暖空调	1	1.5匹
角磨机	1	博世 GWS6-125
棒磨机	1	东成 S1J-FF02-25 电磨头
敲击紫铜棒	1	$\phi 40 \times 330$
八磅锤	1	结构件
32件套筒扳手	1	组合件
螺丝刀	1	150mm一字、150mm十字、350mm一字、350mm十字
吊装带	2	1t
钢丝钳	1	200(8″)
扭矩扳手	1	10~100N·m
扭矩扳手	1	250~1000N·m
气压表	1	1MPa
游标卡尺	1	300mm
深度尺	1	200mm
外径千分尺	1	0~25mm
游标卡尺	1	500mm(200mm长卡爪)

8.5.2 滚刀的结构

目前比较常用的滚刀形式为17in滚刀(双联中心刀)和19in滚刀,详见图8-21、图8-22。

8.5.3 滚刀的维修

日常的维修过程中,常常以滚刀的损坏形式为依据,针对性地更换相关配件。更换下来的滚刀必须经过车间解体检查、维修、重装、校核后,方可重新使用。

8.5.3.1 检查、解体

①滚刀解体前必须使用高压空气清除外表杂物,清洁端盖油堵位置,将密封胶涂于密封端盖的油堵头上,防止杂物进入刀具中。

TBM 构造与应用

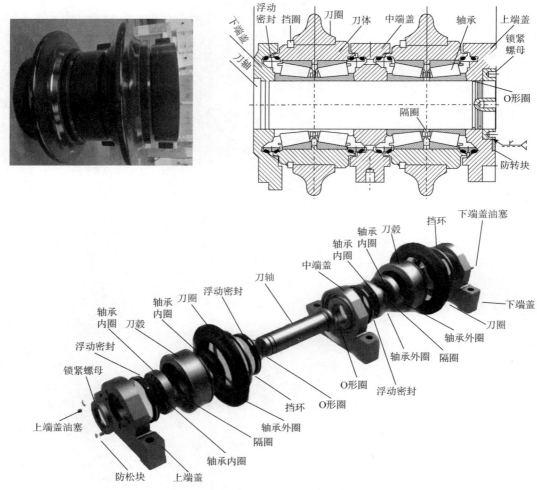

图 8-21　17in 双联中心刀

②检查刀圈磨损情况并确定是否需要更换刀圈,转动刀圈并初步测试启动扭矩(图 8-23),19in 刀具扭矩为 34~38N·m,17in 刀具扭矩为 32~36N·m。

③检查油/油脂是否泄漏及是否有较大的金属颗粒。

④往螺纹界面区域涂抹油,然后用螺母拆卸工具拆掉锁紧螺母。

⑤用起重工具拆下上端盖,拆除刀轴的 O 形圈并丢弃,从刀具上拆卸刀轴。

⑥拆卸下端盖内密封环。刀体翻转去除另一个内密封环。

⑦从端盖上拆除金属浮动密封。

⑧如果需要更换轴承,拆下轴承内圈与轴承外圈。

8.5.3.2　维修与组装

①拆解过程中,根据损坏形式和过程判断并确定需要更换的部件。

②需要更换刀圈时,原刀圈将被破坏性拆除,需要用切割机沿刀圈边缘向圆心方向直线切割,直至刀圈脱离刀体。切割过程中应避免刀体的过度损伤。

③清洁刀体内弧面、浮动密封、轴承油污，判定轴承、密封是否损坏。

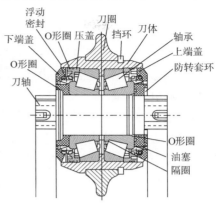

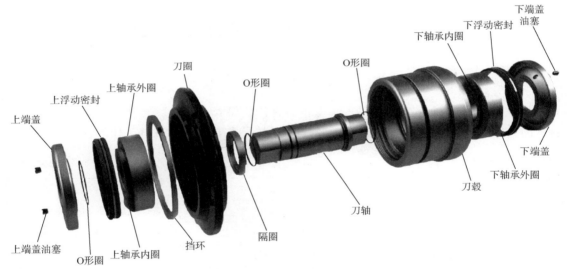

图 8-22　19in 单刃滚刀

图 8-23　启动扭矩检测

④更换浮动密封、轴承、油液。在更换安装轴承时应严格把控轴承的压入余量,适当打磨轴承隔环的厚度,以达到最佳的启动扭矩。

⑤安装轴承时,先安装轴承外圈,在刀轴底部法兰上安装O形圈。

⑥安装下端盖,安装浮动密封到下端盖,安装O形圈到内密封环上。

⑦用感应加热器或烤箱加热轴承内圈,不超过120℃。

⑧将轴承内圈放入刀体内的轴承外圈上,安装底部内密封环,组装刀体。

⑨压装顶部滚柱轴承,安装顶部内密封环,安装O形圈到刀轴上。

⑩安装上端盖嵌件,安装刀轴锁紧螺母,将刀具组件冷却到室温。

⑪调整刀具扭矩,补充润滑油,硅胶填充扳手孔、堵头、螺母间隙,防止渣土堆积。

⑫安装新刀圈时,应先将需要安装的刀圈提前在烤箱内加热至约180℃,保持约5min后立即快速安装至刀体上。

⑬安装完成后,认真填写维修记录,重新标记,存放在刀具备用储存区域。

8.6 液压系统检查与常见故障处理

8.6.1 日常保养工作

敞开式TBM在日常工作中,进行常规的日常停机保养。液压系统中包含易损件,所以在日常的工作中需要对其进行保养工作。表8-8是敞开式TBM日常保养工作内容。

日常保养工作　　　　　　　　　　　表8-8

组件	维护/保养工作	标准	处理措施
整机	所有液压管线	软管无磨损、破皮	及时更换磨损的液压管路
液压泵站	液压油位	充足(油箱液位2/3处)	液位不足时,及时加注液压油
	压力表	指针摆动,压力显示正常	更换压力表
散热器	清理表面	无污染,确保充分的冷却效果	清理表面
阀组	检查电磁阀	电磁阀插头无损坏,正常得电	更换损坏的电磁阀
皮带机张紧装置	检查球阀是否关闭	检查皮带机张紧后,球阀必须完全关闭	确保皮带调整到位,球阀关闭,张紧到位
液压油缸	检查油缸活塞杆表面是否有拉伤或划痕等不平整	油缸活塞杆表面无拉伤或划痕等不平整	拆换油缸进行返修
	检查活塞杆密封性	活塞杆密封完好,不渗油	更换油缸密封

8.6.2 工作过程中的维护

工作期间,必须监控机器的运行状态,完成工作过程中的维护工作(表8-9)。

第 8 章 TBM 检查与维修

工作过程中的维护工作   表 8-9

组件	维护/保养工作	标　准	处理措施
整机	所有液压管线	软管无磨损、破皮	及时更换磨损的液压管路
液压泵站	液压油位	充足(油箱液位 2/3 处)	液位不足时,及时加注液压油
	过滤器是否堵塞	指示灯为绿色(正常)	红色报警,更换滤芯
	压力表	指针摆动,压力显示正常	更换压力表
	辅助系统压力	24±0.5MPa	调整减压阀压力至设定值
	插装阀控制压力	12±0.5MPa	调整减压阀压力至设定值
	先导控制压力	2.5±0.5MPa	调整减压阀压力至设定值
	各液压泵工作状态	无异响、工作平稳	停机检查,查找故障点
	压力表	指针摆动,压力显示正常	更换压力表
液压油缸	检查活塞杆密封性	无渗油现象	若有渗油现象,需更换活塞杆的密封圈
	润滑球面轴承和球头	上位润滑次数正常	停机检查润滑系统

8.6.3 每运行 500 小时

每运转 500 小时必须执行的维护项目见表 8-10。

500 小时维护工作   表 8-10

组件	维护/保养工作	标　准	处理措施
液压油	从油箱中取样做化学分析	参照表表 8-11	
蓄能器	检查蓄能器氮气压力是否合格	氮气压力 9.5±0.5MPa	利用专业的充氮装置进行充氮,并标定压力值
液位开关	液位开关工作是否正常	液位开关短接显示报警	报警显示不正常,需进行更换
液压油缸	检查活塞杆防尘圈是否损坏	油缸活塞杆防尘圈完好	更换油缸防尘圈
	检查活塞杆密封是否渗油	活塞杆密封完好	更换油缸密封
主皮带机马达	工作是否正常	主皮带机马达运行平稳	拆检马达
	减速机齿轮油检查	齿轮油液位在 2/3 处	加注齿轮油至减速机 2/3 处
拱架马达制动器	拱架马达制动器压力	设定 2.3±0.2MPa	调整减压阀压力至设定值
混喷马达制动器	混喷马达制动器压力	设定 2.3±0.2MPa	调整减压阀压力至设定值

为保证整个系统操作的安全性,建议每 1 个月按 NB/SH/T 0599—2013《L-HM 液压油换油指标》(表 8-11)进行相关项目的检测,并参照上述指标,同时结合工况情况,判定是否达到换油期。

L-HM 液压油换油指标(NB/SH/T 0599—2013)   表 8-11

项　目	换油指标	试验方法
40℃运动黏度变化率	超过±10%	GB/T 265
水分(质量分数)	>0.1%	GB/T 260
色度增加(比新油)	>2 号	GB/T 6540

续上表

项　　目	换油指标	试验方法
酸度增加 a	>0.3mg KOH/g	GB/T 264、GB/T 7304
正戊烷不溶物 b	>0.1%	GB/T 8926
铜片腐蚀(100℃,3h)	>2a 级	GB/T 9096
泡沫特性(24℃)(泡沫倾向/泡沫稳定性)	>450/10mL/mL	GB/T 12579
清洁度 c	>-/18/15 或 NAS9	GB/T 14039 或 NAS1638

8.6.4　TBM 液压系统操作规范

①必须由专业人员进行液压系统调试,不得擅自调整液压系统的压力设定值。

②始发200m后,应检查并更换循环过滤器及回油过滤器滤芯,并对油品进行检测。另外,发现过滤器压差检测装置报警,应及时更换滤芯。

③液压油较易被污染,为了保证加注到油箱的液压油的纯净,在灌注液压油箱时应遵循下列步骤:

- 停止液压站、过滤器和冷却管线的所有泵。
- 清理油箱和其周围的杂物,清洁油箱顶部的污物。
- 打开液压油箱盖,连接灌注站。
- 启动灌注站,向油箱中注油,当油位达到要求时停止灌注。
- 清洁剩余油污后将油箱盖装好。
- 在灌注的整个过程中一定要注意不能让灰尘和污物掉入液压油箱中,要注意油位的变化,不能使油液溢出。

④拆装液压管路时,需要配置液压堵头。

⑤液压系统一旦发现泄漏必须立即维修,维修过程中应采取适当的方式避免污染油液,必须保持液压系统的清洁。

⑥维修工作结束后,在重新开动机器前必须确定所有的阀门已打开,特别是某些特定的蓄能器的阀门。

⑦液压管被碾压或过度弯曲都可能造成保护外皮的损坏。如果保护外皮受损就有可能影响液压管的最大工作压力,致使发生危险(碾压和过度弯曲液压管还可能造成压力损失和回油压力过高。)

8.6.5　TBM 液压系统安全事项

①液压系统维保过程中,拆装液压管路时必须确保无压操作;不允许带压进行管路拆卸。

②维保作业时,必须注意人身安全,系好安全带,做好安全防护。

③时刻注意周边环境安全,确保无危石掉落的风险,保障人员及设备安全。

④时刻注意作业位置是否安全可靠,确保踩踏位置坚固牢靠。

8.6.6　TBM 液压系统常见故障判断

可参照表 8-12 对 TBM 液压系统常见故障进行判断。

TBM 液压系统常见故障判断表 表 8-12

故障现象	故障原因分析	故障预防及排除
泵不供油	泵吸油口蝶阀未打开	打开阀
	油箱油量不足,会导致泵吸空并产生噪音	立刻关闭泵。补充适量液压油
	电机泵联轴器松动或折断	检查、修理或更换联轴器
	电机转向不对	立即停泵,将电机接线调相
	吸油管或滤网堵塞	拆下吸油管检查是否通畅,如果通畅,排油,彻底清洗油箱,更换吸滤,注入新油
	变量泵斜盘未动作	检查控制油,调整泵的设置
	泵内部损坏	解体检查,更换损坏件
液压系统漏油或渗漏	管接头没有安装好	更换接头或密封,重新安装
	密封老化,致使密封失效	
	油温过高,致使液压油黏度过小,造成漏油	检查冷却器是否正常工作
	阀与阀块或各阀块之间的接触面密封损坏或加工密封槽不标准	更换密封圈,或更换阀块
	系统压力持续增高致使密封圈损坏失效	更换接头或密封,重新安装
	系统的回油背压太高使不受压力的回油管产生泄漏	检查液压系统回油管路
	处于压力油路中的溢流阀、换向阀内泄漏严重	检查液压系统压力是否正常
系统无压力	加载阀未启动	加载阀得电
	泵压力设置太低	调节泵压力
	输出管路未接好或破损	检查软管,更换破损件
	系统中有一个或多个换向阀接通油箱	确定各换向阀位置,置中位,直至正常工作
	溢流阀压力设置太低或失效	确定影响系统的溢流阀正确设置。如有必要,进行修理或更换
	泵内部损坏	拆下分解,更换损坏零件
泵运行噪声	油量不够,造成泵吸空	立即停泵、补油
	吸油管渗漏导致泵吸空	立即停泵。检查吸油管连接,夹紧,修理或更换
	进口堵塞	确认进口截止阀是否打开,确保进口油路畅通
	呼吸器堵塞	更换呼吸器
	泵转向不对	停泵、电机调相
	泵内部损坏	解体分解,更换损坏件
执行元件速度太慢	系统有空气	排气
	控制阀阀芯未完全打开使部分旁路油回油箱	检查影响系统的操作阀工作情况,必要时修理或更换
	由于控制油路压力过低,先导控制阀没有完全移动到位	检查控制油路压力
	泵没有达到标称流量	见故障"泵不供油"栏
	执行元件内部由于磨损、密封损坏或内壁拉毛,造成旁通	拆卸检查,更换密封,如果内壁拉毛,更换执行元件

续上表

故障现象	故障原因分析	故障预防及排除
油温过高	流经溢流阀的流量过大	调整溢流阀压力
	冷却水流量不够或进水温度高	检查进水流量,设置冷却塔
	水冷却器堵塞或结垢	拆检冷却器
	高压泵额外漏损	用测试仪检查泵输出流量
	泵出口安全阀压力低于泵设置的恒压值	调高泵出口安全阀压力,应高于泵设置的恒压值 2.5MPa 以上
液压系统压力失常	检查阀芯是否卡死	更换阀芯
	泵转向不对	检查泵的转向
	泵的功率不足或者内泄漏严重	检查电机输出是否正常、检查泵是否老化
	阀体内泄漏	更换阀体
	密封圈老化造成泄漏	更换密封圈
	压力开关失灵或压力传感器损坏	更换压力开关或传感器

8.7 电气系统检查与常见故障处理

由于 TBM 电气系统和其他系统均有所关联,所有的传感器检测、执行机构输出、控制保护信号、动力控制等均需要接入电气系统,这就造成 TBM 电气系统结点众多且较为分散。结点的数量多就意味着故障的概率加大。为保证 TBM 电气系统稳定可靠运行,需要在 TBM 维保时段对 TBM 电气系统做定期且全面的检查。通过检查及时找出并排除故障隐患、降低故障发生概率、降低损失、提高 TBM 掘进效率。在电气系统检查过程中,应掌握常见的电气故障处理方法。在实际应用中,能够根据故障现象快速判断故障、处理故障非常重要。

8.7.1 电气系统检查

电气系统的检查工作主要集中在维护保养阶段,本小节所说的电气系统检查也主要指维护保养期间的电气系统检查工作。电气系统存在分支较多、结点较多的特点,为保证检查效果,检查工作应力求细致、全面,按照 TBM 维护保养手册要求制定每日、每周、每月的检查计划并按照检查计划严格执行。

主要检查内容如下所述:

①检查所有电气连接,确保电气连接紧固(图 8-24)。热胀冷缩现象的存在会导致电气连接松动,加之设备震动也会导致磨损、连接松动甚至断裂,尤其是 TBM 主机区域,由于震动较大,环境恶劣,应重点检查和定期紧固。

②检查柜内温度是否异常,有无异味,有没有温度异常高的区域,对温度异常高的区域做重点检查,并分析原因。

③检查空调运行状态,检查空调滤网,如有必要应做清洁和更换。做好空调的维护和保养工作。

④检查柜内灰尘情况(图 8-25),如有必要做好清洁工作。

第8章 TBM检查与维修

图 8-24 电气连接以及连接故障

图 8-25 柜内灰尘

⑤检查配电柜等电气部件的防护情况,如有损坏应尽快修复(图 8-26)。

图 8-26 防护不当

⑥检查保护性接地情况(图 8-27),确保 PE 以及接地导线可靠连接。

⑦检查 SF6 环网柜气体密闭室压力,检查高压接头有无放电现象。

⑧检查漏电保护(图 8-28)并至少每月测试一次。

⑨检查和安全相关的所有保护性部件(如急停按钮、声光报警装置、拉绳开关、跑偏开关等,见图 8-29),确保工作正常。

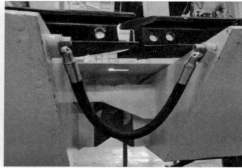

图 8-27　接地连接

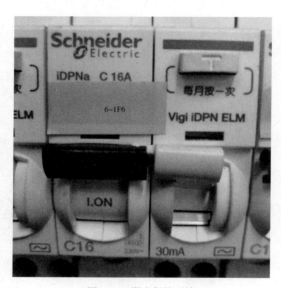

图 8-28　漏电保护开关

图 8-29　电气安全部件

⑩检查外部电缆有无破损,重点检查拖车连接处以及电缆与 TBM 结构件接触部分(图 8-30)。

图 8-30 电缆检查重点以及振动造成电缆磨损

8.7.2 常见故障处理

8.7.2.1 通信故障

以常用的西门子 S7-300 系列 PLC、通信方式为 Profibus 为例进行说明。故障现象:某个分布式 IO 站点与主站无法通信,该站点通信模块指示灯显示为红色,主 PLC 报 BF1 以及 SF 故障。按照以下关键要点查找故障:

①确保分布式 IO 地址设置正确。

②确定分布式 IO 模块供电正常且对应插槽与程序组态一致。

③检查通信端子有无通信信号。Profibus 通信协议属于 RS485 的一种,采用高速差分信号进行传输,两线电压约为 1.3V,通过使用万用表交流档简单测量,如果电压为 1.3V 左右,则说明通信信号已经传输至接线端子。

④检查通信插头接线。Profibus 通信应严格区分信号的进和出,检查通信接头接线,进线和出线是否反接。

⑤检查通信线的屏蔽线是否可靠接地。

⑥检查终端电阻位置是否正确,在通信的末端需要把终端电阻拨至 ON 位置,其他非终端的站点严禁将终端电阻拨至 ON 位置。

以上步骤可以解决 80% 以上的通信问题。通信检查见图 8-31。

图 8-31 通信设备检查

如经过上述的检查,问题并没有解决,可继续参照以下解决方案。

①确定故障发生的时机,判断通信发生的偶然性和必然性,如果在启动变频器时出现通信中断则应考虑变频产生的干扰,从解决干扰问题入手解决通信问题,如检查通信屏蔽线接地情况、尝试采用单端接地、通信线穿管情况、通信线与主电机线分开布置等措施解决干扰问题。

②直流电源瞬间短路或接地后又瞬间恢复造成的通信中断,这种情况时有发生,如启动某一个液压泵时,泵启动前通信正常,启动泵的瞬间,通信瞬间中断、泵电机转了几下后停止,未成功启动,通信又瞬间恢复。这种通信瞬间中断后又瞬间恢复的故障往往是由于泵出口过滤器(图 8-32)接线错误导致。泵站启动的瞬间,压力骤升,对过滤器的冲击压力造成过滤器压差继电器动作,由于接线方式不对,启动后压差继电器触点闭合,瞬间造成柜内 24V 直流电源短路或接地,造成远程 IO 模块供电瞬间中断,通信中断;由于泵未启动,压差继电器又恢复正常,24V 故障消除,远程 IO 通信成功。遇到这种问题,只需要将过滤压差继电器的连接线断开,然后启动泵进行验证:如故障消除,则说明是过滤器压差继电器接线问题,需要重新检查并更正接线方式。

图 8-32 过滤器

③有些故障的产生具有偶然性,多半是由于接触不良造成的。如果找不到合适的解决方案,那就将通信线从后至前,或者从前至后重新检查一遍,接线端子重新连接,通信插头也需要打开,重新连接通信线,通信问题往往就能解决了。

8.7.2.2　24V 直流电源输出接地或短路

控制系统采用 24V 直流供电,传感器也采用 24V 直流电进行驱动,24V 供电线路和传感器一样遍布 TBM。大部分传感器故障以及控制系统故障均由 24V 电源线接地和短路造成。

造成 24V 电源线接地或短路的主要原因是:24V 供电线路被挤压、磨损造成机械损伤进而导致接地或短路;电气端子盒进水造成 24V 供电线路接地或短路;传感器损坏造成 24V 供电线路接地或短路;中间连接件进水造成接地或短路;电磁阀插头进水造成接地或短路等。

故障现象:直流电源(图 8-33)指示灯红色,测量输出电压远低于 24V,24V 支路保护开关跳闸断开。

图 8-33　直流开关电源

对于电源故障,一般采用逐一排除法进行排查。电源故障一般由控制柜外部引起,应首先从外部供电开始检查,方法如下:

①通过 24V 分支保护开关的跳闸,确定发生故障的 24V 支路。
②理出此 24V 分支外部供电去向,一般会引至多个端子盒。
③通过逐一断开所去端子盒供电,进行排查。
④当发现拆除某个端子盒供电后,电源故障消除,接入该端子盒则供电出现故障时,判定该端子盒电源故障。
⑤找到该端子盒,再次使用逐一排除法,对接入该端子盒的控制线路逐一进行排除。
⑥找到故障回路,沿线路进行检查,找出故障点。
⑦处理故障。

8.7.2.3　传感器数值不显示

TBM 上传感器较多,经常会出现传感器数值突然不显示的情况,大多数传感器的输出信号是 4~20mA 的电流信号,针对此类传感器问题,排查方法如下:

①使用万用表电流 mA 挡测量 4~20mA 信号,判断传感器信号中断位置。
②如果在控制柜内端子上测量有 4~20mA 信号,则在配电柜内进行排查;如果在控制柜

内端子上无 4~20mA 信号,则从端子盒进行排查。

③配电柜内排查时应按自下而上的顺序直至 PLC 信号模块:对于模拟量输入信号,端子上端往往是 30mA 熔丝端子,可通过测量熔丝判断熔丝是否正常;如果熔丝没问题,可直接在 PLC 信号模块处进行测量;如果在信号模块处测量仍有 4~20mA 信号进入 PLC,则需要检查 PLC 模拟量输入通道接线;如果接线没问题,可将该信号引入其他通道进行测试,接入其他通道有信号,则说明传感器对应的模拟量输入通道有问题。

④在端子盒处进行测量时,如果端子上有信号,控制柜端子没信号,则说明端子盒至控制柜的信号传输线路问题,可通过测量手段判断有无断线,如断线可采用备用芯进行测试。

⑤在端子盒处进行测量时,如果没有信号则检查该传感器供电情况以及线路问题。

⑥线路没问题,则可通过互换法,即通过和完好的传感器进行线路互换,排除是否是传感器问题。

8.7.2.4 电液比例控制无效

在 TBM 液压系统中经常会用到电液比例控制,即通过 PLC 模拟量输出模块输出 0~10V 控制信号到比例放大电路驱动比例控制阀(图 8-34)。常见的比例控制有:比例压力控制和比例流量控制。

电液比例控制无效或者没有输出,按照以下方法进行排查:

①检查输出到放大电路的 0~10V 模拟量输出信号是否正常。如果正常,则使用万用表电流安培挡将表笔串入比例阀回路测量电流,缓慢旋转电位器控制输出电压,查看 PWM 电流范围是否正确,一般情况下电流范围为 200~650mA。如果电流范围不正常,可尝试重新下载比例控制参数,如果重新下载参数仍不能解决问题,可通过更换比例放大元件的方法判断比例放大元件是否损坏。电流正常则需要进一步排查液压问题。

②如果 0~10V 输出不正常,检查比例控制使能连锁条件是否满足、使能输出是否有效,使能无效则应检查连锁条件是否满足。

③使能有效且 0~10V 输出不正常时,则应尝试更换相同类型的模块,更换后输出正常,则说明模块问题。

④若模块没问题,则需要检查控制电位器输入是否正常,测量电位器输入到信号模块的 0~10V 电压是否正常。

⑤尝试重新启动控制系统。

⑥检查电位器输入通道是否有问题,尝试更换通道或者模块。

图 8-34 比例放大控制

8.7.2.5 电动机无法启动

电能的转换主要依靠电动机实现。电动机无法启动,可能由控制回路因素或主回路因素导致。按照以下方法进行排查:

①控制回路排查
- 检查启动条件是否满足。
- 检查启动输出有无。
- 检查中间继电器触点有没有闭合。
- 检查接触器、软启动器或者变频器控制电压是否正常。
- 检查接触器、软启动器或者变频器控制线路接线是否正确。

②主回路排查
- 检查主回路电源是否正常。
- 检查主回路总开关是否闭合。
- 检查接触器等是否闭合、软启动器以及变频器状态是否运行,输出电压是否正常。
- 检查配电柜内的电机接线端子电压是否正常。
- 检查电机端接线是否正确。
- 检查接线盒内电压是否正常。
- 检查电机三相绕组电阻以及绕组对地电阻。
- 采用替换法排除是否是电机故障。

第9章 到达与拆机

一般来说，TBM拆机以敞开式TBM较为复杂，其中洞内拆机受场地、机具等限制，其难度又高于洞外拆机。本章以洞内拆卸敞开式TBM为例说明拆机工作，对于洞外拆机及护盾式TBM拆机不再详细说明。

9.1 到 达

①到达掘进前，必须制定掘进机到达施工方案，做好技术交底，施工人员应明确掘进机实时的桩号及刀盘距贯通面的距离，并按确定的施工方案实施。

②到达前必须做好以下工作：
- 检查洞内的测量导线。
- 检查掘进机拆卸段支护情况，加强变形监测，并及时反馈。
- 备足到达所需材料、工具。
- 对步进架或滑行轨进行检查、测量。

③掘进机到达前应检查并根据检查结果调整掘进方向（如有必要），保证贯通误差在规定的范围内。

④到达掘进的最后20m要根据围岩的地质情况确定合理的掘进参数并作书面交底。

⑤护盾式掘进机到达段，应设置管片纵向拉紧装置，防止管片环缝张开，拉紧长度在15~20m。

⑥做好出洞场地、洞口段的加固。

⑦TBM在掘最后1环时，推力应逐步减小，速度控制在30mm/min以下，姿态控制在+1~+3cm。

⑧掘进机到达后应及时清理残余渣石，做好拆机准备。

9.2 拆 机

9.2.1 准备工作

9.2.1.1 拆机施工组织设计

掘进机拆机前应做好详细的拆机施工组织设计。内容应包括：
- 编制依据（通常包括：隧道总体施工安排及进度，掘进机配套资料、以往的拆机经验及总结资料，国家、部门及企业内部有关规范、标准，隧道轨面、断面净空实测数据等相关资料，施工现场的实际情况，现场掘进机施工中积累的有关资料等）。

- 拆机总体方案。
- 主要部件及系统的拆卸。
- 运输及存放方案。
- 安全及质量管理体系。
- 应急预案。

9.2.1.2 拆机准备

拆机前应做好以下准备工作：
- 硬件准备工作（包括风、水、电、土建工程、桁车安装等）。
- 标识工作（包括液压、电气、机械结构等方面，一般根据设备随机图纸标识即可）。
- 拆机设备、工具和材料准备落实情况等，详见表9-1。

拆机机具材料表　　　　　　　　　　　　表9-1

序号	工具名称	规格	数量	备注
1	桁吊	根据最重部件重量确定	1台	
2	叉车	5t	1台	
3	液压升降台车	8m	1台	
4	空气压缩机	0.8~1.0MPa	2台	
5	直流电焊机	MIG 300~500A	2台	配CO_2保护焊用具
6	焊机	SMAW 500A	4台	
7	对讲机	手持式	8对	
8	切割锯		1台	
9	高压清洗机		1台	
10	液压扭矩扳手		1套	
11	液压张紧扳手		1套	
12	卷扬机	5t	1台	
13	吊环	12t、25t、55t、5t等	各4个	
14	钢丝绳	30t、50t	各4根	3.7m
15	尼龙吊带	3t、5t	各6根	3m、6m各半
16	铝合金作业梯	直(8m)、人字形(3m)	各4个	
17	手动葫芦	1.5t	6个	
18	手动葫芦	3t	6个	
19	手动葫芦	5t	4个	
20	手动葫芦	10t	2个	
21	空气冲击扳手	驱动头	2套	
22	风动扳手	1″、3/4″	各2套	
23	重型套筒	M16~M42	1套	配合液压扳手
24	重型扳手	M24~M42	1套	配合液压扳手

续上表

序号	工具名称	规格	数量	备注
25	梅花扳手	M10~M42	4套	
26	开口扳手	M10~M42	4套	
27	开口扳手	M42~M75	2套	
28	内六角扳手	公制	4套	
29	内六角扳手	英制	2套	
30	内六角扳手	14~32mm	2套	
31	活动扳手	150~450mm	各1套	
32	套筒扳手	8~32mm	2套	
33	管钳	从10″~48″	2套	
34	重型撬棒		8根	
35	大锤	8~16磅	8把	
36	橡胶锤		2把	
37	铜锤		2把	
38	铜棒	直径40、65mm	2根	
39	机械千斤顶	5t、10t、20t	各4台	
40	液压千斤顶	50t、100t	各2台	
41	卡簧钳	内卡外卡各两套	4套	
42	长套管套筒扳手		1套	
43	接长杆		2套	
44	变接杆	各类	2套	
45	螺丝刀	一字形、十字形100~500mm	4套	
46	刮刀		2把	
47	锉刀	扁、圆、三角	各2套	
48	凿子及冲子		2套	
49	钢锯弓		2把	配钢锯条
50	安全带		50条	
51	台虎钳		1台	
52	钢卷尺	3m、5m	8把	
53	电工工具		4套	
54	断线钳		1把	
55	记号笔		50只	
56	裁纸刀		4把	配刀片
57	电工斜嘴钳	150mm	4把	
58	电工平嘴钳	175mm	4把	
59	多用尖嘴钳	150mm	4把	
60	水泵钳	32mm	2把	管径钳口
61	大力钳(链型)	130mm	2把	链长480mm

续上表

序号	工具名称	规格	数量	备注
62	双梅花扳手	16~18mm	2把	
63	活动扳手	10″(250mm)	1把	
64	活动扳手	12″(300mm)	1把	
65	特制三角扳手		2把	
66	数字万用表		4个	
67	电工刀		4把	
68	低压测电笔		4只	
69	标签打印机		1台	
70	电缆延长卷盘	50m	4个	
71	煤油		100kg	清洗用
72	柴油		100kg	清洗用
73	擦机布		200kg	化纤布
74	电焊防护用品		10套	劳保用品
75	风镜		10副	打磨防护
76	绑扎带		若干	各种系列
77	密封袋		若干	保护液压接口
78	钢材		若干	扁钢、角钢、工字钢、钢板等
79	枕木		100根	
80	主梁临时支架		8根	
81	清洗用油盆		4个	铁皮盆
82	化油器清洗剂		50箱	
83	哨子		6个	
84	电焊条	E7018、E6011	若干	
85	安全绳	$\phi 20mm$	300m	
86	二氧化碳		若干	
87	胶管	各尺寸	50m	
88	氧气		若干	
89	乙炔		若干	
90	碳棒		若干	
91	木板		若干	
92	方木		若干	
93	铁钉		若干	
94	油管堵头		若干	
95	机车	45t	两台	
96	平板车		8列	

- 拆机前完成培训工作。
- 拆卸人员的组织调配(表9-2)。

拆 卸 人 员 表 表 9-2

班　　组	人员配备	备　　注
领导组	4 人	含项目经理、生产副经理、总工等
机械组	技术人员 2 人	2 班作业
	技术工人 20 人	
液压组	技术人员 2 人	2 班作业
	技术工人 12 人	
电气组	技术人员 2 人	2 班作业
	技术工人 12 人	
保障组	24 人	其中总调度 1 名,调度 2 名
安全员	2 人	2 班作业
合计	80 人	

- 大件运输的准备(包括运输设备、运输线路等)。
- 整机设备状态的检查鉴定。
- 承载力试验。吊装设备必须选择符合安全要求、由具备相应资质的专业厂家生产的产品。设备组装完成后,必须进行试运行及承载力试验,并请当地技术监督部门进行质量验收,合格后方可启用。

9.2.1.3 拆卸流程

根据工程总体规划和现场条件,确定掘进机拆卸的总体流程。分系统、分部位、分时段地进行掘进机拆卸的管理、技术组织和安排。具体流程见图 9-1(以中铁 188 号为例,在洞内拆卸后配套拖车)。

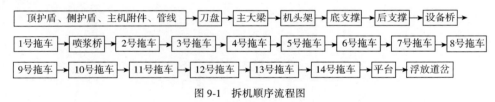

图 9-1 拆机顺序流程图

9.2.2 洞内拆卸

9.2.2.1 前期准备

设备洞内拆卸前应完成所有前期准备工作。

9.2.2.2 拆卸要求

洞内拆卸的洞室及拆卸应符合以下要求:
①拆卸洞室的建造应遵守经济原则,尽量减少建造费用。拆卸洞室应选择在围岩较稳定,整体较完整的位置。拆卸洞室断面一般设计为蘑菇状圆拱直墙式,长度通常为 80m,根据

TBM 直径不同选择净宽和净高,洞室底板需要进行硬化,达到 TBM 拆卸和运输条件,其大概形状和构造见图 9-2。

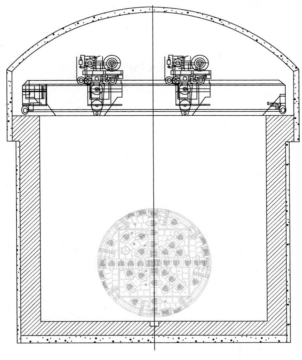

图 9-2 拆卸洞室示意图

②采用桁吊时,桁吊的横向工作范围应大于主机直径,吊钩相对地面的最大有效起吊高度应大于主机直径 3~4m,起吊能力按相关规定确定。应充分考虑桁吊在洞内的运输和安装条件。

③配电系统应满足桁吊和附属设备拆卸等用电、照明、电焊机、空气压缩机等机具的用电要求,同时结合后续施工要求进行配置。

④为了保持拆卸洞内的干燥和清洁,在拆卸洞内设置排水坑。用抽水机将积水排出拆卸洞。

⑤采用洞内拆卸方式时,主机在洞内利用桁吊解体,设备桥及后配套拖车等可以拖运至洞外,利用门吊和汽车吊进行解体;也可在洞内进行拆卸。拖车拆出前应将管线和皮带机的皮带进行拆解,并对主机及部分拖车上的小型装置和设备进行拆解。拆卸下来的设备,及时用平板车等运出洞外,并在洞外利用门吊和汽车吊,经汽车转至存放场。拖车、设备桥应分组从洞内拖出,在洞口拆卸场地利用门吊和汽车吊解体,并直接包装或者先用汽车运送到存放场。

⑥在拆卸洞至后配套拆卸处要打随机锚杆并注浆固结,锚杆应在安装吊具前进行拉力试验,以达到设计要求。

9.2.2.3 掘进机本身准备

①掘进机在贯通前,进行精确测量和调整,确保掘进方向和出洞精度。

②刀盘底部安装步进块或预埋钢轨。
③主机步进出洞或通过钢轨滑行出洞,直到合适的拆卸位置。
④吊耳的焊接、检查工作。

9.2.2.4 液压管路、电气的拆卸

当切断 TBM 电源后,液压管线组、电气组按顺序拆卸液压管线、水路管线、气路管线、电缆、控制箱等。

(1)液压管路拆卸

液压管路拆卸流程为:护盾区域→主机区域→钻机系统→后支撑区域→桥架区域→喷浆系统→液压主泵站→润滑泵站。

管路拆卸的基本要求如下:
①拆卸前先确认是否有编码,要做到无编码不拆卸。
②管路拆卸后必须用堵头堵上,并在座丝上做好标识。
③拆卸后的管路卷成盘,并用绑扎带或铁丝捆绑好。
④将捆绑好的管路放置在需要加配重的拖车处或放木箱存放。
⑤拆卸管路时不得从中间切断、不得野蛮作业。

(2)电气系统拆卸

电气系统的拆卸流程为:主电机电缆→钻机系统→主机区域控制线→喷浆系统→后配套控制线→照明系统。

电气系统拆卸的基本要求如下:
①拆卸时不得损坏电缆、插头、配电箱。
②拆卸时要确认是否有标识。
③主电机电缆拆卸后要保护好接头,注意防潮防水,并将电缆卷到卷盘上。
④控制电缆拆卸后要保护好,卷好后装箱。

9.2.2.5 护盾的拆卸

①在拆卸管线时,同步进行顶护盾、侧护盾、主机附件的拆卸。
②在拆卸主机附件、护盾期间,分4个人拆卸刀盘螺栓。拆卸原则为:上部中间位置留4颗,下部中间位置留2颗,左右中间位置各留4颗。
③拆卸撑靴前,在撑靴的上部焊接2个吊耳。
④用桁车将主机附件(拱架安装器、钻机、撑靴、推进油缸、钻机行走油缸、主机室)依次拆除。

- 用手拉葫芦将拱架安装器下部横梁拆除,然后用桁车将拱架安装器上部吊住,将其拆除。
- 先将钻机拆除,再将弧形梁及大臂拆除。拆除原则是能不拆散的就不拆散。
- 将推进油缸、钻机行走油缸依次拆除。
- 将撑靴吊住,拆卸撑靴螺栓,拆卸时要注意保留撑靴的零部件。撑靴拆卸完毕后用风压将撑靴油缸活塞杆全部收回。

- 撑靴拆卸完毕后,在鞍架两端焊挡板,固定鞍架。
- 将主机室拆除,拆卸吊装时要确保其平稳性。

⑤顶护盾的拆卸
- 在顶护盾上部焊接4个吊耳,焊接位置按图纸要求布置。焊接吊耳时工作人员必须系安全带。
- 吊耳焊接完成后要保温,用探伤剂检测焊接的情况。
- 用桁车将顶护盾吊住,拆卸护盾与油缸的连接销轴。
- 销轴拆卸完毕后,将顶护盾吊离连接位置,然后将销轴重新安装在销孔上。
- 将顶护盾吊至运输车辆上并运输到洞外。

⑥侧护盾的拆卸
- 在侧护盾上焊接2个吊耳。吊耳的焊接位置按设计图纸。
- 拆卸侧护盾的同时,焊接刀盘吊耳,焊完后用探伤剂检测焊接情况。
- 侧护盾吊耳焊接完成后,用桁车将护盾吊住。
- 拆卸侧护盾与油缸连接的销轴。
- 将护盾吊离连接处后,将销轴安装在销孔内。
- 将侧护盾吊至运输车辆上并运到洞外。

⑦主电机拆卸
- 主电机的拆卸顺序为从上至下。
- 用桁车将电机吊住,然后将螺栓拆除。
- 主电机拆掉后,用3t手拉葫芦调平。
- 主电机拆卸完毕后,用专用盖板将连接处密封。

9.2.2.6 刀盘的拆卸

①将刀盘底部用钢板垫实。
②用桁车将刀盘吊住,拉紧钢丝绳,使拉力达到适宜吨位,然后拆卸剩余螺栓。
③螺栓拆卸完毕后,将刀盘稍吊离地面(约5cm)并平放。
④根据刀盘分块情况,逐步分解刀盘。
⑤将刀盘分块装车运输至洞外。

9.2.2.7 主大梁、机头架、后支撑拆卸

①拆卸主大梁前后连接螺栓,拆卸原则为上、下、左、右各留4颗。与此同时,用桁车辅助作业,将机头架里的渣斗、1号皮带活动段拆除。
②待螺栓拆卸完毕后,用两台10t手拉葫芦将机头架前移一定位置(以主大梁能顺利吊出为准)。
③将主大梁吊到平板车上固定牢固,运输至洞外。
④主大梁拆卸完毕后,拆卸底支撑连接螺栓,在机头架顶部安装吊耳。
⑤用桁车吊住机头架,待底支撑螺栓拆卸完毕后,将机头架吊至运输车辆上并运到洞外。
⑥在机头架下部安装吊耳,再用10t手拉葫芦将机头架调平(靠刀盘端朝下)。然后

装车。

⑦用桁车将底支撑和其他散件吊至运输车辆上并运到洞外。

⑧拆卸后支撑时,将拖拉油缸拆卸后固定在设备桥上。

⑨用桁车将后支撑上部吊住,然后用10t手拉葫芦配合将后支撑向前拉,直至后支撑能顺利吊出为准。

⑩将后支撑吊起并侧向放倒,装车运输至洞外。

9.2.2.8 设备桥的拆卸

①设备桥拆卸前,将设备桥、拖车的行走轮组焊接固定,使其不能摆动和转动。

②主机拆卸完毕后,在拆卸洞里装轨排,延伸轨线至拆卸洞最前端。

③将设备桥与1号拖车的连接处断开,并在设备桥尾部立柱1400mm处焊接3根175的H型钢。

④用停放在洞内的两台机车向前推1号拖车及设备桥,待1号设备桥到达拆机洞后,在1号拖车下打好阻车器。

⑤如果用两台机车推不动,就在竖井最前端用两台20t手拉葫芦辅助向前拉。

⑥用桁车将设备桥第一段吊住,拆卸设备桥的连接螺栓。

⑦将设备桥的第一段拆卸完毕后,继续向前移剩余的设备桥。

⑧依次拆除设备桥、拖车。

9.2.2.9 后配套拆卸

后配套拆卸前,按照配重要求给拖车加配重。拆卸时只将通风机拆除,其他辅助设备设施均保留其上。也可将后配套从后向外分节拖运至洞外,再拆解。

9.2.2.10 洞内运输

①护盾、刀盘边块及部件通过隧洞运往洞外。

②在隧洞内有轨运输大件时,采用两台平板车共同配合完成使两个平板共同受力,以减轻轨道的受力。

③在隧洞内进行有轨运输和无轨运输倒运时,小件通过叉车进行,大件通过吊链与滑轮配合进行物件的转运工作。

④洞外运输车辆的吊装用洞外门吊进行。

9.2.2.11 其他

拆卸过程中摄影、摄像。完成文档记录并输入计算机。

9.2.2.12 拆毕整理阶段

①核对设备及构件数量,整理编码标识。

②就未预料事件对作业规范进行补充。

③整理文档,包括损坏设备及构件的状态和处理结果。

④拆卸设备后需使用所必需的配件清单。
⑤工、料、机消耗汇总。
⑥进行后续和未完成的设备、零部件的检查、保养和维修。
⑦处理废部件、临时性构件。
⑧报废报损设备部件细目汇总。

9.2.3　洞外拆卸

洞外拆卸较洞内方便、应根据场地情况编制拆机方案,组织实施,可参考洞内拆机方案,在此不再详述。

9.2.4　拆卸作业应遵循的安全规定

①拆机人员必须进行安全技术培训,设专职安全员。
②吊机由持证上岗司机操作。
③作业人员必须戴安全帽。登高作业时,应系扎安全带。梯上作业时,严禁站立二人以上。
④起吊前,须仔细检查连接件是否已全部拆除。起吊刀盘、护盾、主轴承、内外凯(或主梁)等大件时,应再次检查吊机制动器和吊具,先微动试吊后,再平衡吊运。
⑤吊件不得从人的上空通过。
⑥翻转吊件时,钢丝绳保持在垂直状态,不得斜拉斜吊。
⑦焊接作业人员应佩戴防护眼镜和手套,氧气瓶、乙炔瓶应放置在安全区。
⑧拆卸作业时,不得损坏设备上的标识。
⑨油泵、油压表、油管和油缸等液压系统拆卸后应及时封堵。
⑩洞外施工受天气影响较大,电气设备、液压设备应做好防潮、防尘。
⑪交接班时必须对工具、吊具等专用机具进行交接和检查,如有破损、裂纹、断裂现象,及时更换,做好交接班记录,交接班记录中应包括当班拆卸作业内容。
⑫加强洞内、洞口、存放场的安全保卫工作,危险部位设置安全警示牌。在洞外拆卸作业区和存放场等,设置防护装置及消防器材。

9.3　部件运输及存放

9.3.1　运输及存放方案

制定运输及存放方案,包括:
①运输前的准备。
②运输设备的选择及配置。
③运输中的安全措施。
④运输安全应急预案。
⑤存放场地规划。

⑥存放场安全防护措施。
⑦转运计划等。

9.3.2　运输前的准备

①部件运输应由具有相应资质的合格大件运输公司承担。

②做好掘进机吊运场地周围安全措施,对所有进场的起吊设备进行认真的进场检查验收,对所有索具进行安全检验,检查特种作业人员的各种证件是否齐备。

③运输设备时,必须做好道路疏导工作,设专人全程监护,对运输需要通过的道路进行提前的排查和调查。

④存放场地必须进行平整、地面硬化,满足大件运输车辆和吊机作业,进行排水施工,安装照明设置、防护装置及消防器材。

9.3.3　运输及存放安全措施

①在装车时,将掘进机拆机部件及集装箱平稳放置在平板拖车上,并将部件与车身固定,防止运输途中滑落。

②在运输途中,可根据情况选择是否配备专人随车,若有安排,随同人员要随时观察车辆的行驶状态和道路情况,并及时采取相应的措施。

③运输车辆的司机要严格把握车辆的安全性能,做到出车前、行车中、收车后的例行检查,保证车辆性能良好。

④在洞外吊卸掘进机部件时,应先挂钢丝绳后送捆绑吊链。

⑤临时存放场地周边应有安全网、墙,设专人24小时看守,出入的车辆和人员应有登记和出入证。

⑥存放前期工作及注意事项:

- 将刀盘上的刀具拆除,保养装箱。刀盘法兰连接面和刀具安装面涂抹黄油,薄膜覆盖,防止氧化连接表面。
- 对于主梁、鞍架、拖车等结构件,检查设备表面锈蚀情况,必要时做打磨补漆处理。检查结构部件上电机、泵等部件固定情况,对松动的螺栓进行紧固。检查管路、电缆端头保护情况,对破损、缺失的进行修补、更换。梳理存放设备上的管线,码放整齐。
- 对机械设备进行保养,连接面(如刀盘法兰面、主驱动驱动盘等),机械加工面涂抹防锈油,并覆盖油毡,在有手动加注油脂点的部位加注油脂,彻底清理设备表面。活动关节部位加注油脂密封,避免生锈,对设备上的手动黄油注入点加注黄油,注入的润滑油脂量依据维保手册规定。油缸活塞杆外露缸体、吊机起升链条涂抹润滑油,保持整体状态良好。
- 将设备冷却器、冷却管路内的水排放干净。

⑦存放

- 对存放场所进行清理,保持地面整洁,制定设备现场布置规划。
- 如果存放2年以上,最好按照整机连接组装方式存放。避免设备底部存在凹坑,造成底部积水。存放场地须空旷无安全隐患,配备有灭火器等消防设施,周边有排水设施。
- 设备不能直接放在地面上,避免结构直接接触土壤,在设备底部平铺木板或布置枕木,枕木高度建议不低于200mm。
- 导向系统元件、遥控器、电池等存放在恒温的房间内。
- 部件之间预留3m以上的通行通道。
- 设置专人看管,非授权人员不得进入设备存放区域,不得随意翻动设备。
- 由指定人员定期(半月一次)对设备的防护情况进行检查。每次下雨后立即清除设备上及存放场地的积水,待天晴时可将设备两端的防雨布掀开一段时间(6h)进行通风除潮。非专业或授权人员不得参与维护工作。
- 每月对发电机组内的蓄电池进行一次充电,防止蓄电池因亏电损坏。保证其表面清洁干燥,严禁在蓄电池上放置导电物体。每月对照明系统接通临时电源,对应急灯进行充电,防止蓄电池因亏电损坏。

⑧在控制柜、主控室、配电柜等电气柜内放置一定数量的干燥剂。根据柜体的大小,调整加入开关柜内的干燥剂数量。

⑨对设备上的电机、泵进行维保。尤其是液压泵站处,在油箱内添加一定量的液压油,保证泵内有足够的油以避免泵内部锈蚀,注意用堵头封堵管路。

⑩主驱动驱动箱内加满齿轮油,以免主轴承生锈。每月对齿轮油进行一次油水检测,检测齿轮油是否乳化。对驱动外露边涂抹油脂,防止螺栓及环件表面生锈。

⑪将空气压缩机传动皮带调至松弛状态。

⑫将内循环水罐、主驱动、板式冷却器和水管中的水排放干净。

⑬把液压管路存放在凉爽、干燥且无灰尘的地方。防止阳光和紫外线的辐射。液压管路不要接近热源。

⑭存放液压管路时,管路要卧放且不受外力。液压管路的弯曲半径不超过生产厂家的要求。

第 10 章　TBM 安全系统与操作规程

TBM 施工过程中的安全配置及管理要求较为严格。TBM 在设计制造阶段已经从安全方面进行了针对性的安全功能设计及相关安全设施的配置。然而，在施工期间，仍然需要施工单位加强对 TBM 施工设备及人员的安全管理，严格执行安全操作及维修保养规程，对施工作业人员进行严格的培训、筛选。

10.1　TBM 安全系统

10.1.1　安全联锁控制系统

10.1.1.1　刀盘系统的连锁控制系统

为满足刀盘启停的安全控制功能，相应的控制系统包含了刀盘启停的相关安全联锁控制条件，如刀盘的本地控制与主控室控制的安全联锁、刀盘与急停系统的安全联锁、刀盘与皮带机系统的安全联锁、刀盘与推进系统的安全联锁、刀盘与润滑系统的安全联锁等。

具体有：
- 脂润滑系统（EP2）正常。
- 内循环水泵运行。
- 齿轮油系统正常。
- 刀盘电机电流正常。
- 刹车用撑靴泵运行。
- 所选电机温度正常。
- 至少选择一组对称电机。
- 减速机温度未到停机值。
- 刀盘本地控制急停正常。
- 主机皮带机速度大于 1.2m/s。
- 后配套/二级皮带机（C2）本地控制安全继电器正常。

10.1.1.2　皮带机系统的安全联锁

皮带机系统安全联锁条件包含：启停顺序联锁、故障联锁、本地控制与主控室控制联锁、与刀盘启动联锁、急停系统联锁等。

具体有：
①主机皮带机（C1）联锁：
- 主机皮带机泵运行。

- C1 本地控制急停按钮正常。
- C1 跑偏正常。
- C1 本地控制安全继电器正常。

②C2 皮带机联锁：
- C2 拉绳正常。
- C2 跑偏正常。
- CBC 相序正常。
- C2 变频器无故障。
- C2 变频器主开关正常。
- 连续皮带机速度正常。
- C2 急停按钮正常（预留）。
- C2 本地控制急停按钮正常。

10.1.1.3 推进系统的安全联锁

推进系统安全联锁条件包含：推进系统与刀盘系统的安全联锁、推进系统位移安全联锁、推进系统与后支撑系统安全联锁、推进系统与撑靴压力安全联锁、推进系统与后配套拖拉油缸行程安全联锁、推进与急停系统安全联锁等。

具体有：
- 刀盘转向正确。
- 推进位移限制。
- 后支撑回收到位。
- 刀盘变频器运行。
- 主机皮带机启动。
- 后部拖拉油缸限位。
- 撑靴压力高于 15MPa。
- 控制油路压力超过 2MPa。
- 辅助系统压力大于 18MPa。
- 刀盘转速大于最小设置值。
- 8 个手动球阀位置正确。
- 前部拖拉油缸压力小于设置值。
- 后部拖拉油缸压力小于设置值。

10.1.1.4 其他系统的安全联锁

液压系统、润滑系统、内外循环水系统、高压空气系统、通风除尘系统、高低压电气系统、喷浆系统、锚杆钻机系统、钢拱架安装系统等，均具有相应的系统内部安全联锁控制功能，这里不再一一列举。所有系统的操作、维保人员必须熟悉相应系统的安全联锁控制功能，严格按照操作、维保手册进行相关作业。

10.1.2 紧急停机系统

TBM 各控制系统(如锚杆钻机系统、钢拱架安装系统、混凝土喷射系统、空气压缩机系统等)中均设计了紧急停机功能,在紧急情况下操作手可及时按下相关系统的紧急停机按钮,确保在第一时间停机。在掘进模式下,刀盘驱动、推进系统、皮带机系统纳入 TBM 总体急停系统,设置了多个紧急停机按钮(图 10-1),分布在主控室、各电气系统控制柜、后配套拖车立柱等部位。在出现人身安全或重大设备安全的紧急情况下,TBM 各区域作业人员均有权及时按下相应部位的急停按钮,以实现 TBM 紧急停机,降低安全风险。各区域作业人员必须牢记各急停按钮的位置及功能,严禁无故按下急停按钮。

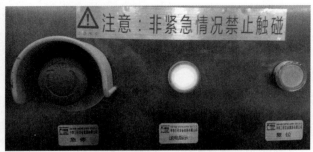

图 10-1　紧急停机系统

10.1.3 有害气体监控系统

在 TBM 施工的长大隧道中,有害气体及含氧量监测系统是十分重要的安全预警系统。在 TBM 上布设的气体监测系统能够探测有害气体的浓度,在出现有害气体过量或氧气含量过低时,系统会自动发出声光警报,提示作业人员采取安全措施。列入监测范围的气体有甲烷(CH_4)、一氧化碳(CO)、二氧化碳(CO_2)、一氧化氮(NO)、二氧化氮(NO_2)、硫化氢(H_2S)、氧气(O_2)等。作业人员必须熟悉各类监测气体的报警状态。

CH_4 探测传感器布置在主机前护盾下,H_2S 探测传感器可布置在主机皮带机卸渣点处,CO_2、CO 和 O_2 探测传感器一般布置在人员聚集的地方(比如主控室附近)。所有的气体探测传感器集成于 PLC 控制系统中,一般设置报警和自动停机值,在操作室内可显示相应信息并发出报警。气体探测器(图 10-2)本身也具备声光报警功能。

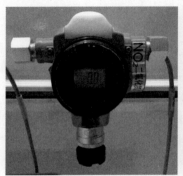 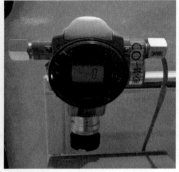

图 10-2　气体监测传感器

10.1.4 灭火装置

在 TBM 施工隧道中,用油、用电设备多,电气焊、气割等作业多,具备发生火灾的可能性。因此,TBM 在设计生产时均配置了应急灭火装置。灭火系统一般由三部分组成,即自动泡沫灭火系统、自动 CO_2 气体灭火系统、手持灭火系统。是否配置自动灭火系统需要根据 TBM 的采购选型设计进行考虑。手持灭火系统均已配备在 TBM 各相应部位。

在选择和安装手持式灭火器时,要考虑到不同类型的火灾(电路起火或者液体起火)。手提式灭火器有干粉灭火器和 CO_2 灭火器两种(图 10-3),在机器后配套的拖车上配备有这两种灭火器。任何物品不得妨碍灭火器取用。

图 10-3　干粉灭火器(左)和二氧化碳灭火器(右)

10.1.5 紧急救援仓

一般情况下,在 TBM 设计之初根据施工单位的要求决定是否配置应急救援仓。应急救援仓一般为独立的集装箱形式,内设应急救援的相关设施设备,主要包括应急医疗供氧装置、应急医疗药品、应急医疗设施、紧急联络设备、躺卧设施、温度控制系统、照明系统等,具有良好的隔音、隔热功能。

10.2　安全要求及操作规程

TBM 施工作业人员一般包含掘进班组人员、维保班组人员、机电技术和土木技术工程师、安全管理人员。各作业人员在上岗前必须经过严格的安全培训并合格后方可上岗作业,由 TBM 施工单位负责作业人员的安全培训和管理。

10.2.1 刀盘作业人员

刀盘作业人员需进入刀盘舱体内部,对刀具、刀盘结构进行检修或刀具更换作业。作业人员除应具备刀盘、刀具相关作业的专业知识和技能外,还应当全面了解刀盘作业安全知识。安全管理人员应制定刀盘作业专项安全规程和应急预案,并要求作业人员严格遵守。

对于刀盘作业人员:

①作业人员必须掌握当前掌子面的安全状态(如围岩状况、透水状况),疏通逃生通道。
②作业人员必须确定刀盘舱体内的余渣情况,确保渣土完全卸载。
③作业人员必须确定作业区人员的安全状态,并实时提醒相互保护。
④作业人员分工明确。指定专门的操作人员负责刀盘的本地旋转操作。
⑤指定专门的人员与 TBM 主司机交接刀盘控制钥匙,并负责告知主司机刀盘区域作业进程。

10.2.2 液压流体维保作业人员

①液压流体维保人员须经过液压流体维保技术专业培训,要求熟练掌握液压流体系统的基本原理和维修技术。
②液压系统作业人员必须熟练液压元件(如:调压阀、换向阀、液压泵、液压油缸等)维修技术。
③液压系统维修作业人员必须掌握液压系统的压力状态,了解高压系统维修时的检测技术要点及高压液体的危害。
④流体作业人员必须掌握流体系统的相关原理,熟练掌握循环冷却系统、润滑系统的运行状态和工作原理。
⑤任何液压流体系统维修作业时,作业人员必须确保系统的清洁度。
⑥维修作业人员对流体系统的故障现象具备一定的分析能力。
⑦维修作业人员须严格按照相关元件或系统的说明书实施作业。

10.2.3 电气维保作业人员

①电气维保作业人员必须持有电气行业的相关作业许可证书,持证上岗。
②熟悉 TBM 高压电气系统,对 TBM 高压电气系统的操作须严格按照行业规定操作。
③具备一定的变配电和自动化控制相关知识和技能。
④熟练掌握 TBM 各系统的电气自动化控制原理和控制逻辑。
⑤具备较强的电气故障分析能力。

10.2.4 机械维保作业人员

①熟练掌握机械传动原理与结构。
②能够熟练识别机械装配图,并掌握机械装配的公差与配合的关键技术。
③机械钳工、焊工作业时须了解作业区域的焊接地线的正确连接。
④正确使用各种机械安装、维修作业的专用工具,如液压扳手、扭力扳手、拉拔器等。
⑤熟练掌握各类紧固件的紧固参数,如不同型号螺栓的预紧扭矩。

10.2.5 附属设备操作规程

10.2.5.1 L1 区域锚杆钻机的操作规程

①打开泵站主开关。
②启动遥控器(图10-4),指示灯显示绿色并闪烁。
③启动液压泵站,调整推进梁与洞壁之间角度,推进梁顶紧洞壁,遥控器"定位—打钻"旋钮调整到"打钻"模式,进行钻孔作业。
④打开旋转和推进功能,调整合适的速度,待钻杆钻头接近岩壁时,打开喷水和轻击功能。
⑤待钻头位置完全进入岩石后,可打开"重击"旋钮。
⑥合理选择推进速度,防止推进速度过快或空打。
⑦钻孔结束后,拨动开关打到"回退"。钻机快速退回,速度不受电位计影响。
⑧作业完毕后,关闭液压泵站和遥控器。

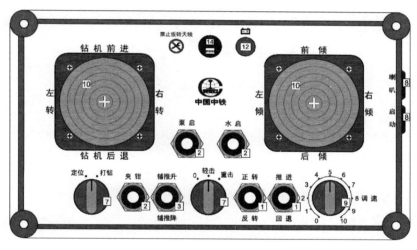

图10-4 锚杆钻机遥控器

10.2.5.2 L1 区域拱架安装设备操作规程

①启动遥控器,指示灯显示绿色并闪烁。
②使用遥控器或液压手动阀(图10-5)进行钢拱架安装作业:

- 举升小车将每段钢拱架转运至拼装环。
- 通过螺栓将第1块钢拱架与拼装环内的固定块连接固定,旋转拼装环,钢拱架段与段依次通过螺栓连接成环。
- 拼装完后,在拼装环内调整好钢拱架在圆周方向的封口位置后再由撑紧机构取出。
- 在安装前须将安装位置底部渣土清理干净。
- 撑紧机构将成环后的钢拱架转运至支护位置并撑紧固定。
- 使用底部撑紧机构辅助完成底部封口作业。
- 人工将钢拱架抬到拼装环上安装连接,其余作业过程与主机上部安装相同。

TBM 构造与应用

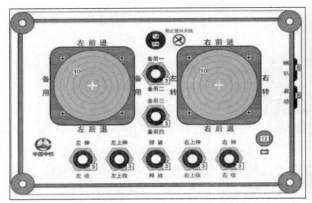 

图 10-5　钢拱架安装器遥控器和手动操作阀组

③作业完毕后：
- 所有液压机构回收至初始状态。
- 撑紧机构停至主机前方极限位置。
- 关闭遥控器或液压手动阀。
- 及时清洗相关作业设备，防止损坏。

10.2.5.3　L2 区域喷浆机械手设备安全操作注意事项

①只有经过专门培训的人员方可对喷混系统进行操作、保养和调整作业。

②工作前应做好充分的计划和准备，防止和杜绝事故的发生，消除事故和隐患。

③泵送操作人员进行作业时要佩戴好安全帽、安全靴、安全服、安全手套等防护用具。进行长时间喷射作业时，还应该佩戴防护眼镜、呼吸防护装置、耳部防护装置。

④紧急情况下，按下急停按钮停止混喷系统所有操作。

⑤泵送过程中可以通过按下混凝土泵振动器启停按钮启动混凝土泵振动器。

⑥泵送过程中应尽量避免泵送过程中断。

⑦泵送作业停止后通过启动混凝土泵反向泵送功能释放输送管路内的压力。

⑧泵送结束后，应及时用清洗球清洗管路，以防残余混凝土凝结在管路中。

⑨当混喷料或速凝剂不小心接触到皮肤、口腔时，应当立即用清水冲洗 15min 左右；如果接触到眼睛，应当及时就医。

⑩喷射作业过程中，一旦出现故障，如 S 管/输送管/喷嘴阻塞、异常噪音或震动、气管漏气等，应先关闭混喷系统，切断压缩空气，拔下电源插头，然后对设备进行检查和维修。

⑪在混凝土罐吊运期间下方禁止站人。

⑫喷射作业时，禁止其他人员擅自进入喷射工作区域，必要时可以安装警示牌和隔栏。

⑬旋转小车卡滞时，禁止盲目进行生拉硬拽等操作。

⑭维保作业时，禁止设备带电、带压作业。

第 11 章 TBM 施工信息化

11.1 TBM 施工信息化发展现状

随着我国经济快速发展和"一带一路"战略的实施,我国已成为世界上在建和已建隧道项目数量最多、总体复杂度最高的国家。然而在掘进机产业迅速发展的同时,与之配套的隧道施工信息化、智能化技术却发展较为滞后,主要原因在以下几个方面：

①隧道施工工况恶劣,现场通信基础能力薄弱,信息采集、传递和共享难度大。

②掘进机设备系统庞杂,施工过程涉及多参与方、多工序、多环节,各环节之间存在信息壁垒现象。

③掘进机施工过程产生的施工数据、地质数据、管理数据、视频图像数据等各类数据,由于数据格式不统一,缺乏有效信息存储及管理平台,造成数据流失严重,大量数据无法科学有效利用。

④掘进机地质适应性较差,施工过程受地质环境影响大,然而前期勘察报告无法精确描述地质变化情况,掘进机施工面临重大安全风险。

针对以上问题,设计和研发专用于 TBM 施工的信息化云平台,建设面向项目所有参与方的信息共享平台,打破信息壁垒,做到"信息数字化、信息标准化、信息云端化",从而促进掘进机产业、隧道产业的工业互联,提高隧道建设各参与方的管理水平。

11.2 TBM 施工信息化建设目标

TBM 施工信息化云平台以大数据和云计算技术为基础,旨在构建具有稳定的网络通道、能够支持高并发与高 IO 的存储、实时高效运算的大数据处理平台,为业主、施工单位、监理单位、科研院所等提供一个远程监控和信息共享的平台,也为 TBM 集群施工所产生的海量数据的深层次分析研究提供便捷的平台工具。此平台最终的建设目标体现在以下几个方面：

①云终端信息采集。快速准确获取超前地质信息和在掘岩体力学信息,实时采集设备运行和施工管理信息,实现安全掘进和项目管控。

②云网络信息传输。构建适应 TBM 集群施工的信息传输系统,满足施工过程中多元海量数据信息智能传输,实现隧道内与隧道外、现场与数据中心信息实时交互。

③云平台信息融合。探索多元海量数据储存、管理新模式,建立标准化、格式化数据存储仓库和高性能云计算平台,除为各方提供远程监控、施工管理、数据共享等基础信息服务外,更要深层次开展 TBM 多元海量数据分析、计算、挖掘。

此平台通过底层硬件资源虚拟化、软件版本标准化、管理自动化、服务流程化等技术手段把传统数据中心建设成一个以物理设备为资源基础、自动化管理为技术核心、以服务目录为输出模式的集运行、管理、监控、运营等为一体的综合性数据管理中心,其核心价值主要体现在应用层面,提升 IT 对业务的支撑能力以及提升 IT 系统的监管力,实现对 TBM 施工过程的数据采集、传输、存储、分析及可视化等功能,平台架构见图 11-1。

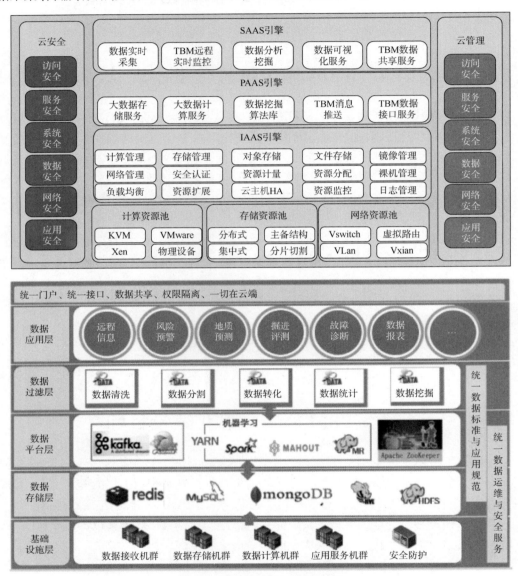

图 11-1　信息化云平台架构示意图

11.3　TBM 施工数据采集与存储

11.3.1　数据标准化

数据标准化是 TBM 数据分析和应用的基础。TBM 的设计建造是一个非常复杂的系统工

第 11 章 TBM 施工信息化

程,传感器的安装、设定和 PLC 的编程并没有严格的规范。不同厂商、不同直径的 TBM,搭载的不同厂商的传感器等,导致 PLC 的映射地址五花八门,给数据的存储、调用、挖掘及可视化带来很大的困难。为此必须要先完成 TBM 数据标准化工作。

目前 TBM 设备和其他盾构设备上有 100~300 个不等的常用参数,分别对应着不同的功能模块。由于 TBM 设备所使用的 PLC 生产厂商不同,导致同一功能单元所对应的 PLC 地址也不一样,采集的数据在展现、分析时将会遇到很大的障碍,所以非常有必要将不同厂商、不同标段、不同 TBM 所对应的 PLC 功能单元数据标准化,对每一个不同功能或者不同位置的功能单元定义一个全局唯一的标识 ID,不同设备相同的功能单元所对应的 ID 标识保持一致。

TBM 施工数据类型多样,不同项目之间差异巨大,为便于后期数据的查找、调用和对比分析,TBM 数据入库前必须做到标准化和相互关联。遵循的基本原则是:

①TBM 所有信息均遵守时空唯一性原则,时间和里程相互对应,TBM 施工数据以时间戳作为数据唯一标识。

②数据保持物理意义统一、命名规则统一、格式统一、存储地址统一。

③同一项目所有数据通过项目号、时间戳、里程地址进行相互关联。

为此,在数据采集和存储之前必须按以上原则建立数据映射表,约定数据保存方法。对于人工录入数据和上传文件,必须依照信息平台设定的规则,只接受特定数据类型和默认格式文件。通过开发的掘进机数据标准化系统,为新设备的 PLC 参数的定义和解析制订规则,保证所有后续设备的 PLC 地址及其解析都遵守同一个设计规范,从而完成 PLC 参数的标准化工作,为 TBM 施工数据的规范应用打下基础。

掘进机数据标准化示意图见图 11-2。

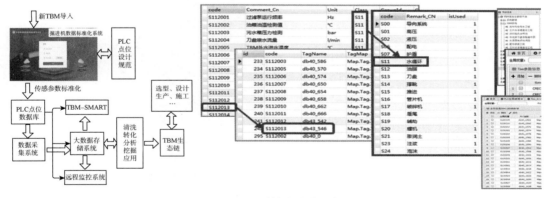

图 11-2 TBM 数据标准化示意图

11.3.2 多类型数据采集

11.3.2.1 基础数据

为尽可能全面地收集 TBM 施工全过程数据,使数据应用平台更加人性化和直观性,针对每个项目,需要提前收集项目信息、设备信息、人员信息、地质数据、地理坐标信息、预警数据

等,并存储入库,方便各数据应用平台调用。相关分类如下:

①工程及设备数据。包括工程项目信息(图11-3),值班人员信息,地理坐标信息(图11-4),设备额定参数信息及设备掘进参数等。

②地质数据。根据地质勘探表生成的岩性、围岩强度、富水状况、风险源分布等信息。

③预警数据。包括设备核心部件报警的临界数据、空气安全质量临界数据等。

图11-3　项目信息设置

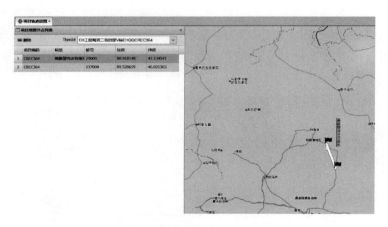

图11-4　地理坐标信息设置

11.3.2.2　设备数据

设备数据是通过在TBM上安装传感器,实时将TBM设备各器件及环境等相关信息传输至数据中心的各类数据,是数据分析系统及TBM施工远程监控系统的核心数据。预警系统会通过对相关的传感数据进行计算,从而提前或者实时给出风险预警,避免灾害发生。

传感数据分类如下:

①环境数据。控制室氧气含量、甲烷浓度等。

②地质数据。TBM搭载的超前地质探测检测数据等。

③状态数据。主机数据、刀盘数据、皮带机数据、主驱动数据、润滑密封数据、水系统数

据、泵站数据等。

④导向数据。TBM姿态、里程数据等。

⑤其他数据。报警数据、开关量等。

所有设备数据在初始时需制定预警值，以供风险预警中心预警使用。根据每台TBM的设计参数的不同，设备数据及预警值会略有差别。在项目施工过程中，根据施工数据、地质参数并结合施工人员的经验对预警参数进行数据积累和修正，从而使各个数据的预警值范围更加合理，为后续其他TBM的设计、施工等积累数据支撑。

设备数据主要通过TBM上位机上PLC系统自动采集，并在数据中心搭建数据接收服务器，实时接收施工现场主动推送的各类数据，再经过分流、筛选和清洗处理，存储至中心数据库，从而保证数据的安全性。采集的频率分为两种：一种是实时数据，1秒1次，经由WebService直接推送给Redis，以供远程监控等业务系统直接调用；另一种是实时数据，1分钟1次，将60s的数据打包，通过WebService传输至MongoDB和HDFS系统。

11.3.2.3 地质数据

地质数据的实时获取是目前掘进机施工面临的最大难题。经过不断的努力探索，目前地质数据的采集有了更加多样化的途径：

①第三方地质勘探部门在项目开始前已做好地质勘探工作，出具地质勘探表，以入库备案供系统调用。

②现场人员在隧洞内分段取点打孔取样，到实验室做抗压、抗拉等实验，出具实验报告，以丰富地质信息数据库。

③现场人员根据自己的经验，填写工作日志，最终归档入库，作为地质信息的补充和参考。

④通过在TBM上搭载超前探测设备，提前预知前方30～100m的不良地质（如突水、突泥、破碎带等）情况，并自动将数据保存至数据库。

此外施工数据、项目数据等，虽然体量不大，却是TBM施工信息的重要组成部分，这部分数据目前是靠人工记录纸本档的方式保存的，效率低，且容易丢失。TBM施工信息化云平台系统为前方的施工单位提供了一个平台，尽可能地减少施工人员的工作量，通过线上录入，将施工信息等上传至中心服务器。

11.3.3 数据存储

TBM设计、生产及施工等全生命周期管理中需要存储许多各类型的数据。而且考虑到每个项目数据的独立性、完整性、易维护和查询高效，需要有一套高可用的数据库解决方案来保证。这个方案在数据库性能遇到问题时，能够横向扩展，达到更高的吞吐量。为保证数据的安全有效存储和高效查询，使用关系型数据库、非关系型数据库、内存数据库、HDFS文件存储系统等各类型存储结合的方式，以最大限度保证数据的安全和稳定。数据存储架构如图11-5所示。

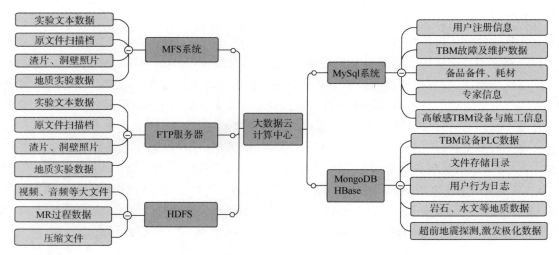

图 11-5 数据存储示意图

11.4 TBM 施工信息化云平台功能简介

11.4.1 基本要求

TBM 施工信息化云平台按照"分散采集、多级集成、按需共享和分层发布"的原则，基于多用户、多业务、多功能的基本要求，整合工程所有细节信息资源，建立以 TBM 大数据仓库为依托的 TBM 集群施工信息服务平台，使项目业主方、监理方、施工方和设计方均能实时、系统、安全地获取到现场施工的全部信息，并能够满足跟踪项目施工进度，实现项目质量管控、安全管控等需求，实现项目的所有 TBM 机群所有数据信息"一网打尽、一览无余"的目的。

整体而言，该信息管理平台是集实时监控、数据共享、数据分析、风险预警等功能为一体的综合服务系统，旨在为隧道建设各参与方量身打造一个便捷查询、高效预警、准确分析、快捷处理、深层追踪的云办公环境。

11.4.2 远程监控系统

11.4.2.1 TBM 运行状态实时监控

TBM 远程监控系统重要目标之一是实现 TBM 施工的远程跟踪，实时监控 TBM 的掘进参数变化情况，及时了解当前的施工状态、设备运行状态及周边地质信息，用户根据相应权限可随时随地通过网络和浏览器掌控前方工地 TBM 的工作状态。

为直观显示数据，便于 TBM 运行状况分析，对数据进行图形化显示，分为施工概况、主监控、刀盘电机、水循环系统、齿轮润滑系统、密封润滑系统、液压系统、辅助系统、趋势图、历史数据查询、导向系统等，如图 11-6 所示。

第 11 章　TBM 施工信息化

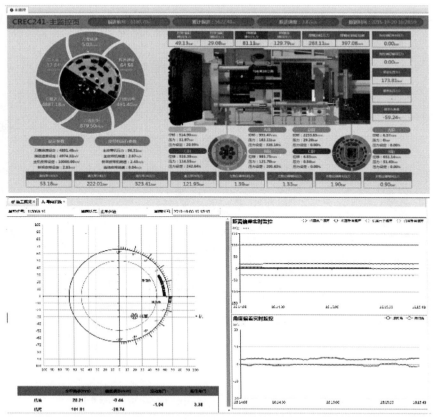

图 11-6　TBM 实时监控系统

11.4.2.2　TBM 当前掘进周边地质查询

将地质剖面图等以矢量图的形式展示在前端页面上，通过输入桩号、标段等，动态展现各个标段的工程地质信息，并且和地质勘查表信息、风险源信息等结合，将各种地质（尤其是不良地质，如富水层、断层、破碎带等）标注在地质剖面图上，供用户随时查看，并设置风险提示（图 11-7）。同时还可以通过输入桩号，从历史数据中查看该桩号范围的地质图片。

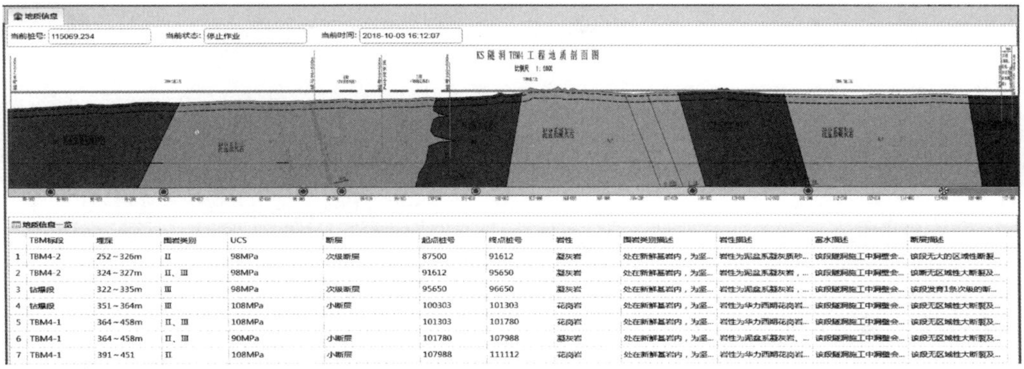

图 11-7　工程地质剖面

245

11.4.2.3 TBM 集群管理

与 GIS 功能结合,将所有工程的 TBM 作分层、树状管理,点击 TBM 图标,可以切换到对应 TBM 的具体页面信息(图 11-8),对不同的 TBM 掘进情况及施工进度作横向、纵向深层比较。

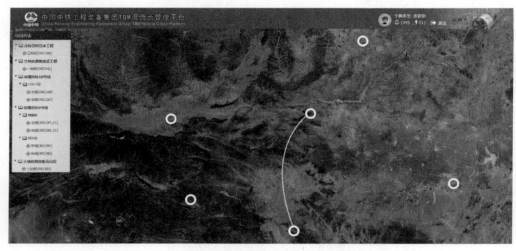

图 11-8 分层树状展示不同 TBM 施工信息

11.4.2.4 历史数据查询

通过输入起止时间和关注的掘进参数,点击查询,展示指定时间内对应参数(图 11-9)。可以以曲线图或者数据表格的方式流式展示,并可将相关参数的值生成报表以供下载。

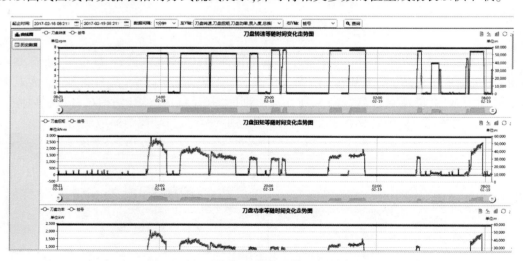

图 11-9 掘进参数随时间变化趋势图

11.4.3 实时预警系统

隧道工程面对的环境是一个灰色系统,存在太多不可预见的因素,且存在地质条件复杂、

第 11 章　TBM 施工信息化

施工风险大等问题。目前隧道施工布置的检测点少、频率低、反应慢,使得施工过程面临各种严重挑战,如大变形、塌方、涌水等灾害。快速掌握施工过程的各种信息,优化施工方法,合理安排,提前备案应急措施,最大限度地防患于未然尤为重要。此平台的预警功能可分为以下几个方面。

11.4.3.1　设备核心部件预警

TBM 掘进过程中,可能会出现刀盘卡机、油缸温度过高、滚刀磨损、有害气体浓度过高严重等突事件,如不及时处理,可能会导致重大的设备故障发生,甚至导致人员伤亡。通过此预警系统,事先将各设备参数的极值设定好,并在后续的施工过程中持续修正,通过平台实时对当前的掘进状况进行预警,并可对预警信息进行追踪、分析(图 11-10、图 11-11)。

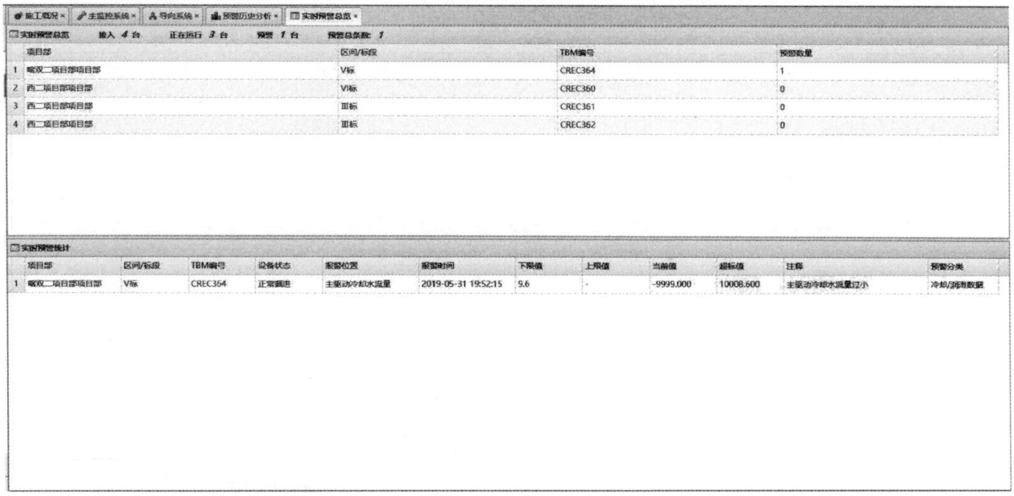

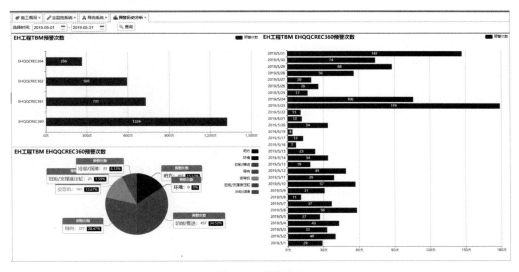

图 11-10　实时预警

图 11-11　预警统计

11.4.3.2　超前地质探测预警

在 TBM 上搭载的超前激发极化、三维破岩地震等超前探测装置,能够探知前方 60~100m 的含水构造和断层破碎带等信息,并将探测到的信息解译成可视化信息,传输至数据中心和 TBM 工控室,做到提前预警(图 11-12)。

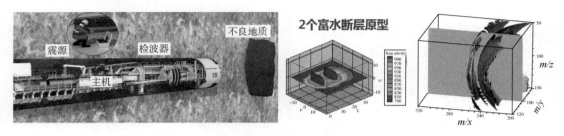

图 11-12　超前地质预警系统

11.4.3.3　不良地质预警

结合项目地勘报告,将事先已探测到的溶洞、断层带、岩爆段等不良地层数据以标准化的形式存储到预定数据库,通过信息云平台实时分析地质情况,做出不良地质预警,从而提前做好突涌水、断层、岩爆等不良地质的应急预案,避免事故发生(图 11-13)。

风险类型:断层　风险状态:--请选择--　查询

添加　修改　删除

	风险类型	风险区域	埋深	岩性	围岩类别	地质描述	风险详情	当前距离(m)	风险状态	应对建议
1	断层	52456.6-52418.6	91.000	花岗岩	Ⅵ~Ⅴ		开挖过程可能出现线状流水,涌水可能性不大,但存在塌方风险,且...	-728.647	安全通过	需提升支护强度
2	断层	53460.9-53436.0	104.300	花岗岩	Ⅵ~Ⅴ		可能产生塌腔、掉块现象,施工过程中有一定塌方风险	-1746.047	安全通过	建议加强断层破碎带位置处的超前地质预报,提前准备加强支护材料...
3	断层	53864.0-53829.1	95.600	花岗岩	Ⅵ~Ⅴ		可能产生塌腔、掉块现象,施工过程中有一定塌方风险	-2139.147	安全通过	建议加强断层破碎带位置处的超前地质预报,提前准备加强支护材料...
4	断层	54851.1-54847.0	81.400	花岗岩	Ⅵ~Ⅴ		可能出现塌腔、掉块现象	-3157.047	安全通过	加强超前预报与现场观察,必要时提高支护等级或进行加强支护。
5	断层	55004.7-54963.3	95.000	花岗岩	Ⅵ~Ⅴ		可能出现塌腔、掉块现象	-3273.347	安全通过	加强超前预报与现场观察,必要时提高支护等级或进行加强支护。
6	断层	55699.4-55688.6	56.8	花岗岩	Ⅵ~Ⅴ		可能发生塌方、塑性变形等不良地质现象	-3998.647	安全通过	建议加强地质超前预报,准备支护材料,排水与堵水设施。
7	断层	56283.4-56280.7	55.000	凝灰岩	Ⅵ~Ⅴ		可能发生较大塌方,极有可能发生大型涌水,可能出现有害气体超标	-4590.747	安全通过	建议该段低转速,低推进力慢速掘进,准备好钢拱架等应急支护材料...
8	断层	56428.0-56404.4	55.400	凝灰岩	Ⅵ~Ⅴ		可能发生较大塌方,极有可能发生大型涌水,可能出现有害气体超标	-4714.447	安全通过	建议该段低转速,低推进力慢速掘进,准备好钢拱架等应急支护材料...
9	断层	57211.8-57180.4	99.100	凝灰岩	Ⅵ~Ⅴ		可能存在塌腔、掉块现象	-5490.447	安全通过	需加强超前地质预报,多观察岩碴变化,掌子面情况及裂隙张开情况...
10	断层	57980.1-57951.7	97.800	凝灰岩	Ⅵ~Ⅴ		极有可能发生较大塌方	-6261.747	安全通过	建议进行超前地质预报,控制掘进参数,观察参数变化与出碴状况。
11	断层	58276.2-58214.9	92.800	凝灰岩	Ⅵ~Ⅴ		极有可能发生较大塌方	-6524.947	安全通过	建议进行超前地质预报,控制掘进参数,观察参数变化与出碴状况。
12	断层	58793.8-58769.0	94.300	花岗岩	Ⅵ~Ⅴ		可能出现塌方,掉块,极有可能出现涌水	-7079.047	安全通过	建议加强地质超前预报,控制掘进参数;提前做好堵水、排水措施。
13	断层	58849.9-58819.6	89.400	花岗岩	Ⅵ~Ⅴ		可能出现塌方,掉块,极有可能出现涌水	-7129.647	安全通过	建议加强地质超前预报,控制掘进参数;提前做好堵水、排水措施。
14	断层	60270.9-60233.7	122.200	凝灰质砂岩	Ⅵ~Ⅴ		可能产生塌方风险,可能出现有害气体超标	-8543.747	安全通过	凝灰质砂岩有遇水软化的特性,因此开挖后仔细分析岩石特性,分析...
15	断层	60561.6-60541.6	120.000	凝灰质砂岩	Ⅵ~Ⅴ		可能产生塌方风险,可能出现有害气体超标	-8851.647	安全通过	凝灰质砂岩有遇水软化的特性,因此开挖后仔细分析岩石特性,分析...

25　第 1 页共1页　当前显示 1 - 15 条记录 共 15 条记录

图 11-13　不良地质预警

11.4.4　数据分析及报表系统

11.4.4.1　施工进度统计

通过相关算法实现不同时间段内的设备利用率、施工进度的统计分析,从而对 TBM 施工过程中的功效进行统计评估。可查看每天的掘进、维保、停机等工序注释标记,了解每一时段的施

第 11 章 TBM 施工信息化

工状况及造成延误的主要原因,通过大数据技术统计分析每月、每周和每日的施工状况、刀盘利用情况和刀具消耗情况等关键信息,从而优化掘进参数设置,提高设备利用率(图 11-14)。

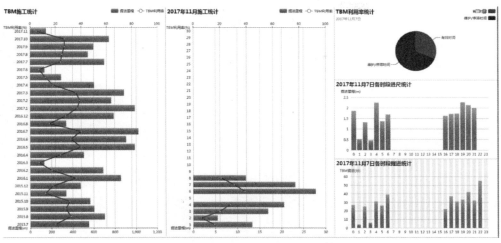

图 11-14 TBM 当天每一时段的施工状况统计

11.4.4.2 施工进度管理

进度管理是项目管理中的一项重要内容,不仅要编制一个合理的进度计划,更重要的是在计划实施过程中通过对进度进行定期检查、认真分析和及时调整来保证项目如期实现(图 11-15)。

序号	日期	起始桩号	结束桩号	时间利用率(%)	日掘进(m)	环比增长(%)	累计掘进(m)	总进度(%)	计划掘进	超额完成
1	2018-10-27	114665.367	114691.281	64.471	25.914	↑79.971	2111.93	7.214		
2	2018-10-26	114691.281	114705.68	46.808	14.399	↓-22.298	2086.016	7.125		
3	2018-10-25	114705.68	114724.211	54.100	18.531	↓-19.866	2071.617	7.076		
4	2018-10-24	114724.211	114747.336	52.740	23.125	↓-24.470	2053.086	7.013		
5	2018-10-23	114747.336	114777.953	68.712	30.617	↑72.412	2029.961	6.934		
6	2018-10-22	114777.953	114795.711	52.527	17.758	↑454.418	1999.344	6.829		
7	2018-10-21	114795.711	114798.914	21.034	3.203	↑-77.567	1981.586	6.768		
8	2018-10-20	114798.914	114803.336	27.088	4.422	↓-80.903	1978.383	6.757		
9	2018-10-19	114803.336	114826.492	64.302	23.156	↑406.696	1973.961	6.742		
10	2018-10-18	114826.492	114831.062	20.970	4.570	↓-74.721	1950.805	6.663		
11	2018-10-17	114831.07	114849.148	70.986	18.078	↑49.578	1946.227	6.648		
12	2018-10-16	114849.148	114861.234	45.978	12.086	↓-25.734	1928.148	6.586		
13	2018-10-15	114861.234	114877.508	59.257	16.274	↑382.193	1916.062	6.545		
14	2018-10-14	114877.508	114880.883	19.652	3.375	↓-65.715	1899.789	6.489		
15	2018-10-13	114890.625	114900.469	22.039	9.844	↓-37.059	1886.672	6.444		
16	2018-10-12	114900.469	114916.109	40.347	15.640	↓-12.582	1876.828	6.411		
17	2018-10-11	114916.109	114934	47.046	17.891	↑86.035	1861.188	6.357		
18	2018-10-08	114973.992	114983.609	28.162	9.617	↓-14.279	1803.305	6.159		
19	2018-10-07	114983.609	114994.828	44.025	11.219	↓-46.218	1793.688	6.127		
20	2018-10-06	114994.828	115015.688	54.647	20.860	↓-5.009	1782.469	6.088		
21	2018-10-05	115015.688	115037.648	61.264	21.960	↓-7.630	1761.609	6.017		

图 11-15 进度管理示意图

11.4.4.3 数据报表

数据报表系统有利于业主对风险、进度等统筹管理,对某时间段的掘进状况有更加直观的认识。此系统可根据需要自动生成日/周/旬/月/季/年等多种报表(图 11-16、图 11-17),并展示和下载所生成的报表。

249

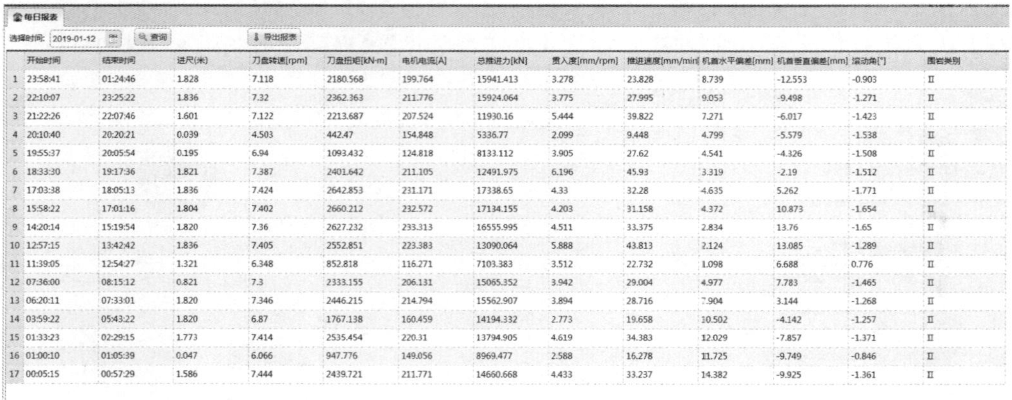

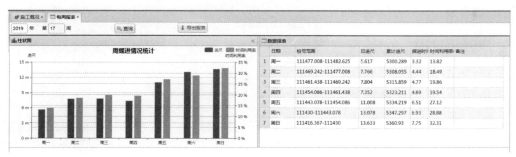

图 11-16　日报表

图 11-17　周报表

11.4.5　数据共享系统

依照用户相关权限,通过上传和下载功能实现各种数据的共享(图 11-18)。实现对上传数据的查询、分析、存储等功能,针对相应权限用户开放下载功能。建立专门用于大数据存储的数据库,使得任何数据文件(图片、视频、CAD 文档、音频等)均可以通过系统的上传功能存储至中心服务器。

图 11-18　文件共享系统